〔宋〕薛居正 等撰

點校本二十四史修訂本

舊五代史

第二册

卷二五至卷四八

中華書局

2015 年 8 月第 1 版　　2024 年 5 月第 4 次印刷

ISBN 978-7-101-10530-8

舊五代史卷二十五

唐書一

武皇紀上

太祖武皇帝，諱克用，本姓朱耶氏，其先隴右金城人也。始祖拔野，唐貞觀中爲墨離軍使，墨離，原本作「墨維」，今從新、舊唐書改正。（影庫本粘籤）從太宗討高麗、薛延陀有功，爲金方道副都護，因家於瓜州。太宗平薛延陀諸部，於安西、北庭置都護屬之，分同羅、僕骨之人，置沙陁都督府。蓋北庭有磧曰沙陁，故因以爲名焉。永徽中，以拔野爲都督，其後子孫五世相承。曾祖盡忠，貞元中，繼爲沙陁府都督。既而爲吐蕃所陷，乃舉其族七千帳徙於甘州。盡忠尋率部衆三萬東奔，俄而吐蕃追兵大至，盡忠戰殁。祖執宜〔一〕，即盡忠之長子也，收合餘衆，至於靈州，德宗命爲陰山府都督。元和初，入爲金吾將軍，遷蔚州刺史、代北行營招撫使。案新唐書沙陁傳：元和三年，盡忠款靈州塞，詔處其部鹽州，置陰山府，以執宜爲府兵馬使。朝長安，授特進、金吾衞將軍。從攻鎮州，進蔚州刺史。破吴元濟，授檢校刑部尚書。

長慶初，破賊深州，入朝留宿衛，拜金吾衛將軍。大和中，授陰山府都督、代北行營招撫使。所載官爵詳略先後，與薛史異。莊宗即位，追謚爲昭烈皇帝，廟號懿祖。烈考國昌，本名赤心，唐朔州刺史。咸通中，討龐勛有功，入爲金吾上將軍，賜姓李氏，名國昌，案：代州有唐故龍武軍統軍檢校司徒贈太保隴西李公神道碑云：公諱國昌，字德興。仍係鄭王房。出爲振武節度使，尋爲吐渾所襲，退保於神武川。及武皇鎮太原，表爲代北軍節度使。中和三年薨。案新唐書沙陁傳：光啓三年，國昌卒。與薛史異。考舊唐書僖宗紀，中和三年十月，國昌卒。與薛史同。歐陽史亦從薛史。莊宗即位，追謚爲文皇帝，廟號獻祖〔二〕。

武皇即獻祖之第三子也。母秦氏，以大中十年丙子歲九月二十二日，生於神武川之新城。在娠十三月，載誕之際，母艱危者竟夕，族人憂駭，市藥於鴈門，遇神叟告曰：「非巫醫所及，可馳歸，盡率部人，被甲持旄，擊鉦鼓，擊鉦，原本作「擊缸」，今從册府元龜所引薛史改正。（影庫本粘籤）躍馬大噪，環所居三周而止。」族人如其教，果無恙而生。是時，虹光燭室，白氣充庭，井水暴溢。武皇始言，喜軍中語，齠齔善騎射，與儕類馳騁嬉戲，必出其右。年十三，見雙鳧翔於空，射之連中，衆皆臣伏。新城北有毗沙天王祠，祠前井一日沸溢，武皇因持巵酒而奠曰：「予有尊主濟民之志，無何井溢，故未察其禍福，惟天王若有神奇，可與僕交談。」奠酒未已，有神人被金甲持戈，有神人被金甲持戈，北夢瑣言作有龍形出于壁間。蓋傳聞之異，今附識于此。（影庫本粘籤）隱然出於壁間，見者大驚走，唯武皇從容而退，繇是益自負。

獻祖之討龐勛也，武皇年十五，從征，摧鋒陷陣，出諸將之右，軍中目爲「飛虎子」。賊平，獻祖授振武節度使，武皇爲雲中牙將。嘗在雲中，宿於別館，擁妓醉寢，有俠兒持刃欲害武皇，及突入曲室，但見烈火熾赫於帳中，俠兒駭異而退。又嘗與達靼部人角勝，達靼指雙鵰於空曰：「公能一發中否？」武皇即彎弧發矢，連貫雙鵰，邊人拜伏。及壯，爲雲中守捉使，事防禦使支謨，支謨，原本作「友模」，今從通鑑改正。（影庫本粘籤）與同列晨集廨舍，因戲升郡閣，踞謨之座，謨亦不敢詰。

乾符三年，朝廷以段文楚爲代北水陸發運、雲州防禦使。時歲荐饑，文楚稍削軍食，諸軍咸怨。武皇爲雲中防邊督將，部下爭訴以軍食不充，邊校程懷信〔三〕、王行審、蓋寓、李存璋、薛鐵山、康君立等，即擁武皇入雲州，衆且萬人，營於鬬雞臺，城中械文楚出，以應於外。諸將列狀以聞，請授武皇旄鉞，朝廷不允，徵諸道兵以討之。案舊唐書懿宗紀：咸通十三年十二月，李國昌小男克用殺雲中防禦使段文楚，據雲州，自稱防禦留後。新唐書僖宗紀〔四〕：乾符五年二月癸酉，雲中守捉使李克用殺大同防禦使段文楚。歐陽史從舊唐書，通鑑從新唐書。薛史作乾符三年，與諸書異。據通鑑考異引趙鳳後唐太祖紀年録正作乾符三年。趙鳳爲唐宰相，去武皇時不遠，見聞較確，宜可徵信云。

乾符五年，黃巢渡江，其勢滋蔓，天子乃悟其事，以武皇爲大同軍節度使、案：歐陽史作拜克用爲大同軍防禦使，新唐書作以國昌爲大同軍防禦使，通鑑作以國昌爲大同節度使，俱與薛史異。檢校工部尚書。

冬，獻祖出師討党項，吐渾赫連鐸乘虛陷振武，舉族爲吐渾所擄。武皇至定邊軍迎獻祖歸雲州，雲州守將拒關不納。武皇略蔚朔之地，得三千人，屯神武川之新城。赫連鐸晝夜攻圍，武皇昆弟三人四面應賊，俄而獻祖自蔚州引軍至，吐渾退走，自是軍勢復振。天子以赫連鐸爲大同軍節度使，仍命進軍以討武皇。

乾符六年春，朝廷以昭義節度使李鈞充北面招討使，將上黨、太原之師過石嶺關〔五〕，屯於代州，與幽州李可舉會赫連鐸同攻蔚州。獻祖以一軍禦之，武皇以一軍南抵遮虜城以拒李鈞。是冬大雪，弓弩弦折，南軍苦寒，臨戰大敗，奔歸代州，李鈞中流矢而卒。

廣明元年春，天子復命元帥李琢率兵數萬屯代州〔六〕。武皇令軍使傅文達起兵於蔚州，朔州刺史高文集與薛葛、安慶等部將案：新唐書作薩葛首領米海萬、安慶。（舊五代史考異）薛葛、安慶，原本作「薛曷、女度」，今考冊府元龜所引薛史及新唐書、通鑑諸書俱作薛葛、安慶，今改正。（影庫本粘籤）縛文達送於李琢。六月，李琢引大軍攻蔚州，獻祖戰不利，乃率其族奔於達靼部。居數月，吐渾赫連鐸密遣人賂達靼以離間獻祖，既而漸生猜阻。武皇知之，每召其豪右射獵於野，或與之百步馳射馬鞭，或以懸針樹葉爲的，中之如神，由是部人心伏，不敢竊發。俄而黃巢自江淮北渡，武皇椎牛釃酒，饗其酋首，酒酣，喻之曰：「予父子爲賊臣讒間，報國無由。今聞黃巢北犯江淮，必爲中原之患。一日天子赦宥，有詔徵兵，僕與公等南向而定天下，是予心也。人生世間，光景幾何，曷能終老沙堆中哉！公等勉之。」達靼知無留意，皆釋然無間。

是歲十一月，黃巢寇潼關，天子令河東監軍陳景思爲代北起軍使，收兵破賊。十二月，黃巢犯長安，僖宗幸蜀，陳景思與李友金發沙陁諸部五千騎南赴京師。友金即武皇之族父也。案通鑑，友金初與高文集並降於李琢，故得與陳景思南赴京師。薛史不載。

中和元年二月，友金軍至絳州，將渡河，刺史瞿稹謂陳景思曰〔七〕：「巢賊方盛，不如且還代北，徐圖利害。」四月，友金旋軍鴈門，瞿稹至代州，半月之間，募兵三萬，營於崞縣之西。其軍皆北邊五部之衆，不閑軍法，瞿稹、李友金不能制。友金謂景思曰：「興大衆，成大事，當威名素著，則可以伏人。今軍雖數萬，苟無善帥，進亦無功。吾兄李司徒父子，去歲獲罪於國家，今寄北部，雄武之略，爲衆所推。若驃騎急奏召還，代北之人，一麾響應，則妖賊不足平也。」景思然之，促奏行在。天子乃以武皇爲鴈門節度使，案新唐書表：中和二年，以河東忻、代二州隸鴈門節度。更大同節度爲鴈門節度，治代州。是中和二年以前，鴈門非鎮名也。據舊唐書：初，赦克用，拜代州刺史、忻代兵馬留後。二年，擢鴈門節度、神策天寧軍鎮遏、忻代觀察使。是克用爲鴈門節度實在二年，薛史疑誤。仍令以本軍討賊。案新唐書王重榮傳：重榮懼黃巢復振，憂之，與復光計，復光曰：「我世與李克用共憂患，其人忠不顧難，死義如己，若乞師焉，事蔑不濟。」乃遣使者約連和。（舊五代史考異）李友金發五百騎齎詔召武皇於達靼，武皇即率達靼諸部萬人趨鴈門。五月，整兵二萬，南嚮京師。太原鄭從讜以兵守石嶺關，武皇乃引軍出他道，至太原城下，會大雨，班師於鴈門。

中和二年八月，獻祖自達靼部率其族歸代州。十月，武皇率忻、代、蔚、朔、達靼之軍三萬五千騎蔚、朔，原本脱「朔」字，今據册府元龜所引薛史增入。（影庫本粘籤）赴難於京師。先移檄太原，鄭從讜拒關不納，武皇以兵擊之，進軍至城下，遣人齎幣馬遺從讜，從讜亦遣人饋武皇貨幣、饔餼、軍器。武皇南去，自陰地趨晉絳。十二月，武皇至河中。

中和三年正月，晉國公王鐸承制授武皇東北面行營都統。武皇令其弟克修領前鋒五百騎渡河視賊，黃巢遣將米重威齎重賂及僞詔以賜武皇，武皇納其賂以給諸將，燔其僞詔。是時，諸道勤王之師雲集京畿，然以賊勢尚熾，未敢爭鋒。及武皇將至，賊帥相謂曰：「鴉兒軍至，當避其鋒。」武皇以兵自夏陽濟河。二月，營於乾坑店。黃巢大將尚讓、林言、王璠、趙璋等引軍十五萬屯於梁田陂。梁田陂，舊唐書作良天陂，新唐書及歐陽史俱作良田陂，蓋地名多用對音字，故諸本不同。惟通鑑定從薛史作梁田陂，今仍其舊。（影庫本粘籤）翌日，大軍合戰，自午及晡，巢賊大敗。是夜，賊衆遁據華州。武皇進軍圍之，巢弟黃鄴、黃揆固守。三月，尚讓引大軍赴援，武皇率兵萬餘逆戰於零口，零口，原本作「陵口」，考新、舊唐書及通鑑俱作零口。胡三省云：零口在京兆昭應縣。今改正。（影庫本粘籤）巢軍大敗，武皇進軍渭橋。翌日，黃揆棄華州而遁。王鐸承制授武皇鴈門節度使、檢校尚書左僕射。四月，黃巢燔長安，收其餘衆，東走藍關。武皇進收京師。七月，天子授武皇金紫光禄大夫、檢校左僕射、河東節度使。案舊唐書僖宗紀：五月，制以鴈門以北行營節度、忻代蔚朔等州觀察處置等使、檢校尚書左僕射、代州刺史、上柱國、食邑七百户李克用檢校司空、同平章事、兼太原尹、北京留守，充河東節度、管内觀察處置等使。新唐書沙陀傳云：收京師功第一，進同中書門下平章事、隴西郡公。未幾，以克用領河東節度。所載官爵與薛史詳略互異。又武皇領河東，薛史作七月，舊唐書作五月，通鑑從薛史。

是時，武皇既收長安，軍勢甚雄，諸侯之師皆畏之。武皇一目微眇，故其時號爲「獨眼龍」。是月，武皇仗節赴鎮，遣使報鄭從讜，請治裝歸朝。武皇次於郊外，因往赴鴈門寧覲獻祖。八月，自鴈門赴鎮河東，時年二十有八。案舊唐書：八月，李克用赴鎮太原，制以前振武節度、檢校司空、兼單于都護、御史大夫李國昌爲檢校司徒、代州刺史、鴈門以北行營節度、蔚朔等州觀察使。薛史作七月仗節赴鎮，八月赴鎮河東。蓋七月始離京師，八月乃歸河東也。通鑑統繫於七月，似未詳考。十一月，平潞州，表其弟克修爲昭義節度使。案通鑑，克用表克修爲昭義軍節度使在四年八月，與薛史異。潞帥孟方立退保於邢州。

十二月，許帥田從異、汴帥朱温、徐帥時溥、陳州刺史趙犨各遣使來告，以巢、蔡合從，凶鋒尚熾，請武皇共力討賊。

中和四年春，武皇率蕃漢之師五萬，自澤潞將下天井關，河陽節度使諸葛爽辭以河橋不完，乃屯兵於萬善。數日，移軍自河中南渡，趨汝洛。案舊唐書：四年二月，河東節度使李克用將出師援陳許，河陽節度使諸葛爽以兵屯澤州拒之。三月甲戌，克用移軍自河中南渡，東下洛陽。通鑑統作二月，似未詳考。四月，武皇合徐、汴之師破尚讓於太康，斬獲萬計，進攻賊於西華，賊將黄鄴棄營而遁。是夜大雨，巢營中驚亂，乃棄西華之壘，退營陳州北故陽里。五月癸亥，大雨震電，平地水深數尺，賊營爲水所漂而潰。戊辰，武皇引軍營於中牟，大破賊於王滿渡。庚午，巢賊大至，濟汴而北。是夜復大雨，賊黨驚潰。武皇營於鄭州，賊衆分寇汴境。武皇渡汴，遇賊將渡而南，半濟擊之，大敗之，臨陣斬賊將李周、王濟安、陽景彪等〔八〕。是夜，賊大敗，殘衆保於胙縣、冤句。大軍躡之，黄巢乃攜妻子兄弟千餘人東走，武皇追賊至於曹州。

是月，班師過汴，汴帥迎勞於封禪寺，請武皇休於府第，乃以從官三百人及監軍使陳景思館於上源驛。是夜，張樂陳宴席，汴帥自佐饗，出珍幣侑勸。武皇酒酣，戲諸侍妓，與汴帥握手，敍破賊事以爲樂。汴帥素忌武皇，案：梁紀作克用乘醉任氣，帝不平之。通鑑從梁紀。今考新唐書沙陁傳，亦作全忠忌克用桀驁難制，與唐紀合。蓋全忠之攻上源驛，實忌其威名而欲害之，非徒以其乘醉任氣也。宜從唐紀。乃與其將楊彥洪密謀竊發，彥洪於巷陌連車樹柵，以扼奔竄之路。時武皇之從官皆醉，俄而伏兵竊發，來攻傳舍。武皇方大醉，譟聲動地，從官十餘人捍賊。侍人郭景銖滅燭扶武皇，以茵幕裹之，匿於牀下，以水洒面，徐曰：「汴帥謀害司空！」武皇方張目而起，引弓抗賊。有頃，烟火四合，復大雨震電，武皇得從者薛鐵山、賀回鶻等數人而去。雨水如澍，不辨人物，隨電光登尉氏門，縋城而出，得還本營。監軍陳景思、大將史敬思並遇害。武皇既還營，與劉夫人相向慟哭。詰旦，欲勒軍攻汴，夫人曰：「司空比爲國家討賊，赴東諸侯之急，雖汴人謀害，自有朝廷論列。若反戈攻城，則曲在我也，人得以爲辭。」乃收軍而去，馳檄於汴帥。汴帥報曰：「竊發之夜，非僕本心，是朝廷遣天使與牙將楊彥洪同謀也。」武皇自武牢關西趨蒲、陝而旋。秋七月，至太原。武皇自以累立大功，爲汴帥怨圖，陷没諸將，乃上章申理。及武皇表至，朝廷大恐，遣內臣宣諭，尋加守太傅、同平章事、隴西郡王。

光啓元年三月，幽州李可舉、鎮州王景崇案：新唐書沙陀傳作王景崇，與薛史同；舊唐書作王鎔，與薛史異。考藩鎮傳，景崇以中和二年卒，子鎔繼立。是光啓初寇定州者當爲王鎔，非景崇也。通鑑從舊唐書。連兵寇定州，節度使王處存求援於武皇，武皇遣大將康君立、安老、薛可、郭啜率兵赴之〔九〕。五月，鎮人攻無極，武皇親領兵救之。案曲陽天安廟李克用題名碑云：李克用以幽、鎮侵擾中山，領蕃漢步騎五十萬親來救援，時中和五年二月二十一日也。至三月十七日，以幽州請就和斷，遂却班師。考舊唐書，中和五年三月丙辰朔，丁卯，駕至京師。己巳，御宣政殿〔一〇〕，大赦改元。是三月之十四日已改光啓，曲陽去京師遠，故未知耳。又克用親援處存，與通鑑遣將康君立異。今考薛史，武皇先遣康君立等，與通鑑合，繼乃親領兵救之，與題名碑合。惟薛史作五月，碑作三月，微有互異耳。（舊五代史考異）鎮人退保新城，武皇攻之，斬首萬餘級，獲馬千匹。王處存亦敗燕軍於易州。

十一月，河中王重榮遣使來乞師，且言邠州朱玫、鳳翔李昌符將加兵於己〔一一〕。初，武皇與汴人搆怨，前後八表，請削奪汴帥官爵，自以本軍進討。天子累遣内臣楊復恭宣旨，令且全大體，武皇不時奉詔，天子頗右汴帥。時觀軍容使田令孜君側擅權，惡王重榮與武皇膠固，將離其勢，乃移重榮於定州。案歐陽史作徙重榮于兗州。考新唐書王重榮傳亦云令孜徙重榮兗海節度使，與薛史異。（舊五代史考異）重榮告於武皇，武皇上章言：「李符、朱玫挾邪忌正，案：歐陽史作李昌符，蓋唐實録避獻祖諱，故去「昌」字。（舊五代史考異）黨庇朱温。臣已點檢蕃漢軍五萬，取來年渡河，先斬朱玫、李昌符，然後平盪朱温。」案新唐書王重榮傳：詔克用將兵援河中，重榮貽克用書，且言：「奉密詔，須公到，使我圖公，此令孜、朱全忠、朱玫之惑上也。」因示僞詔，克用方與全忠有隙，信之，請討全忠及玫。（舊五代史考異）天子覽表，遣使譬喻百端，軺傳相望。既而朱玫引邠、鳳之師攻河中，王重榮出師拒戰。朱玫軍於沙苑，沙苑，原本作「河苑」，今從通鑑改正。（影庫本粘籤）對壘月餘。十二月，武皇引軍渡河，與朱玫決戰，玫大敗，收軍夜遁，入于京師。時京城大駭，天子幸鳳翔，武皇退軍於河中。

光啓二年正月，僖宗駐蹕於寶雞，武皇自河中遣使上章，請車駕還京，且言大軍止誅凶黨。時田令孜請僖宗南幸興元，武皇遂班師。朱玫於鳳翔立嗣襄王熅爲帝，以僞詔賜武皇。武皇燔之，械其使，馳檄諸方鎮，遣使奉表於行在〔一二〕。案舊唐書僖宗紀：楊復恭兄弟於河中、太原有破賊連衡之舊，乃奏遣諫議大夫劉崇望齎詔宣諭，達復恭之旨。王重榮、李克用欣然聽命，尋遣使貢奉，獻縑十萬匹，願殺朱玫自贖。是克用之奉僖宗，因詔使宣諭而改圖也。與薛史異。新唐書沙陀傳云：僞詔至太原，克用燔之，執其使，間道奉表興元。與薛史同。歐陽史從舊唐書，通鑑從薛史。

九月，武皇遣昭義節度使李克修討孟方立於邢州，大敗方立之衆於焦崗，斬首數千級。以大將安金俊爲邢州刺史，以撫其降人。十月，進攻邢州，邢人出戰，又敗之。孟方立求援於鎮州，鎮人出兵三萬以援方立。克修班師。

光啓三年六月，河中節度使王重榮爲部將常行儒所殺，武皇表重榮兄重盈爲帥。七月，武皇以安金俊爲澤州刺史。時張全義自河陽據澤州，及李罕之收復河陽，召全義，令守洛陽，全義乃棄澤州而去，故以金俊守之。

文德元年二月，僖宗自興元還京。三月，僖宗崩，昭宗即位，以武皇爲開府儀同三司、檢校太師、兼侍中、隴西郡王，食邑七千户、食實封二百户。河南尹張全義潛兵夜襲李罕之於河陽，城陷，舉族爲全義所擄，罕之踰垣獲免，遂來歸於武皇〔一三〕。遣李存孝、薛阿檀、史儼兒、安金俊、安休休將七千騎送罕之至河陽。汴將丁會、牛存節、葛從周將兵赴援，牛存節，原本脱「節」字，今據通鑑增入。（影庫本粘籤）李存孝率精騎逆戰於温縣。汴人既扼太行之路，存孝殿軍而退。騎將安休休以戰不利，奔於蔡。武皇以罕之爲澤州刺史，遥領河陽節度使。

十月，邢州孟方立遣大將奚忠信將兵三萬寇遼州，武皇大破之，斬首萬級，生擒奚忠信。

龍紀元年五月，遣李罕之、李存孝攻邢州。六月，下磁州。邢將馬溉率兵數萬來拒戰，罕之敗之於琉璃陂，生擒馬溉，徇於城下。孟方立恚恨，飲酖而死。三軍立其姪遷爲留後，案：舊唐書昭宗紀、歐陽史莊宗紀皆以孟遷爲方立之弟，新唐書孟方立傳作方立之子，薛史武皇紀又作方立之姪，未詳孰是。使求援於汴。汴將王虔裕率精甲數百入於邢州，罕之等班師。

大順元年，遣李存孝攻邢州，孟遷以邢、洺、磁三州降，執汴將王虔裕三百人以獻。武皇徙孟遷於太原，以安金俊爲邢洺團練使。

三月，昭義軍節度使李克修卒，以李克恭爲潞州節度使。是月，武皇攻雲州，拔其東城。赫連鐸求援於燕，燕帥李匡威將兵三萬以赴之，戰於城下，燕軍大敗。時徐州時溥爲汴軍所攻，遣使來求援，武皇命石君和由兗、鄆以赴之。

五月，潞州軍亂，殺節度使李克恭，州人推牙將安居受爲留後，南結汴將。時潞之小將馮霸擁叛徒三千騎駐於沁水，居受使人召之，馮霸不至。居受懼，出奔至長子，長子，原本作「長千」，今從通鑑改正。（影庫本粘籤）爲村胥所殺，傳首於霸，霸遂入潞州，自爲留後。武皇遣大將康君立、李存孝等攻之，汴將朱崇節、葛從周率兵入潞州以固之。是時，幽州李匡威、雲州赫連鐸與汴帥協謀，連上表請加兵於太原，宰相張濬、孔緯贊成其事。六月，天子削奪武皇官爵，案：新唐書作五月。（舊五代史考異）以張濬爲招討使，案：新唐書本紀作張濬爲河東行營都招討宣慰使[一四]，張濬傳作河東行營兵馬招討制置使，歐陽史作太原四面行營兵馬都統。（舊五代史考異）以京兆尹孫揆爲副，華州韓建爲行營都虞候，案：歐陽史作韓建爲副使，新唐書張濬傳作韓建爲供軍使。（舊五代史考異）以汴帥爲河東東面招討使[一五]，幽州李匡威爲河東北面招討使，雲州赫連鐸爲副。汴將朱友裕將兵屯晉絳，時汴軍已據潞州，又遣大將李讜等率軍數萬，急攻澤州，武皇遣李存孝自潞州將三千騎以援之。汴將鄧季筠以一軍犯陣，存孝追擊，擒其都將十數人，獲馬千餘匹。是夜，李讜收軍而退，大軍掩擊至馬牢關，斬首萬餘級，追襲至懷州而還。存孝復引軍攻潞州。

八月，存孝擒新授昭義節度使孫揆。案：新唐書作七月戊申，李克用執昭義節度使孫揆。通鑑從薛史作八月。（舊五代史考異）初，朝廷授揆節鉞，以本軍取刀黃嶺路赴任，刀黃嶺，原本作「力黃嶺」，今從新、舊唐書改正。（影庫本粘籤）存孝偵知之，引騎三百伏于長子縣崖谷間。揆建牙持節，褒衣大蓋，擁衆而行，存孝突出谷口，遂擒揆及中使韓歸範，并將校五百人。存孝械揆等，以組練繫之，環于潞州，遂獻于武皇。武皇謂揆曰：「公縉紳之士，安言徐步可至達官，何用如是！」揆無以對，令繫於晉陽獄。武皇將用爲副使，使人誘之，揆言不遜，遂殺之。

九月，汴將葛從周棄潞州而遁，武皇以康君立爲潞州節度使，以李存孝爲汾州刺史。

十月，張濬之師入晉州，遊軍至汾隰。武皇遣薛鐵山、李承嗣將騎三千出陰地關，營於洪洞，遣李存孝將兵五千，營於趙城。華州韓建以壯士三百人宵犯存孝之營[一六]，存孝追擊，直壓晉州西門，張濬之師出戰，爲存孝所敗，案：新唐書昭帝紀作十一月，張濬及李克用戰于陰地，敗績。歐陽史亦作十一月，與薛史先後互異。（舊五代史考異）自是閉壁不出。存孝引軍攻絳州。絳州，原本作「鋒州」，今從通鑑改正。（影庫本粘籤）十二月，晉州刺史張行恭棄城而奔，韓建、張濬由含山路遁去。

大順二年春正月，武皇上章申理，其略曰：「臣今身無官爵，名是罪人，不敢歸陛下藩方，且欲於河中寄寓，進退行止，伏候聖裁。」天子尋就加守中書令。案歐陽史：二月，復拜克用河東節度使、隴西郡王，加檢校太師、兼中書令。（舊五代史考異）是月，魏博爲汴將葛從周所寇，節度使羅弘信遣使來求援，武皇出師以赴之。

三月，邢州節度使安知建叛，奔青州。天子以知建爲神武統軍，自棣州泝河歸朝。鄆州朱瑄邀斬於河上，傳首晉陽。以李存孝爲邢州節度使。

四月，武皇大舉兵討赫連鐸於雲州，遣騎將薛阿檀率前軍以進攻，武皇設伏兵於御河之上，大破之，因塹守其城。七月，武皇進軍柳城[一七]，會赫連鐸力屈食盡，奔於吐渾部，遂歸幽州，雲州平。武皇表石善友爲大同軍防禦使。

邢州節度使李存孝以鎮州王鎔託附汴人，謀亂河朔，北連燕寇，請乘雲、代之捷，平定燕、趙，武皇然之。八月，大蒐於晉陽，遂南巡澤潞，略地懷孟，河陽趙克裕望風送款，趙克裕，原本作「免裕」，今從薛史梁書改正。（影庫本粘籤）請修鄰好。九月，蒐於邢州。十月，李存孝董前軍攻臨城，鎮人五萬營於臨城西北龍尾崗，武皇令李存審、李存質以步軍攻之〔一八〕，鎮人大敗，殺獲萬計，拔臨城，進攻元氏。幽州李匡威以步騎五萬營於鄗邑，以援鎮州，武皇分兵大掠，旋軍邢州。永樂大典卷一萬八千一百五十五〔一九〕。

校勘記

〔一〕祖執宜　「執宜」，李克用墓誌（拓片刊隋唐五代墓誌匯編山西卷）作「執儀」。

〔二〕追謚爲文皇帝廟號獻祖　「帝」字原闕，據册府卷一補。「廟」字原闕，據殿本、通曆卷一三、册府卷一補。按本書卷二九唐莊宗紀三：「（同光元年閏四月）追尊皇祖代州太保爲文景皇帝，廟號獻祖。」五代會要卷一、新五代史卷五唐本紀略同。

〔三〕程懷信　原作「程懷素」，據通鑑卷二五三考異引薛史、本書卷五五康君立傳、新唐書卷二一八沙陀傳改。

〔四〕新唐書僖宗紀　「僖宗」，原作「懿宗」，據新唐書卷九僖宗紀改。

〔五〕將上黨太原之師過石嶺關　「上黨」二字原闕，據通鑑卷二五三考異引薛史、册府卷七補。按新唐書卷二一八沙陀傳敍其事云：「詔昭義李鈞爲北面招討使，督潞、太原兵屯代州。」

〔六〕李琢　原作「李涿」，據通鑑卷二五三考異引薛史、新五代史卷四唐本紀改。本卷下文同。舊五代史考異卷二：「案歐陽史作招討使李琢，通鑑亦作『琢』，與薛史異。」按舊五代史考異引文中「李琢」，原作「李涿」，據殿本考證、劉本考證、新五代史卷四唐本紀改。

〔七〕瞿稹　原作「瞿正」，據殿本、通鑑卷二五四考異引薛史、册府卷七改。本卷下文同。

〔八〕陽景彪　通曆卷一三、舊唐書卷一九下僖宗紀、新唐書卷二二五下黄巢傳作「楊景彪」。影庫本粘籤：「陽景彪，原本作『易景傂』，考册府元龜所引薛史及通鑑注俱作陽景彪，今改正。」按今檢册府、通鑑未記此人。

〔九〕武皇遣大將康君立安老薛可郭啜率兵赴之　「安老薛可郭啜」，册府卷七作「安老老薛可敦啜」。影庫本粘籤：「安老薛可，原本作『安考薛丁』，今從册府元龜改正。」

〔一〇〕宣政殿　原作「宣正殿」，據舊唐書卷一九下僖宗紀改。

〔一一〕李昌符　殿本、孔本、册府卷七作「李符」。本卷下一處同。按武皇父名國昌，此處當避「昌」字。

〔一二〕遣使奉表於行在　「使」上原有「來」字，據彭校、册府卷七删。

〔一三〕遂來歸於武皇　「遂」字原闕，據殿本、孔本補。

〔一四〕河東行營都招討宣慰使　「河東」二字原闕，據新唐書卷一〇昭宗紀補。

〔一五〕以汴帥爲河東東面招討使　「東面」，原作「南面」，據册府卷七改。按本書卷一梁太祖紀一：「（大順元年六月）辛未，昭宗命帝爲宣義軍節度使，充河東東面行營招討使。」新唐書卷一〇昭宗紀記朱全忠五月爲「南面招討使」，至六月改爲東面。

〔一六〕華州韓建以壯士三百人宵犯存孝之營　「宵」，原作「冒」，據册府卷七改。通鑑卷二五八敍其事作「鎮國節度使韓建以壯士三百夜襲存孝營」，新唐書卷二一八沙陀傳略同。

〔一七〕武皇進軍柳城　「城」字原闕，據通鑑卷二五八考異引紀年録補。

〔一八〕李存質　原作「李存賢」，據册府卷七改。按本書卷五三李存賢傳，存賢本名王賢，景福中方賜姓名，未預此役。

〔一九〕永樂大典卷一萬八千一百五十五　檢永樂大典目録，卷一八一五五爲「將」字韻「宋將十八」，與本則内容不符，恐有誤記。陳垣舊五代史輯本引書卷數多誤例謂應作卷一八一二五「將」字韻「唐將十七」。

舊五代史卷二十六　唐書二

武皇紀下

景福元年正月，鎮州王鎔恃燕人之援，率兵十餘萬攻邢州之堯山。案通鑑云：景福元年正月，王鎔、李匡威合兵十餘萬攻堯山。與薛史同。舊唐書作大順二年，王鎔援邢州，屯於堯山。考此時邢州未叛於晉，不得有王鎔之援師，蓋即景福元年事，誤移於前一年耳。歐陽史從薛史。武皇遣李存信將兵應援，李存孝素與存信不協，遞相猜貳，留兵不進。武皇又遣李嗣勳、李存審將兵援之，大破燕、趙之衆，斬首三萬，收其軍實。三月，武皇進軍渡滹沱，攻欒城，下鼓城、稾城。四月，燕軍寇雲、代，武皇班師。案舊唐書云：景福元年二月庚寅，太原、易定之兵合勢攻鎮州，王鎔復告難於幽州，李匡威率步騎三萬赴之。時太原之衆軍於常山，易定之衆堅守固鎮，燕、趙之卒分拒之。三月，克用、處存斂軍而退。是興師以二月，至三月始旋師也。通鑑云：三月，李克用、王處存合兵攻王鎔。癸丑，拔天長鎮。戊午，鎔與戰於新市，大破之，殺獲三萬餘人。辛酉，克用退屯欒城。是進師、退師皆在三月也。薛史作三月進軍，四月班師，與諸書異。

八月，赫連鐸誘幽州李匡威之衆八萬，寇天成軍，遂攻雲州，營於州北，連亘數里。武皇潛軍入於雲州，詰旦，出騎軍以擊之，斬獲數萬，李匡威燒營而遁。十月，邢州李存孝叛，納款於梁，李存信構之也。案舊唐書云：大順元年十一月癸丑朔，太原將邢州刺史李存孝自恃擒孫揆功，合爲昭義帥，怨克用授康君立。存孝自晉州率行營兵歸邢州，據城，上表歸朝，仍致書張濬、王鎔求援。今考薛史，大順二年，存孝始爲邢州節度，無由於元年冬得據邢州也。舊唐書特因存孝攻澤潞而牽連書之，其年月則誤耳。新唐書、歐陽史、通鑑並從薛史作景福元年十月。

景福二年春，大舉以伐王鎔，以其通好於李存孝也。二月，攻天長鎮，旬日不下。王鎔出師三萬來援，武皇逆戰於叱日嶺下，鎮人敗，斬首萬餘級。時歲饑，軍乏食，脯屍肉而食之。進軍下井陘，李存孝將兵夜入鎮州，鎮人乞師於汴，汴帥方攻時溥，不暇應之。乃求援於幽州，李匡威率兵赴之，武皇乃班師。七月，武皇討李存孝於邢州，遂攻平山，渡滹水，攻鎮州。王鎔懼，以帛五十萬犒軍，請修舊好，仍以鎮冀之師助擊存孝，許之。武皇進圍邢州。十二月，武皇狩於近郊，獲白兔，有角長三寸。

乾寧元年三月，邢州李存孝出城首罪，縶歸太原，轘於市。邢、洺、磁三州平。武皇表馬師素爲邢州節度使。案：舊唐書作克用以大將馬師素權知邢洺團練事，與薛史異。

五月，鄆州節度使朱瑄爲汴軍所攻，遣使來乞師，武皇遣騎將安福順、安福應、安福遷督精騎五百，假道於魏州以應之。案舊唐書云：乾寧元年正月〔一〕，瑄、瑾勢蹙，求救於太原，李克用出師援之。薛史作五月，與舊唐書異。考朱瑄、朱瑾自魚山之敗，其勢始蹙，當由正月遣使乞援，至援師之出，自在五月耳。

九月，潞州節度使康君立以酖死。

十月，武皇自晉陽率師伐幽州。初，李匡儔奪據兄位〔二〕，燕人多不義之，安塞軍戍將劉仁恭挈族歸於武皇，武皇遇之甚厚。仁恭數進畫於蓋寓，言幽州可取之狀，願得兵一萬，指期平定。武皇方討李存孝於邢州，輟兵數千，欲納仁恭，不利而還。匡儔由是驕怠，數犯邊境，武皇怒，故率軍以討之。是時，雲州吐渾赫連鐸、白義誠並來歸，命皆笞而釋之。案舊唐書昭宗紀：六月壬辰，克用攻陷雲州，執赫連鐸。新唐書昭宗紀：六月，赫連鐸與李克用戰於雲州，死之。通鑑從新唐書作李克用大破吐谷渾，殺赫連鐸，擒白義誠，俱與薛史異。考雲州諸部因討李匡儔而來歸，自當在十月，而諸書皆作六月，恐未足據。

十一月，進攻武州。甲寅，案：甲寅字誤。下文十二月有辛亥、壬子、甲寅，則十一月不得有甲寅也。據通鑑考異，蓋薛史仍紀年録之誤。攻新州。十二月，李匡儔命大將率步騎六萬救新州，武皇選精甲逆戰，燕軍大敗，斬首萬餘級，生獲將領百餘人，曳練徇於新州城下。是夜，新州降。辛亥，進攻嬀州。嬀州，原本作「僞州」，今從通鑑改正。（影庫本粘籤）壬子，燕兵復合，於居庸關拒戰〔三〕，武皇命精騎以疲之，令步將李存審由他道擊之，自午至晡，燕軍復敗。甲寅，李匡儔攜其族棄城而遁，將之滄州，隨行輜車、臧獲、妓妾甚衆。滄帥盧彦威利其貨，以兵攻匡儔於景城，殺之，盡擄其衆。丙辰，進軍幽州，其守城大將請降，武皇令李存審與劉仁恭入城撫勞，居人如故，市不改肆，封府庫以迎武皇。

乾寧二年正月，武皇在幽州，命李存審、劉仁恭徇諸屬郡。二月，以仁恭爲權幽州留後，從燕人之請也。案舊唐書：乾寧元年十二月〔四〕，以李匡威故將劉仁恭爲幽州兵馬留後。歐陽史亦作元年冬事，皆因平幽州而終言之，未嘗核其年月也。通鑑從薛史作二年二月。留腹心燕留德等十餘人分典軍政〔五〕，武皇遂班師，凡駐幽州四十日。

六月，武皇率蕃漢之師自晉陽趨三輔，討鳳翔李茂貞、邠州王行瑜、華州韓建之亂。先是，三帥稱兵向闕，同弱王室，殺害宰輔。時河中節度使王重盈卒，重榮之子珂，即武皇之子壻也，權典軍政。其兄珙爲陝州節度使、瑤爲絳州刺史，與珂爭河中，遂訴於岐、邠、華三鎮，言珂本蒼頭，蒼頭，原本作「莊頭」，考舊唐書王重榮傳云：王珙上言，珂本家之蒼頭，小字忠兒。則「莊頭」確爲訛字，今改正。（影庫本粘籤）不當襲位。珂亦訴於武皇，武皇上表保薦珂，乞授河中旄鉞，詔可之。三帥遂以兵入覲，大掠京師，請授王珂同州節度使、王瑤河中節度使〔六〕，天子亦許之。武皇遂舉兵表三帥之罪，復移檄三鎮，三鎮大懼。是月，次絳州，刺史王瑤登陴拒命，武皇攻之，旬日而拔，斬王瑤於軍門，誅其黨千餘人。七月，次河中，王珂迎謁於路。

己未，同州節度使王行約棄城奔京師，與左軍兵士劫掠西市，都民大擾。行約，即行瑜弟也。庚申，樞密使駱全瓘以武皇之軍將至，請天子幸〔七〕。右軍指揮使李繼鵬，茂貞假子也，本姓閻，名珪〔八〕，與全瓘謀劫天子幸鳳翔。左軍指揮使王行實，亦行瑜之弟也，與劉景宣欲劫天子幸邠州。兩軍相攻，縱火燒内門，煙火蔽天。天子急詔鹽州六都兵士，令追殺亂兵，左右軍退走。王行瑜、李茂貞聲言自來迎駕，天子懼，出幸南山，駐蹕於莎城。是夜，熒惑犯心。壬戌，武皇進收同州，聞天子幸石門，遣判官王瓌奉表奔問，天子遣使賜詔，令與王珂同討邠、鳳。時武皇方攻華州，俄聞李茂貞領兵士三萬至盩厔，王行瑜領兵至興平，欲往石門迎駕，乃解華州之圍，進營渭橋。天子遣延王戒丕、丹王允齎詔，促武皇兵直抵邠、鳳。八月乙酉，供奉官張承業齎詔告諭。案舊唐書：七月丁卯，上遣内官張承業傳詔克用軍，便令監太原行營兵馬，發赴新平。薛史作八月乙酉，與舊唐書月日互異，相隔殊遠。舊唐書又作八月乙酉朔，延王至河中，疑承業與延王同行。據通鑑作壬午，遣張承業詣克用軍，蓋壬午遣使，乙酉始至軍耳。涇帥張鐇已領步騎三萬於京西北〔九〕，扼邠、岐之路。武皇進營渭北，遣史儼將三千騎往石門扈駕，遣李存信、李存審會鄜、延之兵攻行瑜之梨園寨。天子削奪行瑜官爵，以武皇爲天下兵馬都招討使，以鄜州李思孝爲北面招討使，以涇州張鐇爲西南面招討使〔一〇〕。天子又遣延王、丹王賜武皇御衣及大將茶酒、弓矢，命二王兄事武皇。延王傳天子密旨云：「一昨非卿至此，已爲賊庭行酒之人矣。所慮者二凶締合，卒難翦除，且欲姑息茂貞，令與卿修好，俟梟斬行瑜，更與卿商量。」武皇上表，請駕還京。案：舊唐書作壬寅，李克用遣子存貞奉表行在，請車駕還京。考當時奉表者，即後唐莊宗也。莊宗未嘗名存貞，舊唐書誤。令李存節領二千騎於京西北，以防邠賊奔突。辛亥，天子還宮，加武皇守太師、中書令、邠寧四面行營都統。

時王行瑜弟兄固守梨園寨，我師攻之甚急。李茂貞遣兵萬餘來援行瑜，營於龍泉鎮，茂貞自率兵三萬迫咸陽。武皇奏請詔茂貞罷兵，兼請削奪茂貞官爵，詔曰：「茂貞勒兵，蓋備非常，尋已發遣歸鎮。」又言：「茂貞已誅李繼鵬、李繼晸〔一一〕，卿可切戒兵甲，無犯土疆。」武皇請賜河中王珂旌節，三表許之。又表李罕之爲副都統。

十月丙戌，李存貞於梨園寨北遇賊軍〔一二〕，斬首千餘級，自是賊閉壁不出。戊子，天子賜武皇内弟子四人，又降朱書御札，賜魏國夫人陳氏。是月，王行瑜因敗衄之後，閉壁自固，武皇令李罕之晝夜急攻，賊軍乏食，拔營而去。李存信與罕之等先伏軍於阨路，俟賊軍之至，縱兵擊之，殺戮萬計。是日，收梨園等三寨，生擒行瑜之子知進，並母丘氏、大將李元福等二百人，送赴闕庭。庚寅，王行約、王行實燒劫寧州遁走，寧州守將徐景乞降。武皇表蘇文建爲邠州節度使，且於寧州爲治所。十一月丁巳，案：舊唐書作十一月癸未朔，疑十一月不當有丁巳。據薛史上文，十月有丙戌、戊子，則十一月斷非癸未朔矣。通鑑所定月日皆從薛史。收龍泉寨。時行瑜以精甲五千守之，李茂貞出兵來援，爲李罕之所敗，邠賊遂棄龍泉寨而去。行瑜復入邠州，大軍進逼其城，行瑜登城號哭曰：「行瑜無罪，昨殺南北司大臣，是岐帥將兵脅制主上，請治岐州，行瑜乞束身歸朝。」武皇報曰：「王尚父何恭之甚耶！僕受命討三賊臣，公其一也。如能束身歸闕，老夫未敢專命，爲公奏取進止。」行瑜懼，棄城而遁。武皇收其城，封府庫，遽以捷聞。既而慶州奏，王行瑜將家屬五百人到州界，爲部下所殺，傳首闕下。武皇既平行瑜，還軍渭北。

十二月，武皇營於雲陽，案歐陽史：晉軍渭北，遇雨六十日。考通鑑：十二月乙酉，李克用軍於雲陽。辛亥，引兵東歸。無緣得有六十日也，歐陽史誤。候討鳳翔進止。乙未，天子賜武皇爲忠貞平難功臣，進封晉王，加實封二百户。武皇復上表請討李茂貞，天子不允。武皇私謂詔使曰：「觀主上意，疑僕別有他腸，復何言哉！但禍不去胎，憂患未已。」又奏：「臣統領大軍，不敢徑赴朝覲。」遂班師。

乾寧三年正月，汴人大舉以攻兗、鄆，朱瑄、朱瑾再乞師於武皇，假道於魏州，羅弘信許之。乃令都指揮使李存信將步騎三萬與李承嗣、史儼會軍，以拒汴人。存信軍於莘，與朱瑾合勢，頻挫汴軍，汴帥患之，乃間魏人。存信御兵無法，稍侵魏之芻牧者，弘信乃與汴帥通，出師三萬攻存信軍。存信揭營而退，保於洺州。三月，武皇大掠相、魏諸邑，攻李固、洹水，殺魏兵萬餘人，進攻魏州。案舊唐書：六月庚戌，李克用率沙陀、并汾之衆五萬攻魏州，及其郛，大掠於其六郡，陷城安、洹水、臨漳十餘邑，報莘之怨也〔一三〕。薛史作三月事，蓋自三月興師，至六月始退耳〔一四〕。五月，汴將葛從周、氏叔琮引兵赴援。

六月，李茂貞舉兵犯京師。七月，車駕幸華州。是月，武皇與汴軍戰於洹水之上，鐵林指揮使落落被擒。落落，武皇之長子也。既戰，馬踣於坎，武皇馳騎以救之，其馬亦踣，汴之追兵將及，武皇背射，一發而斃，乃退。

九月，李存信攻魏之臨清，汴將葛從周等引軍來援，大敗於宗城北。存信進攻魏州。十月，武皇敗魏軍於白龍潭，追擊至觀音門，汴軍救至，乃退。十一月，武皇徵兵於幽、鎮、定三州，將迎駕於華下。幽州劉仁恭託以契丹入寇，俟敵退聽命。

乾寧四年正月，汴軍陷兗、鄆，騎將李承嗣、史儼與朱瑾同奔於淮南。三月，陝帥王珙攻河中，王珂來告難，武皇遣李嗣昭率二千騎赴之，破陝軍於猗氏，乃解河中之圍。至是，天子遣延王戒丕至晉陽，傳宣旨於武皇：「朕不取卿言，以及於此，苟非英賢竭力，朕何由再謁廟庭！在卿表率，予所望也。」

七月，武皇復徵兵於幽州，劉仁恭辭旨不遜，武皇以書讓之，仁恭捧書謾駡，捧書，疑當作「持書」，考册府元龜所引薛史亦作「捧書」，今姑仍其舊。（影庫本粘籤）抵之於地，仍囚武皇之行人。八月，大舉以伐仁恭。九月，師次蔚州。戊寅，晨霧晦暝，占者云不利深入。辛巳，攻安塞〔一五〕，俄報：「燕將單可及領騎軍至矣。」武皇方置酒高會，前鋒又報：「賊至矣！」武皇曰：「仁恭何在？」曰：「但見可及輩。」武皇張目怒曰：「可及輩何足爲敵！」仍促令出師。燕軍已擊武皇軍寨，武皇乘醉擊賊，燕軍披靡。時步兵望賊而退，爲燕軍所乘，大敗於木瓜澗，俄而大風雨震雹，燕軍解去，武皇方醒。甲午，師次代州，劉仁恭遣使謝罪於武皇，武皇亦以書報之，自此有檄十餘返。

光化元年春正月，鳳翔李茂貞、華州韓建皆致書於武皇，乞修和好，同奬王室，兼乞助丁匠修繕秦宮，武皇許之。

四月，汴將葛從周寇邢、洺、磁等州，旬日之内，三州連陷。汴人以葛從周爲邢州節度使。大將李存信收軍，自馬嶺而旋。

八月壬戌，天子自華還宫。是時，車駕初復，而欲諸侯輯睦，賜武皇詔，令與汴帥通好。武皇不欲先下汴帥，乃致書於鎮州王鎔，令導其意。明年，汴帥遣使奉書幣來修好，武皇亦報之。自是使車交馳，朝野相賀。

九月，武皇遣周德威、李嗣昭率兵三萬出青山口，以迫邢洺。十月，遇汴將葛從周於張公橋，張公橋，原本作「張恭」，考舊唐書、通鑑俱作「張公」，今改正。（影庫本粘籤）既戰，我軍大敗。是月，河中王珂來告急，言王珙引汴軍來寇，武皇遣李嗣昭將兵三千以援之，屯於胡壁堡。汴軍萬餘人來拒戰，嗣昭擊退之。

十二月，潞州節度使薛志勤卒，澤州刺史李罕之以本軍夜入潞州，據城以叛。罕之報武皇曰：「薛鐵山新死，潞民無主，慮軍城有變，輒專命鎮撫。」武皇令人讓之，罕之乃歸於汴。武皇遣李嗣昭將兵討之，下澤州，收罕之家屬，拘送晉陽。

光化二年春正月，李罕之陷沁州。三月，汴將葛從周、氏叔琮自土門陷承天軍，又陷遼州，進軍榆次。武皇令周德威擊之，敗汴軍於洞渦驛，叔琮棄營而遁，德威追擊，出石會關，石會關，原本作「名會」，考歐陽史、通鑑俱作「石會」，今改正。（影庫本粘籤）殺千餘人。汴人復陷澤州。五月，武皇令都指揮使李君慶將兵收澤潞，爲汴軍所敗而還。以李嗣昭爲都指揮使，進攻潞州。八月，嗣昭營於潞州城下，前鋒下澤州。時汴將賀德倫、張歸厚等守潞州。是月，德倫等棄城而遁，潞州平。九月，武皇表汾州刺史孟遷爲潞州節度使。

光化三年，汴軍大寇河朔，幽州劉仁恭乞師，武皇遣周德威帥五千騎以援之。七月，李嗣昭攻堯山，至內丘，敗汴軍於沙河，進攻洺州，下之。九月，汴帥自將兵三萬圍洺州，嗣昭棄城而歸，葛從周設伏於青山口，嗣昭之軍不利。十月，汴人乘勝寇鎮、定，鎮、定懼，皆納賂於汴。是時，周德威與燕軍劉守光敗汴人二萬於望都，聞定州王郜來奔，乃班師。是月，天子加武皇實封一百户。遣李嗣昭率步騎三萬攻懷州，下之。進攻河陽，汴將閻寶率軍來援，嗣昭退保懷州。

天復元年正月，汴將張存敬攻陷晉、絳二州，以兵二萬屯絳州，以扼援路。二月，張存敬迫河中，王珂告急於武皇，使者相望於路。珂妻邠國夫人，武皇愛女也，亦以書至，懇切求援。武皇報曰：「賊阻道路，衆寡不敵，救爾即與爾兩亡，可與王郎棄城歸朝。」珂遂送款於張存敬。三月，汴帥自大梁至河中，王珂遂出迎，尋徙於汴。天子以汴帥兼鎮河中。武皇自是不復能援京師，霸業由是中否。

四月，汴將氏叔琮率兵五萬自太行路寇澤潞，魏博大將張文恭領軍自新口入，葛從周領兗、鄆之衆自土門入，張歸厚以邢洺之衆自馬嶺入，定州王處直之衆自飛狐入，侯言以晉、絳之兵自陰地入。氏叔琮、康懷英營於澤州之昂車。昂車，原本作「昂卑」，考通鑑及册府元龜俱作昂車，今改正。（影庫本粘籤）武皇令李嗣昭將三千騎赴澤州援李存璋而歸，賀德倫、氏叔琮軍至潞州，孟遷開門迎，沁州刺史蔡訓亦以城降於汴，氏叔琮悉其衆趨石會關。是時，偏將李審建先統兵三千在潞州，亦與孟遷降於汴，及叔琮之入寇也，審建爲其鄉導。汴人營於洞渦，別將白奉國與鎮州大將石公立自井陘入，自井陘入，原本脱「自」字，今據通鑑增入。（影庫本粘籤）陷承天軍。及攻壽陽，遼州刺史張鄂以城降於汴，都人大恐。時霖雨積旬，汴軍屯聚既衆，芻糧不給，復多痢瘧，師人多死。時大將李嗣昭、李嗣源每夜率驍騎突營掩殺，敵衆恐懼。

五月，汴軍皆退。氏叔琮軍出石會，周德威、李嗣昭以精騎五千躡之，殺戮萬計。初，汴軍之將入寇也，汾州刺史李瑭據城叛，以連汴人，至是武皇令李嗣昭、李存審將兵討之。是歲，并汾饑，粟暴貴，人多附瑭爲亂，嗣昭悉力攻城，三日而拔，擒李瑭等斬於晉陽市。氏叔琮既旋軍，過潞州，擄孟遷以歸。汴帥以丁會爲潞州節度使。

六月，遣李嗣昭、周德威將兵出陰地，攻慈、隰二郡，隰州刺史唐禮、慈州刺史張瓌並以城來降。武皇以汴寇方盛，難以兵服，佯降心以緩其謀，乃遣牙將張特持幣馬書檄以諭之，陳當時利害，請復舊好。十一月壬子，汴帥營於渭濱。甲寅，天子出幸鳳翔。案新唐書：帝如鳳翔，李茂貞、韓全誨請召克用入衛，克用間道遣使者奔問，並詒書全忠，勸還汴，全忠不答。（舊五代史考異）武皇遣李嗣昭率兵三千自沁州趨平陽，遇汴軍於晉州北，斬首五百級。

天復二年二月，李嗣昭、周德威領大軍自慈、隰進攻晉、絳，營於蒲縣。乙未，汴將朱友寧、氏叔琮將兵十萬，營於蒲縣之南。乙巳，汴帥自領軍至晉州，德威之軍大恐。三月丁巳，有虹貫德威之營。戊午，氏叔琮率軍來戰，德威逆擊，爲汴人所敗，兵仗、輜車委棄殆盡。朱友寧長驅至汾州，慈、隰二州復爲汴人所據。辛酉，汴軍營於晉陽之西北，攻城西門，周德威、李嗣昭緣山保其餘衆而旋。武皇驅丁壯登陴拒守，汴軍攻城日急，武皇召李嗣昭、周德威等謀將出奔雲州，嗣昭以爲不可。李存信堅請且入北蕃，續圖進取，嗣昭等固爭之，太妃劉氏亦極言於內，乃止。居數日，亡散之士復集，軍城稍安。李嗣昭與李嗣源夜入汴軍，斬將搴旗，敵人扞禦不暇，自相驚擾。丁卯，朱友寧燒營而遁，周德威追至白壁關，白壁關，原本作「向辟」，今從歐陽史改正。（影庫本粘籤）俘斬萬計，因收復慈、隰、汾等三州。

天復三年正月，天子自鳳翔歸京。五月，雲州都將王敬暉殺刺史劉再立，以城歸於劉仁恭。武皇遣李嗣昭討之，仁恭遣將以兵五萬來援雲州，嗣昭退保樂安，燕人擄敬暉，棄城而去。武皇怒，笞嗣昭及李存審而削其官。是時，親軍萬衆皆邊部人，動違紀律，人甚苦之，左右或以爲言，武皇曰：「此輩膽略過人，數十年從吾征伐，比年以來，國藏空竭，諸軍之家賣馬自給。今四方諸侯皆懸重賞以募勇士，吾若束之以法，急則棄吾，吾安能獨保此乎！俟時開運泰，吾固自能處置矣。」

天祐元年閏四月，汴帥迫天子遷都於洛陽。案新唐書：帝東遷，詔至太原，克用泣謂其下曰：「乘輿不復西矣！」遣使者奔問行在。（舊五代史考異）五月乙丑，天子制授武皇叶盟同力功臣，加食邑三千户、實封三百户。八月，汴帥遣朱友恭弑昭宗於洛陽宫，輝王即位。告哀使至晉陽，武皇南向慟哭，三軍縞素。

天祐二年春，契丹阿保機始盛，武皇召之，阿保機領部族三十萬至雲州，與武皇會於雲州之東，握手甚歡，結爲兄弟，旬日而去，留馬千匹，牛羊萬計，案：武皇會契丹於雲州，通鑑作開平元年，新唐書作天祐元年，與薛史異。歐陽史與薛史同。又契丹國志作晉王存勗與契丹連和，會於東城，殊誤〔一六〕。東都事略：契丹與晉王會在天祐三年。遼史太祖紀與薛史同。期以冬初大舉渡河。

天祐三年正月，魏博既殺牙軍，魏將史仁遇據高唐以叛，遣人乞師於武皇，武皇遣李嗣昭率三千騎攻邢州以應之，遇汴將牛存節、張筠於青山口，嗣昭不利而還。

九月，汴帥親率兵攻滄州，幽州劉仁恭遣使來乞師，武皇乃徵兵於仁恭，將攻潞州，以解滄州之圍。仁恭遣掌書記馬郁、都指揮使李溥等將兵三萬，李溥，原本作「李俌」，考册府元龜及通鑑俱作「溥」，今改正。（影庫本粘籤）會於晉陽，武皇遣周德威、李嗣昭合燕軍以攻澤潞。十二月，潞州節度使丁會開門迎降，命李嗣昭爲潞州節度使，以丁會歸於晉陽。

天祐四年正月甲申，汴帥聞潞州失守，自滄州燒營而遁。四月，天子禪位於汴帥，奉天子爲濟陰王，改元爲開平，國號大梁。是歲，西川王建遣使至〔一七〕，勸武皇各王一方，俟破賊之後，訪唐朝宗室以嗣帝位，然後各歸藩守。武皇不從，以書報之曰：

竊念本朝屯否，巨業淪胥，攀鼎駕以長違，撫彤弓而自咎。默默終古，悠悠蒼生，遘此厲階〔一八〕，永爲痛毒，視橫流而莫救，徒誓檝以興言。別捧函題，過垂獎諭，省覽周既，駭惕異常。淚下霑衿，倍鬱申胥之素；汗流浹背，如聞蔣濟之言。蔣濟，原本作「蔣沆」，今從册府元龜改正。（影庫本粘籤）

僕經事兩朝，受恩三代，位叨將相，籍係宗枝，賜鈇鉞以專征，徵苞茅而問罪。鏖兵校戰，二十餘年，竟未能斬新莽之頭顱，斷蚩尤之肩髀，以至廟朝顛覆，豺虎縱橫。且授任分憂，叨榮冒寵〔一九〕，龜玉毁櫝，誰之咎歟！俯閱指陳，不勝慚恧。然則君臣無常位，陵谷有變遷，或箠塞長河，泥封函谷，時移事改，理有萬殊。即如周末虎爭，魏初鼎據。孫權父子，不顯授於漢恩；劉備君臣，自微興於涿郡。得之不謝於家世，失之無損於功名，適當逐鹿之秋，何惜華蟲之服。唯僕累朝席寵，席寵，原本作「膺寵」，今從册府元龜改正。（影庫本粘籤）奕世輸忠，忝佩訓詞，粗存家法。善博奕者唯先守道，治蹊田者不可奪牛。誓於此生，靡敢失節，仰憑廟勝，早殄寇讎。如其事與願違，則共臧洪遊於地下，亦無恨矣。唯公社稷元勳，嵩衡降祉〔一〇〕，鎮九州之上地，負一代之弘才，合於此時，自求多福。所承良訊，非僕深心，天下其謂我何，有國非吾節也。慺慺孤懇，此不盡陳。

五月，梁祖遣其將康懷英率兵十萬圍潞州，懷英驅率士衆，築壘環城，城中音信斷絕。武皇遣周德威將兵赴援，德威軍於余吾，率先鋒挑戰，日有俘獲，懷英不敢即戰。梁祖以懷英無功，乃以李思安代之。案：李思安之代懷英，通鑑作七月事，與薛史繫五月異。（舊五代史考異）思安引軍將營於潞城，潞城，原本作「澤城」，考通鑑、歐陽史、五代春秋俱作李思安圍潞城，今改正。（影庫本粘籤）周德威以五千騎搏之，梁軍大敗，斬首千餘級。思安退保堅壁，別築外壘，謂之「夾寨」，以抗我之援軍。梁祖調發山東之民以供饋運，德威日以輕騎掩之，運路艱阻，衆心益恐。李思安乃自東南山口築夾道，連接夾寨，以通饋運，自是梁軍堅保夾寨。

冬十月，武皇有疾。是時，晉陽城無故自壞，占者惡之。

天祐五年正月戊子朔，武皇疾革。辛卯，崩於晉陽，年五十三。遺令薄葬，發喪後二十七日除服。莊宗即位，追謚武皇帝，廟號太祖，陵在鴈門。永樂大典卷七千一百五十四。

五代史補：太祖武皇，本朱耶赤心之後，沙陀部人也。其先生于雕窠中，酋長以其異生，諸族傳養之，遂以「諸爺」爲氏，言非一父所養也。其後言訛，以「諸」爲「朱」，以「爺」爲「耶」。至太祖生眇一目，長而驍勇，善騎射，所向無敵，時謂之「獨眼龍」，大爲部落所疾。太祖恐禍及，遂舉族歸唐，授雲州刺史，賜姓李，名克用。黄巢犯長安，自北引兵赴難，功成，遂拜太原節度使，封晉王。武皇之有河東也，威聲大振，淮南楊行密常恨不識其狀貌，因使畫工詐爲商賈，往河東寫之。畫工到未幾，人有知其謀者，擒之。武皇初甚怒，既而，謂所親曰〔二一〕：「且吾素眇一目，試召，亟使寫之〔二二〕，觀其所爲如何。」及至，武皇按膝厲聲曰〔二三〕：「淮南使汝來寫吾真，必畫工之尤也，寫吾不及十分，即階下便是死汝之所矣。」畫工再拜下筆。時方盛暑，武皇執八角扇，因寫扇角半遮其面。武皇曰：「汝諂吾也。」遽使別寫之，又應聲下筆，畫其臂弓撚箭之狀，仍微合一目，以觀箭之曲直。武皇大喜，因厚賂金帛遣之。

五代史闕文：世傳武皇臨薨，以三矢付莊宗曰：「一矢討劉仁恭，汝不先下幽州，河南未可圖也。一矢擊契丹，且曰阿保機與吾把臂而盟，結爲兄弟，誓復唐家社稷，今背約附賊，汝必伐之。一矢滅朱温，汝能成吾志，死無憾矣。」莊宗藏三矢於武皇廟庭。及討劉仁恭，命幕吏以少牢告廟，請一矢，盛以錦囊，使親將負之以爲前驅。凱旋之日，隨俘馘納矢於太廟。伐契丹、滅朱氏亦如之。又武皇眇一目，謂之「獨眼龍」。性喜殺，左右有小過失，必置於死。初諱眇，人無敢犯者，嘗令寫真，畫工即爲撚箭之狀，微瞑一目，圖成而進，武皇大悦，賜予甚厚。

史臣曰：武皇肇跡陰山，赴難唐室，逐豺狼於魏闕，殄氛祲於秦川，賜姓受封，奄有汾晉，可謂有功矣。然雖茂勤王之績，而非無震主之威。及朱旗屯渭曲之師，俾翠輦有石門之幸，比夫桓文之輔周室，無乃有所愧乎！洎失援於蒲絳，久垂翅於并汾，若非嗣子之英才，豈有興王之茂業。矧累功積德，未比於周文；創業開基，尚虧於魏祖。追謚爲「武」，斯亦幸焉。永樂大典卷七千一百五十四。

校勘記

〔一〕乾寧元年正月　「正月」，舊唐書卷二〇上昭宗紀作「二月」。

〔二〕李匡儔　本書及新五代史各卷同，舊唐書、新唐書、通鑑各處皆作「李匡籌」。通鑑卷二五九考異：「唐太祖紀年録作『匡儔』，今從新舊紀、傳、實録。」本書各處同。

〔三〕於居庸關拒戰　「於」，册府卷七作「入」。

〔四〕乾寧元年十二月　「乾寧」二字原闕，據舊五代史考異卷二、殿本考證、舊唐書卷二〇上昭宗紀補。

〔五〕燕留德　新五代史卷三九劉守光傳作「燕留得」。

〔六〕王瑶河中節度使　「王瑶」，本書卷一五韓建傳、卷五二李嗣昭傳、卷一三二李茂貞傳，舊唐書卷二〇上昭宗紀、通鑑卷二六〇敍其事作「王珙」。按本書卷一四王珂傳作「請以河中授珙、瑶」。新五代史卷四唐本紀：「瑶，珙弟，助珙以爭者。」

〔七〕樞密使駱全瓘以武皇之軍將至請天子幸　按此句下疑有脱誤，本書卷一三二李茂貞傳：「是歲七月，太原之師至河中，繼鵬與中尉景宣之子繼晟迫車駕幸鳳翔」，通鑑卷二六〇敍其事作「樞密使駱全瓘奏請車駕幸鳳翔」。

〔八〕名珪　「珪」，通鑑卷二六〇同，舊唐書卷二〇上昭宗紀、新五代史卷四唐本紀作「圭」。

〔九〕張鐇　原作「張鐺」，據舊唐書卷二〇上昭宗紀、通鑑卷二六〇、册府卷一二三改。按文苑英華卷四五七有授張鐇彰義軍節度使制。本卷下一處同。

〔一〇〕以涇州張鐇爲西南面招討使　「西南面」，册府卷一二三同，舊唐書卷二〇上昭宗紀、新唐書卷一〇昭宗紀、通鑑卷二六〇作「西面」。

〔一一〕李繼晸　「繼晸」，本書卷一三二李茂貞傳作「繼晟」。舊唐書卷二〇上昭宗紀、新唐書卷五〇兵志、卷二〇八劉季述傳有繼晟，係宦官劉景宣之養子。

〔一二〕李存貞　原作「李存信」，據册府（宋本）卷七、通鑑卷二六〇改。

〔一三〕報莘之怨也　「怨」，原作「怒」，據舊唐書卷二〇上昭宗紀改。

〔一四〕至六月始退耳　「六月」，原作「十月」，據邵本校改。

〔一五〕安塞　原作「安寨」，據殿本、劉本、邵本校、本書卷五三李存信傳、卷一三五劉守光傳改。按通鑑卷二六一胡注：「安塞軍在蔚州之東，嬀州之西。」

〔一六〕武皇會契丹……殊誤　以上五十五字原闕，據舊五代史考異卷二補。

〔一七〕西川王建遣使至　「西川」，原作「四川」，據通曆卷一三、册府卷七改。

〔一八〕悠悠蒼生遘此厲階　原作「悠悠彼蒼生此厲階」，據册府卷七改。彭校作「悠悠彼蒼遘此厲階」。

〔一九〕叨榮冒寵　「榮」，原作「策」，據彭校、册府卷七改。

〔二〇〕嵩衡降祉　「嵩衡」，册府卷七作「華嵩」。

〔二一〕謂所親曰　原作「親謂曰」，據五代史補卷二改。

〔二二〕試召亟使寫之　原作「試召之使寫」，據殿本、孔本、五代史補卷二改。

〔二三〕武皇按膝厲聲曰　「按」，原作「接」，據殿本、劉本、五代史補卷二改。

舊五代史卷二十七　唐書三

莊宗紀第一

莊宗光聖神閔孝皇帝，諱存勗，武皇帝之長子也。母曰貞簡皇后曹氏，以唐光啓元年歲在乙巳冬十月二十二日癸亥〔一〕，生帝於晉陽宮。妊時，曹后嘗夢神人，黑衣擁扇，夾侍左右。載誕之辰，紫氣出於牕户。及爲嬰兒，體貌奇特，沈厚不羣，武皇特所鍾愛。及武皇之討王行瑜，帝時年十一，案：歐陽史從薛史作十一。吴縝纂誤據徐無黨注，莊宗年四十三，逆推之，當以甲辰年生，乾寧二年破王行瑜時當云年十二。今考五代會要，莊宗以光啓元年生，年四十二。北夢瑣言載莊宗獻王行瑜年十一，薛、歐陽二史俱同，徐注作年四十三，誤。（舊五代史考異）從行。初令入覲獻捷，迎駕還宮，昭宗一見駭異之〔二〕，曰：「此兒有奇表。」因撫其背曰：「兒將來之國棟也，勿忘忠孝于予家。」因賜鸂鶒酒巵、翡翠盤。案北夢瑣言云：昭宗曰：「此子可亞其父。」時人號曰「亞子」。賊平，授檢校司空、隰州刺史，尋改汾、晉二郡〔三〕，皆遥領之。帝洞曉音律，武皇常令歌舞于前〔四〕。十三習春秋，手自繕寫，略通大義。及壯，便射騎，膽略絶人，其心豁如也。

武皇起義雲中，部下皆北邊勁兵，及破賊迎鑾，功居第一，由是稍優寵士伍，優寵，原本作「擾寵」，今據文改正。（影庫本粘籤）因多不法，或陵侮官吏，豪奪士民，白晝剽攘，酒博喧競。武皇緩於禁制，唯帝不平之，因從容啓於武皇，武皇依違之。及安塞不利之後，安塞，原作「安寒」，今據通鑑改正。（影庫本粘籤）時事多難，梁將氏叔琮、康懷英頻犯郊圻，案：懷英本名懷貞，後因避梁末帝諱，始改名懷英。薛史前後統作懷英，今仍其舊。（舊五代史考異）土疆日蹙，城門之外，鞠爲戰場，武皇憂形于色。帝因啓曰：「夫盛衰有常理，禍福繫神道。家世三代，盡忠王室，勢窮力屈，無所愧心。物不極則不反，惡不極則不亡。今朱氏攻逼乘輿，窺伺神器，陷害良善，誣誑神祇，以臣觀之，殆其極矣。大人當遵養時晦，以待其衰，何事輕爲沮喪！」太祖釋然，因奉觴作樂而罷。

及滄州劉守文爲梁朝所攻，其父仁恭遣使乞師，武皇恨其翻覆，不時許之，帝白曰：「此吾復振之道也，不得以嫌怨介懷。且九分天下，朱氏今有六七，趙、魏、中山在佗廡下，賊所憚者，唯我與仁恭爾，我之興衰，繫此一舉，不可失也。」太祖乃徵兵於燕，攻取潞州，既而丁會果以城來降。

天祐五年春正月，武皇疾篤，召監軍張承業、大將吴珙謂曰：「吾常愛此子志氣遠大，可付後事，唯卿等所教。」及武皇厭代，帝乃嗣王位于晉陽，時年二十有四。

汴人方寇潞州，周德威宿兵於亂柳，案：原本作「亂楊」，考歐陽史作亂柳。胡三省通鑑注云：亂柳在潞州屯留縣界。今改正。（舊五代史考異）以軍城易帥，竊議恟恟，訛言播於行路。帝方居喪，將吏不得謁見，監軍使張承業排闥至廬所，言曰：「大孝在不墜家業[五]，不同匹夫之孝。且君父厭世，嗣主未立，竊慮兇猾不逞之徒，有懷覬望。又汴寇壓境，利我凶衰，苟或摇動，則倍張賊勢，訛言不息，懼有變生。請依顧命，墨縗聽政，保家安親，此惟大孝。」帝於是始聽斷大事。

時振武節度使克寧，即帝之季父也，爲管内蕃漢馬步都知兵馬使，典握兵柄。帝以軍府事讓季父，曰：「兒年幼稚，未通庶政，雖承遺命，恐未能彈壓。季父勳德俱高，衆情推伏，且請制置軍府，俟兒有立，聽季父處分。」克寧曰：「亡兄遺命，屬在我兒，孰敢異議！」因率先拜賀。初，武皇獎勵戎功，多畜庶孽，衣服禮秩如嫡者六七輩，比之嗣王，年齒又長，部下各綰强兵，朝夕聚議，欲謀爲亂。及帝紹統，或强項不拜，鬱鬱憤惋，託疾廢事。會李存顥以陰計干克寧曰：「兄亡弟立，古今舊事，季父拜姪，理所未安。」克寧妻素剛狠，因激怒克寧，陰圖禍亂。存顥欲於克寧之第謀害張承業、李存璋等〔六〕，以并汾九州歸附於梁，案：并汾九州，通鑑作河東九州。胡三省注云：河東領并、遼、沁、汾、石、忻、代、嵐、憲九州。附識于此。（舊五代史考異）送貞簡太后爲質。克寧意將激發，乃擅殺大將李存質，請授己雲州節度使，割蔚、朔、應三州爲屬郡，帝悉俞允，然知其陰禍有日矣。克寧俟帝過其第則圖竊發。時幸臣史敬鎔者，亦爲克寧所誘，盡得其情，乃來告帝。帝謂張承業曰：「季父所爲如此，無猶子之情，骨肉不可自相魚肉，予當避路，則禍亂不作矣。」承業曰：「臣受命先帝〔七〕，言猶在耳。存顥輩欲以太原降賊，王欲何路求生？不即誅除，亡無日矣。」因召吴珙、李存璋、李存敬、朱守殷諭其謀，衆咸憤怒。

二月壬戌，案：原本作「丙戌」，今據通鑑改正。（舊五代史考異）命存璋伏甲以誅克寧，遂靖其難。是月，唐少帝崩於曹州，梁祖使人酖之也。帝聞之，舉哀號慟。

三月，周德威尚在亂柳，梁將李思安屢爲德威所敗，閉壁不出。是時，梁祖自將兵至澤州，以劉知俊爲招討使以代思安，以范居實〔八〕、劉重霸爲先鋒，牛存節爲撫遏，統大軍營於長子。

四月，帝召德威軍歸晉陽。汴人既見班師，知我國禍，以爲潞州必取，援軍無俟再舉，遂停斥候。梁祖亦自澤州歸洛。帝知其無備，乃謂其將曰〔九〕：「汴人聞我有喪，必謂不能興師；又以我少年嗣位，未習戎事，必有驕怠之心。若簡練兵甲，倍道兼行，出其不意，以吾憤激之衆，擊彼驕惰之師，拉朽摧枯，未方其易〔一〇〕，解圍定霸，在此一役。」甲子，軍發自太原。己巳，至潞州北黄碾下營。案：原本作「黄䃂」，通鑑作黄碾。胡三省注云：黄碾村在潞州潞城縣。今改正。（舊五代史考異）

五月辛未朔，晨霧晦暝，帝率親軍伏三垂崗下，詰旦，天復昏霧，進軍直抵夾城。時李嗣源總帳下親軍攻東北隅，李存璋、王霸率丁夫燒寨，斸夾城爲二道，周德威、李存審各分道進攻，軍士鼓譟，三道齊進。李嗣源壞夾城東北隅，率先掩擊，梁軍大恐，南向而奔，投戈委甲，噎塞行路，俘斬萬餘級〔一一〕，獲其將副招討使符道昭洎大將三百人、芻粟百萬。梁招討使康懷英得百餘騎，出天井關而遁。梁祖聞其敗也，大懼，既而歎曰〔一二〕：「生子當如是，李氏不亡矣！吾家諸子乃豚犬爾。」初，唐龍紀元年，帝纔五歲，案歐陽史：克用破孟方立于邢州，還軍上黨，置酒三垂岡。時莊宗在側，方五歲。考克用邢州之役在文德元年，今以莊宗生年計之，當從薛史作龍紀元年。（舊五代史考異）從武皇校獵於三垂崗，崗上有玄宗原廟在焉。武皇於祠前置酒，樂作，伶人奏百年歌者，陳其衰老之狀，聲調悽苦。武皇引滿，捋鬚指帝曰：「老夫壯心未已，二十年後，此子必戰於此。」及是役也，果符其言焉。

是月，周德威乘勝攻澤州，刺史王班登城拒守，王班，原本作「玉辨」，今據通鑑及歐陽史改正。（影庫本粘籤）梁將劉知俊自晉絳將兵赴援，德威退保高平。案：澤州因牛存節之救得全。通鑑考異引莊宗列傳云〔一三〕：李存璋進攻澤州，刺史王班棄城而去，澤潞悉平。殊失事實。通鑑從薛史。（舊五代史考異）帝遂班師於晉陽，告廟飲至，賞勞有差。乃下令於國中，禁賊盜，恤孤寡，徵隱逸，止貪暴，峻隄防，寬獄訟，朞月之間，其俗丕變。帝每出，於路遇饑寒者，必駐馬而臨問之，由是人情大悅，王霸之業，自茲而基矣。

六月，鳳翔李茂貞、邠州楊崇本合西川王建之師五萬，以攻長安，遣使會兵於帝，帝遣張承業率師赴之。

九月，邠、岐、蜀三鎮復大舉攻長安，帝遣李嗣昭〔一四〕、周德威將兵三萬攻晉州以應之。德威與梁將尹皓戰于神山北，梁人大敗。是時，晉之騎將夏侯敬受以一軍奔于梁，德威乃退保隰州。案歐陽史：九月丁丑，如懷州。通鑑作周德威等聞梁帝將至，乙未，退保隰州。是德威之退師，因梁祖之親至也。薛史唐紀不載。

天祐六年秋七月，邠、岐二帥及梁之叛將劉知俊俱遣使來告，叛將，原本作「判將」，今據文改正。（影庫本粘籤）將大舉以伐靈、夏，兼收關輔，請出兵晉絳，以張兵勢。

八月，帝御軍南征，先遣周德威、李存審、丁會統大軍出陰地關，攻晉州，爲地道，壞城二十餘步，城中血戰拒守。梁祖遣楊師厚領兵赴援，德威乃收軍而退。案通鑑引莊宗實録云：汴軍至蒙阬，周德威逆戰，敗之，斬首三百級，楊師厚退保絳州。是役也，小將蕭萬通戰歿，師厚進營平陽，德威收軍而退。（舊五代史考異）

天祐七年秋七月，鳳翔李茂貞、邠州楊崇本皆遣師來會兵，同討靈、夏，且言劉知俊三敗汴軍於寧州，靈、夏危蹙，岐、隴之師大舉，決取河西。帝令周德威將兵萬人，西渡河以應之。是役也，劉知俊爲岐人所搆，乃自退。

九月，德威班師。

冬十月，梁祖遣大將李思安、楊師厚率師營於澤州，以攻上黨。

十一月，鎮州王鎔遣使來求援。是時，梁祖以羅紹威初卒，全有魏博之地，因欲兼并鎮、定，兼并，原本作「兼兵」，今據文改正。（影庫本粘籤）遣供奉官杜廷隱、丁延徽督魏軍三千人入于深、冀，鎮人懼，故來告難。帝集軍吏議之，咸欲按甲治兵，徐觀勝負，唯帝獨斷，堅欲救之，乃遣周德威率軍屯于趙州。是月，行營都招討使丁會卒。

十二月丁巳朔，梁祖聞帝軍屯趙州，命寧國軍節度使王景仁爲北面行營招討使，韓勍爲副，相州刺史李思安爲前鋒，會魏州之兵以討王鎔。又令閻寶、王彦章率二千騎，會景仁於邢洺。丁丑，景仁營於柏鄉，帝遂親征，自贊皇縣東下。辛巳，至趙州，與周德威兵合。帝令史建瑭以輕騎嘗寇，獲芻牧者二百人，問其兵數，精兵七萬。是日，帝觀兵於石橋南，詰旦進軍，距柏鄉一舍，周德威、史建瑭率蕃落勁騎以挑戰，四面馳射，梁軍閉壁不出，乃退。翌日進軍，距柏鄉五里，案：原本作「七里」，今據歐陽史及通鑑改正。（舊五代史考異）遣騎軍逼其營。梁將韓勍、李思安率步騎三萬，鎧甲炫曜，其勢甚盛，分道以薄帝軍。德威且戰且退，距河而止。既而德威偵知梁人造浮橋，乃退保高邑。乙酉，致師於柏鄉，帝禱戰於光武廟。柏鄉無芻粟之備，梁軍以樵采爲給，爲帝之遊軍所獲，由是堅壁不出，剉屋茅坐席以秣其馬，衆心益恐。

天祐八年正月丁亥，周德威、史建瑭帥三千騎致師於柏鄉，設伏於村塢間，遣三百騎直壓其營。梁將怒，悉其軍結陣而來，德威與之轉戰至高邑南，梁軍列陣，橫亘六七里。時帝軍未成列，李存璋引諸軍陣於野河之上，梁軍以五百人爭橋，案：通鑑作梁軍橫亘數里，競前奪橋，鎮、定步兵禦之，勢不能支。與此微異。（舊五代史考異）鎮、定之師與血戰，梁軍敗而復整者數四。帝與張承業登高觀望，梁人戈矛如束，申令之後，囂聲若雷，王師進退有序，王師，原本作「王追」，今據文改正。（影庫本粘籤）步騎嚴整，寂然無聲。帝臨陣誓衆，人百其勇，短兵既接，無不奮力。梁有龍驤、神威、拱宸等軍，皆武勇之士也，每一人鎧仗，費數十萬，裝以組繡，飾以金銀，人望而畏之。自巳及午，騎軍接戰，至晡，梁軍欲抽退，塵埃漲天，德威周麾而呼曰：「汴人走矣！」帝軍齊譟以進，魏人收軍漸退。李嗣源率親軍與史建瑭、安金全兼北部吐渾諸軍衝陣夾攻，梁軍大敗，棄鎧投仗之聲，震動天地，龍驤、神威、神捷諸軍，殺戮殆盡，通鑑云：趙人以深、冀之憾，不顧剽掠，但奮白刃追之，梁之龍驤、神捷精兵皆盡。與薛史互有詳略，今附識于此。（影庫本粘籤）自陣至柏鄉數十里，殭屍枕籍，敗旗折戟，所在蔽地。夜漏一鼓，帝軍入柏鄉，梁軍輜重、帳幄、資財、奴僕，皆爲帝軍所有。梁將王景仁、韓勍、李思安等以數十騎夜遁。是役也，斬首二萬級，獲馬三千匹，鎧甲兵仗七萬，輜車鍋幕不可勝計，擒梁將陳思權以下二百八十五人。帝號令收軍於趙州。既而梁人棄深、冀二州而遁。初，杜廷隱之襲深、冀也，聲言分兵就食。時王鎔將石公立戍深州，欲杜關不納，鎔遽令啓關，命公立移軍於外，廷隱遂據其城。公立既出，指城闉而言曰：「開門納盜，後悔何追，此城數萬生靈，生爲俘馘矣！」因投刃泣下。數日，廷隱閉城殺鎮兵數千人，遂登陴拒守，王鎔方命公立攻之，即有備矣。及柏鄉之敗，兩州之人悉爲奴擄，老弱者皆坑之。己亥，遣史建瑭、周德威徇地于邢、魏，先馳檄以諭之。案：册府元龜載晉王諭邢[一五]、洺、魏、博、衞、滑諸郡縣檄。天祐八年正月，周德威等破賊，徇地邢洺，先馳檄諭邢、洺、魏、博、衞、滑諸郡縣曰：「王室遇屯，七廟被陵夷之酷；昊天不弔，萬民罹塗炭之災。必有英主奮庸，忠臣仗順，斬長鯨而清四海，靖祆祲以泰三靈。予位忝維城，任當分閫，念茲顛覆，詎可宴安。故仗桓文輔合之規〔一六〕，問羿浞凶狂之罪。逆温碭山庸隸，巢孽餘凶，當僖宗奔播之初，我太祖掃平之際，束身泥首，請命牙門，苞藏姦詐之心，惟示婦人之態。我太祖俯憐窮鳥，曲爲開懷，特發表章，請帥梁汴，纔出萑蒲之澤，便居茅社之尊，殊不感恩，遽行猜忍。我國家祚隆周漢，迹盛伊唐，二十聖之鎡基，三百年之文物。外則五侯九伯，內則百辟千官，或代襲簪纓，或門傳忠孝，皆遭陷害，永抱沉冤。且鎮、定兩藩，國家巨鎮，冀安民而保族，咸屈節以稱藩。逆温唯仗陰謀〔一七〕，專行不義，欲全吞噬，先據屬州。趙州特發使車，來求援助。予情惟盪寇，義切親仁，躬率賦輿，赴茲盟約。賊將王景仁將兵十萬，屯據柏鄉，遂驅三鎮之師，授以七擒之略。鸛鵝纔列，梟獍大奔，易如走坂之丸，勢若燎原之火。僵尸仆地，流血成川。組甲雕戈，皆投草莽；謀夫猛將，盡作俘囚。羣凶既快於天誅，大憝須垂於鬼録。今則選蒐兵甲，簡練車徒，乘勝長驅，翦除元惡。凡爾魏博、邢洺之衆，感恩懷義之人，乃祖乃孫，爲聖唐赤子，豈狗虎狼之黨，遂忘覆載之恩。蓋以封豕長蛇，憑陵荐食，無方逃難，遂被脅從。空嘗膽以銜冤，竟無門而雪憤，既聞告捷，想所慰懷。今義旅徂征，止于招撫。昔耿純焚廬而向順，蕭何舉族以從軍，皆審料興亡，能圖富貴，殊勳茂業，翼子貽孫，轉禍見機，決在今日。若能詣轅門而效順，開城堡以迎降，長官則改補官資，百姓則優加賞賜，所經詿誤，更不推窮。三鎮諸軍，已申嚴令，不得焚燒廬舍，剽掠馬牛，但仰所在生靈，各安耕織。予恭行天罰，罪止元凶，已外歸明，一切不問，凡爾士衆，咸諒予懷。」帝御親軍南征。庚子，至洺州，梁祖令其將徐仁溥將兵五百〔一八〕，夜入邢州。張承業、李存璋以三鎮步兵攻邢州，遣周德威、史建瑭將三千騎，長驅至澶、魏，帝與李嗣源率親軍繼進。

二月戊午，師次洹水，周德威進至臨河。己未，魏帥羅周翰出兵五千，塞石灰窰口，周德威以騎掩擊，迫入觀音門。是日，王師迫魏州，帝舍於狄公祠西。周翰閉壁自固，帝軍攻之，其城幾陷。帝歎曰：「予爲兒童時，從先王渡河，今其忘矣。方春桃花水滿，思一觀之，誰從予者？」癸亥，帝觀河於黎陽。是時，梁祖發兵萬餘將渡河，聞王師至，棄舟而退。黎陽都將張從楚、曹儒以部下兵三千人來降，立其軍爲左右匡霸使。乙丑，周德威自臨清狥地貝郡，攻博州，下東武、朝城。時澶州刺史張可臻棄城而遁，遂攻黎陽〔一九〕，下臨河、淇門。庚午，梁祖在洛，聞王師將攻河陽，率親軍屯白馬坡。壬申，帝下令班師。帝至趙州，王鎔迎謁。翌日，大饗諸軍。壬午，帝發趙州，歸晉陽，留周德威戍趙州。

三月己丑，鎮、定州各遣使言幽州劉守光凶僭之狀，請推爲尚父，以稔其惡。乙未，帝至晉陽宮，召監軍張承業諸將等議幽州之事，乃遣牙將戴漢超齎墨制并六鎮書，案：原本作「大鎮」，今據通鑑改正。（舊五代史考異） 六鎮，原本作「大鎮」，據通鑑：晉王與王鎔及義武王處直、昭義李嗣昭、振武周德威、天德宋瑤六節度使共奉册于守光。胡三省云：五鎮并河東而六。知原本「大」字係傳寫之訛，今改正。（影庫本粘籤）推劉守光爲尚書令、尚父，守光由是凶熾日甚，遂邀六鎮奉册。

五月，六鎮使至幽，梁使亦集。案通鑑考異引莊宗實録云：三月己丑，鎮州遣押衙劉光業至，言劉守光凶淫縱毒〔三〇〕，欲自尊大，請稔其惡以咎之，推爲尚父。乙未，上至晉陽宫，召張承業諸將等議討燕之謀，諸將亦云宜稔其惡。上令押衙戴漢超持墨制及六鎮書如幽州，其辭曰：「天祐八年三月二十七日，天德軍節度使宋瑶、振武節度使周德威、昭義節度使李嗣昭、易定節度使王處直、鎮州節度使王鎔、河東節度使尚書令晉王謹奉册進盧龍横海等軍節度、檢校太尉、中書令、燕王爲尚書令、尚父。」五月，六鎮使至，汴使亦集。六月，守光令有司定尚父、採訪使儀則〔三一〕。（舊五代史考異）是月，梁祖遣都招討使楊師厚將兵三萬屯邢州，帝令李嗣昭出師掠相、衛而還。

秋七月，帝會王鎔於承天軍。鎔，武皇之友也，帝奉之盡敬，捧卮酒爲壽，鎔亦捧酒醻帝。鎔幼子昭誨從行，因許爲婚。

八月甲子，幽州劉守光僭稱大燕皇帝，年號應天。

九月庚子，梁祖將親軍自洛渡河而北，至相州，聞帝軍未出，乃止。

十月，幽州劉守光殺帝之行人李承勳，忿其不行朝禮也。

十一月辛丑，燕人侵易定，案：通鑑作戊申，燕主守光將兵二萬寇易定。薛史作辛丑，與通鑑異。（舊五代史考異）王處直來告難。

十二月甲子，帝遣周德威、劉光濬、李嗣源及諸將率蕃漢之兵發晉陽，伐劉守光於幽州。永樂大典卷七千一百五十五。

校勘記

〔一〕冬十月二十二日癸亥　是月壬子朔，二十二日爲癸酉。按册府卷二：「同光元年十月壬辰萬壽節」，十月辛未朔，壬辰爲二十二日。影庫本粘籤：「癸亥，原本作『癸巳』，五代會要作癸亥。考舊唐書，光啓元年十月壬寅朔，無癸巳，今從五代會要改正。」今檢五代會要未記莊宗誕日干支。

〔二〕昭宗一見駭異之　「異」字原闕，據册府卷四四、北夢瑣言卷一七、南部新書癸補。

〔三〕尋改汾晉二郡　「尋」字原闕，據册府卷八補。

〔四〕武皇常令歌舞于前　「武皇」二字原闕，據册府卷四三補。

〔五〕大孝在不墜家業　「大」，原作「夫」，據邵本校、彭校、册府卷二七、通鑑卷二六六改。

〔六〕存顥欲於克寧之第謀害張承業李存璋等　「存顥」，册府卷六六八作「存顥存實」。

〔七〕臣受命先帝　「先帝」，殿本作「先王」。舊五代史考異卷二：「案原本作『先帝』，考晉王嗣位之初，武皇尚未追稱爲帝，今改正。」

〔八〕范居實　原作「范君寔」，據本書卷一九范居實傳改。

〔九〕乃謂其將曰　「其」字原闕，據通曆卷一三補。彭本作「將佐」。

〔一〇〕未方其易　「方」，原作「云」，據册府卷四五、卷五七改。

〔一一〕俘斬萬餘級　「俘」字原闕，據册府卷四五、卷五七補。

〔一二〕大懼既而歎曰　「大懼既」，原作「既懼」，據彭校、册府卷四五、卷五七改。

〔一三〕通鑑考異引莊宗列傳云　「列傳」，原作「實録」，據邵本校、通鑑卷二六六考異引莊宗列傳改。

〔一四〕帝遣李嗣昭　「帝」字原闕，據册府卷八補。

〔一五〕邢　此字原闕，據殿本、劉本、册府卷八補。

〔一六〕故仗桓文輔合之規　「桓」，原作「威」，據殿本、册府卷八改。

〔一七〕逆温唯仗陰謀　「仗」，原作「伏」，據劉本、舊五代史考異卷二、册府卷八改。

〔一八〕徐仁溥　原作「徐仁浦」，據册府卷八、通鑑卷二六七改。影庫本粘籤：「徐仁浦，通鑑作『仁溥』，考薛史前後俱作『仁浦』，今姑仍其舊。」按徐仁浦，本書僅此一見。

〔一九〕遂攻黎陽　「攻」，原作「入」，據殿本改。通鑑卷二六七敍其事作「進攻黎陽」，册府卷八略同。影庫本批校：「『入』應作『攻』字。」

〔二〇〕鎮州遣押衙劉光業至言劉守光凶淫縱毒　「鎮州遣押衙劉光業至言劉」十一字原闕，據殿本、劉本、通鑑卷二六八考異引莊宗實録補。

〔二一〕守光令有司定尚父採訪使儀則　「儀則」，原作「議」，據通鑑卷二六八考異引莊宗實録改。

舊五代史卷二十八

唐書四

莊宗紀第二

天祐九年春正月庚辰朔，周德威等自飛狐東下。丙戌，會鎮、定之師，進營祁溝。祁溝，原本作「禮溝」，據胡三省通鑑注云：祁溝關在涿州南，易州巨馬河之北。今改正。（影庫本粘籤）庚子〔一〕，次涿州，刺史劉知温以城歸順。德威進迫幽州，守光出兵拒戰，燕將王行方等以部下四百人來奔。

二月庚戌朔，梁祖大舉河南之衆以援守光，以陝州節度使楊師厚爲招討使，河陽李周彝爲副；青州賀德倫爲應接使，鄆州袁象先爲副。甲子，梁祖自洛陽趨魏州，遣楊師厚、李周彝攻鎮州之棗强，命賀德倫攻蓨縣。

三月壬午，梁祖自督軍攻棗强。甲申，城陷，屠之。案：通鑑作丙戌。（舊五代史考異）時李存審與史建瑭以三千騎屯趙州，相與謀曰：「梁軍若不攻蓨城，必西攻深、冀。吾王方北伐，以南鄙之事付我輩，豈可坐觀其弊。」乃以八百騎趨冀州，扼下博橋，令史建瑭、李都督分道擒生。翌日，諸軍皆至，獲芻牧者數百人，盡殺之，縱數人逸去，且告：「晉王至矣。」建瑭與李都督各領百餘騎，旗幟軍號類梁軍，與芻牧者雜行，暮及賀德倫營門，殺守門者，縱火大呼，俘斬而旋。又執芻牧者，斷其手令迴，梁軍乃夜遁。蓨人持鉏耰白梃追擊之，悉獲其輜重。案通鑑後梁紀云：帝燒營夜遁，迷失道，委曲行百五十里。戊子旦，乃至冀州。蓨之耕者皆荷鉏奮梃逐之，委棄軍資器械不可勝計。（舊五代史考異）梁祖聞之大駭，自棗强馳歸貝州，殺其將張正言、許從實、朱彥柔，以其亡師於蓨故也。梁祖先抱痼疾，因是愈甚。辛丑，滄州都將張萬進殺留後劉繼威，自爲滄帥，遣人送款于梁，亦乞降于帝。戊申，周德威遣李存暉攻瓦橋關，下之。

四月丁巳，梁祖自魏南歸，疾篤故也。戊申，李嗣源攻瀛州，拔之。

五月乙卯朔[二]，周德威大破燕軍於羊頭岡，案：通鑑作龍頭岡，考異引莊宗實録作羊頭岡。（舊五代史考異）擒大將單廷珪，斬首五千餘級[三]。德威自涿州進軍于幽州，營于城下。

閏月己酉，攻其西門，燕人出戰，敗之。

六月戊寅，梁祖爲其子友珪所弒，友珪僭即帝位于洛陽。

秋八月，朱友珪遣其將韓勍、康懷英、牛存節率兵五萬，急攻河中。朱友謙遣使來求援，帝命李存審率師救之。

十月癸未，帝自澤州路赴河中，遇梁將康懷英於平陽，破之，斬首千餘級，追至白徑嶺，白徑嶺，原本作「百徑」，據胡三省通鑑注云：白徑嶺在河中安邑縣東〔四〕。今改正。（影庫本粘籤）朱友謙會帝於猗氏，梁軍解圍而去。庚申〔五〕，周德威報劉守光三遣使乞和，不報。丁卯，燕將趙行實來奔。

天祐十年春正月丁巳，周德威攻下順州，獲刺史王在思。

二月甲戌朔，攻下安遠軍，獲燕將一十八人。庚寅，梁朱友珪爲其將袁象先所殺，均王友貞即位於汴州。丙申，周德威報檀州刺史陳確以城降。

三月甲辰朔，收盧臺軍。乙丑，收古北口。時居庸關使胡令珪等與諸戍將相繼挈族來奔〔六〕。丙寅〔七〕，武州刺史高行珪遣使乞降。時劉守光遣愛將元行欽牧馬於山北，聞行珪有變，率戍兵攻行珪，行珪遣其弟行温爲質，且乞應援。周德威遣李嗣源、李嗣本、安金全率兵救武州，降元行欽以歸。

四月甲申，燕將李暉等二十餘人舉族來奔。德威攻幽州南門。壬辰，劉守光遣使王遵化致書哀祈於德威，德威戲遵化曰：「大燕皇帝尚未郊天，何怯劣如是耶！」怯劣，原本作「惟劣」，今據文改正。（影庫本粘籤）守光再遣哀祈，德威乃以狀聞。己亥，劉光濬攻下平州，獲刺史張在吉。

五月壬寅朔，光濬進迫營州，刺史楊靖以城降。乙巳，梁將楊師厚會劉守奇率大軍侵鎮州，時帝之先鋒將史建瑭自趙州率五百騎入真定，師厚大掠鎮冀之屬邑。王鎔告急於周德威，德威分兵赴援，師厚移軍寇滄州，張萬進懼，遂降于梁。遂降於梁，原本作「遂師」，今據文改正。（影庫本粘籤）

六月壬申朔，帝遣監軍張承業至幽州，與周德威會議軍事。

秋七月，承業與德威率千騎至幽州西，守光遣人持信箭一隻，乞修和好。承業曰：「燕帥當令子弟一人爲質則可〔八〕。」是日，燕將司全爽等十一人並舉族來奔。辛亥，德威進攻諸城門。壬子，賊將楊師貴等五十人來降。甲子，五院軍使李信攻下莫州。時守光繼遣人乞降，將緩帝軍，陰令其將孟脩、阮通謀於滄州節度使劉守奇，及求援於楊師厚，帝之游騎擒其使以獻。是月，帝會王鎔於天長。

九月，劉守光率衆夜出，遂陷順州。

冬十月己巳朔，守光帥七百騎、步軍五千夜入檀州。庚午，周德威自涿州將兵躡之。

壬申，守光自檀州南山而遁，德威追及，大敗之，獲大將李劉、張景紹及將吏八百五十人，馬一百五十匹。守光得百餘騎遁入山谷，德威急馳，扼其城門，守光惟與親將李小喜等七騎奔入燕城。己丑，守光遣牙將劉化脩、周遵業等以書幣哀祈德威。庚寅，守光乘城以病告，復令人獻自乘馬玉鞍勒易德威所乘馬而去。俄而劉光濬擒送守光僞殿直二十五人於軍門，守光又乘城謂德威曰：「予俟晉王至，即泥首俟命。」祈德威即馳驛以聞。

十一月己亥朔，帝下令親征幽州。甲辰，發晉陽。案：歐陽史作十月，劉守光請降，王如幽州。據薛史，則帝發晉陽在十一月甲辰，非十月也。通鑑從薛史。己未，至范陽。辛酉，守光奉禮幣歸款於帝，帝單騎臨城邀守光，辭以佗日，蓋爲其親將李小喜所扼也。是夕，小喜來奔，帝下令諸軍，詰旦攻城。壬戌，梯輣並進，軍士畢登，帝登燕丹冢以觀之。有頃，擒劉仁恭以獻。癸亥，帝入燕城，諸將畢賀。

十二月庚午，墨制授周德威幽州節度使。癸酉，檀州燕樂縣人執劉守光并妻李氏祝氏、子繼祚以獻。己卯，帝下令班師，自雲代而旋。時鎮州王鎔、定州王處直遣使請帝由井陘而西，許之。庚辰，帝發幽州，擄仁恭父子以行。甲申，次定州，舍於關城。翌日，次曲陽，曲陽，原本作「田陽」，今據文改正。（影庫本粘籤）與王處直謁北嶽祠。是日，次行唐〔九〕，鎮州王鎔迎謁於路。

天祐十一年春正月戊戌朔，王鎔以履新之日，與其子昭祚、昭誨奉觴上壽置宴。鎔啓曰：「燕主劉太師頃爲鄰國，今欲挹其風儀，可乎？」帝即命主者破械，引仁恭、守光至，與之同宴，鎔饋以衣被飲食。己亥，帝發鎮州，因與王鎔畋於行唐之西。壬子，至晉陽，以組練繫仁恭、守光〔一〇〕，號令而入。是日，誅守光。遣大將李存霸拘送仁恭于代州，刺其心血奠告于武皇陵，然後斬之。案遼史太祖紀：七年正月，晉王李存勗拔幽州，擒劉守光。考遼太祖七年即天祐十年，莊宗以天祐十年冬始拔幽州，十一年正月乃凱旋也。遼史誤以次年事先一年書之。是月，鎮州王鎔、定州王處直遣使推帝爲尚書令。案通鑑考異引唐實録云：天祐八年，晉王已稱尚書令。薛史作天祐十一年，與唐實録異。（舊五代史考異）初，王鎔稱藩於梁，梁以鎔爲尚書令，至是鎮、定以帝南破梁軍，北定幽薊，乃共推崇焉。使三至，帝讓乃從之，遂選日受册，開霸府，建行臺，如武德故事。

秋七月，帝親將自黄沙嶺東下會鎮人〔一一〕，進軍邢洺。梁將楊師厚軍於漳東，帝軍次張公橋，既而裨將曹進金奔於梁，帝軍不利而退。

八月，還晉陽。

天祐十二年三月，梁魏博節度使賀德倫遣使奉幣乞盟。時楊師厚卒於魏州，梁主乃割相、衛、澶三州別爲一鎮，以德倫爲魏博節度使，以張筠爲相州節度使，張筠，原本作「張均」，今從薛史梁紀改正。（影庫本粘籤）魏人不從。是月二十九日夜，案：通鑑考異引莊宗實録作二十七日，今考薛史賀德倫傳作二十九日，與此紀合。（舊五代史考異）魏軍作亂，囚德倫於牙署，三軍大掠。軍士有張彥者，素實凶暴，爲亂軍之首，迫德倫上章請却復六州之地，梁主不從，遂迫德倫歸於帝，且乞師爲援。帝命馬步副總管李存審自趙州帥師屯臨清，帝自晉陽東下，與存審會。案通鑑：晉王引大軍自黄澤嶺東下，與存審會于臨清，猶疑魏人之詐，按兵不進。（舊五代史考異）賀德倫遣從事司空頲至軍，密啓張彥狂勃之狀，且曰：「若不翦此亂階，恐貽後悔。」帝默然，遂進軍永濟。張彥謁見，以銀槍効節五百人從，皆被甲持兵以自衛。帝登樓諭之曰：「汝等在城，濫殺平人，奪其妻女，數日以來，迎訴者甚衆，當斬汝等，以謝鄴人。」遽令斬彥及同惡者七人，軍士股慄，帝親加慰撫而退。翌日，帝輕裘緩策而進，令張彥部下軍士被甲持兵，環馬而從，命爲帳前銀槍，衆心大服。梁將劉鄩聞帝至，以精兵萬人自洹水趣魏縣，洹水，原本作「桓水」，今據通鑑改正。（影庫本粘籤）帝命李存審帥師禦之，帝率親軍於魏縣西北，夾河爲栅。

六月庚寅朔，帝入魏州，賀德倫上符印，請帝兼領魏州，帝從之。墨制授德倫大同軍節度，令取便路赴任。帝下令撫諭鄴人，軍城畏肅，民心大服。是時，以貝州張源德據壘拒命[二]，南通劉鄩，又與滄州首尾相應，聞德州無備，遣別將襲之，遂拔其城。命遼州牙將馬通爲德州刺史，以扼滄、貝之路。滄、貝，原本作「滄只」，今據文改正。（影庫本粘籤）

秋七月，梁澶州刺史王彥章棄城而遁，畏帝軍之逼也，以故將李巖爲澶州刺史。案：通鑑考異引莊宗實録作李嚴。（舊五代史考異）帝至魏縣，因率百餘騎覘梁軍之營。是日陰晦，劉鄩伏兵五千於河曲叢木間，帝至，伏兵忽起，大譟而來，圍帝數十重。帝以百騎馳突奮擊，梁軍辟易，決圍而出，案：通鑑作自午至申，乃得出，亡其七騎。（舊五代史考異）有頃援軍至，乃解。帝顧謂軍士曰：「幾爲賊所笑。」

是月，劉鄩潛師由黃澤西趨晉陽，至樂平而還，遂軍於宗城。宗城，原本作「宋城」，今據歐陽史劉鄩傳改正。（影庫本粘籤）初，鄩在洹水，數日不出，寂無聲迹，帝遣騎覘之，無斥候者，城中亦無煙火之狀，但有鳥止於壘上，時見旗幟循堞往來。帝曰：「我聞劉鄩用兵，一步百變，必以詭計誤我。」使視城中，乃縛旗於芻偶之上，使驢負之，循堞而行。得城中羸老者詰之，云軍去已二日矣。既而有人自鄩軍至者，言兵已趨黃澤，帝遽發騎追之。時霖雨積旬，鄩軍倍道兼行，皆腹疾足腫，加以山路險阻，崖谷泥滑，緣蘿引葛，方得少進。顛墜巖坂，陷於泥淖而死者十二三。前軍至樂平，糗糒將竭，聞帝軍追躡於後，太原之衆在前，羣情大駭。鄩收合其衆還，自邢州陳宋口渡漳水而東，駐於宗城。時魏之軍儲已乏，軍儲，原本作「申諸」，今據文改正。（影庫本粘籤）臨清積粟所在，鄩欲引軍據之。周德威初聞鄩軍之西，自幽州率千騎至土門。及鄩軍東下，急趨南宮，知鄩軍在宗城，遣十餘騎迫其營，擒斥候者，斷其腕令還。德威至臨清，鄩起軍駐貝州。帝率親騎次博州，鄩軍於堂邑，周德威自臨清率五百騎躡之。是日，鄩軍於莘縣，帝營於莘西一舍，城壘相望，日夕交鬭。

八月，梁將賀瓌襲取澶州，帝遣李存審率兵五千攻貝州，因塹而圍之。

冬十月，有軍士自鄩軍來奔，帝善待之，乃劉鄩密令齎酖賂帝膳夫，欲置毒於食中。會有告者，索其黨誅之。

天祐十三年春二月，帝知劉鄩將謀速戰，乃聲言歸晉陽以誘之，實勞軍於貝州也，令李存審守其營。鄩謂帝已歸晉陽〔一三〕，將乘虛襲鄴，遣其將楊延直自澶州率兵萬人〔一四〕，楊延直，原本作「延値」，今據通鑑及歐陽史改正。（影庫本粘籤）會於城下，夜半至於南門之外。城中潛出壯士五百人，突入延直之軍，譟聲動地，梁軍自亂。遲明，鄩自莘引軍至城東，與延直兵會。鄩之來也，李存審率兵踵其後，李嗣源自魏城出戰。俄而帝自貝州至，鄩卒見帝，驚曰：「晉王耶！」因引軍漸却，至故元城西〔一五〕，李存審大軍已成列矣。軍前後爲方陣，梁軍於其間爲圓陣，四面受敵。兩軍初合，梁軍稍衄，再合，鄩引騎軍突西南而走。帝以騎軍追擊之，梁步軍合戰，短兵既接，帝軍鼓譟，圍之數重，埃塵漲天。李嗣源以千騎突入其間，衆皆披靡，相躪如積。帝軍四面斬擊，棄甲之聲，聞數十里。衆既奔潰，帝之騎軍追及于河上，十百爲羣，赴水而死，梁步兵七萬殲亡殆盡。劉鄩自黎陽濟，奔滑州。是月，梁主遣別將王檀率兵五萬，自陰地關趨晉陽，急攻其城，昭義李嗣昭遣將石嘉才案：梁紀作家才，唐列傳作家財。（舊五代史考異）率騎三百赴援。時安金全、張承業堅守於內，嘉才救援於外，檀懼，乃燒營而遁，追擊至陰地關。時劉鄩敗於莘縣，王檀遁於晉陽，梁主聞之曰：「吾事去矣！」

三月乙卯朔，分兵以攻衞州。壬戌，刺史米昭以城降。

夏四月，攻洺州，下之。

五月，帝還晉陽。

六月，命偏師攻閻寶於邢州，梁主遣捉生都將張溫率步騎五百爲援，至內黃，溫率衆來奔。

秋七月甲寅朔，帝自晉陽至魏州。

八月，大閱師徒，進攻邢州。相州節度使張筠棄城遁去，以袁建豐爲相州刺史，依舊隸魏州。案：通鑑作四月，晉人拔洺州，以魏州都巡檢使袁建豐爲洺州刺史。八月，晉人復以相州隸天雄軍，以李嗣源爲刺史。與薛史異。（舊五代史考異）邢州節度使閻寶請以城降，以忻州刺史、蕃漢副總管李存審爲邢州節度使，以閻寶爲西南面招討使〔一六〕，遥領天平軍節度使。是月，契丹入蔚州，案：歐陽史及通鑑俱從薛史作蔚州。遼史太祖紀：神册元年八月，拔朔州，擒節度使李嗣本。與薛史異。振武節度使李嗣本陷於契丹。

九月，帝還晉陽。梁滄州節度使戴思遠棄城遁去，舊將毛璋入據其城，毛璋，原本作「毛章」，今據列傳改正。（影庫本粘籤）李嗣源帥師招撫，璋以城降。乃以李存審爲滄州節度使，以李嗣源爲邢州節度使。時契丹犯塞，帝領親軍北征，至代州北，聞蔚州陷，乃班師。案遼史太祖紀：十一月，攻蔚、新、武、嬀、儒五州，自代北至河曲，踰陰山，盡有其地。其圍蔚州，敵樓無故自壞，衆軍大譟，乘之，不踰時而破。蓋由朔州進破蔚州也。通鑑作晉王自將兵救雲州，契丹聞之，引去。與遼史異。是月，貝州平，以滄州降將毛璋爲貝州刺史。自是河朔悉爲帝所有。帝自晉陽復至於魏州。魏州，原本作「媿州」，今據通鑑改正。（影庫本粘籤）

天祐十四年二月，帝聞劉鄩復收殘兵保守黎陽，遂率師以攻之，不克而還。是月甲午，新州將盧文進殺節度使李存矩，叛入契丹，遂引契丹之衆寇新州。存矩，帝之諸弟也，治民失政，御下無恩，故及於禍。帝以契丹王阿保機與武皇屢盟於雲中，約爲兄弟，急難相救，至是容納叛將，違盟犯塞，乃馳書以讓之。契丹攻新州甚急，刺史安金全棄城而遁，契丹以文進部將劉殷爲刺史。帝命周德威率兵三萬攻之，營於城東。俄而文進引契丹大至，德威拔營而歸，因爲契丹追躡，師徒多喪。契丹乘勝寇幽州。是時，言契丹者，或云五十萬，或云百萬，漁陽以北，山谷之間，氈車毳幕，羊馬彌漫。盧文進招誘幽州亡命之人，教契丹爲攻城之具，飛梯、衝車之類，畢陳於城下。鑿地道，起土山，四面攻城，半月之間，機變百端。城中隨機以應之，僅得保全，軍民困弊，上下恐懼。德威間道馳使以聞，帝憂形於色，召諸將會議。時李存審請急救燕薊，且曰：「我若猶豫未行，但恐城中生事。」李嗣源曰：「願假臣突騎五千，以破契丹。」閻寶曰：「但當蒐選鋭兵，控制山險，强弓勁弩，設伏待之。」帝曰：「吾有三將，無復憂矣！」

夏四月，命李嗣源率師赴援，次於淶水，淶水，原本作「涑水」，今據歐陽史改正。（影庫本粘籤）又遣閻寶率師夜過祁溝，俘擒而還。周德威遣人告李嗣源曰：「契丹三十萬，馬牛不知其數，近日所食羊馬過半，阿保機責讓盧文進，深悔其來。契丹勝兵散布射獵，阿保機帳前不滿萬人，宜夜出奇兵，掩其不備。」嗣源具以事聞。案遼史太祖紀：四月，圍幽州，不克。

六月乙巳，望城中有氣如烟火狀，上曰：「未可攻也。」以大暑霖潦，班師，留盧國用守之。是契丹主已於六月退師矣，薛史及通鑑皆不載。

秋七月辛未，帝遣李存審領軍與嗣源會於易州，步騎凡七萬。於是三將同謀，銜枚束甲，尋澗谷而行，直抵幽州。

八月甲午，自易州北循山而行，李嗣源率三千騎爲前鋒。庚子，循大房嶺而東，距幽州六十里。契丹萬騎遽至，存審、嗣源極力以拒之，契丹大敗，委棄毳幕、氈廬、弓矢、羊馬不可勝紀，進軍追討，俘斬萬計。辛丑，大軍入幽州，德威見諸將，握手流涕。翌日，獻捷於鄴。

九月，班師，帝授存審檢校太傅，嗣源檢校太保，閻寶加同平章事。

十月，帝自魏州還晉陽。

十一月，復至魏州。

十二月，帝觀兵於河上。時梁人據楊劉城，列栅相望，帝率軍履河冰而渡，盡平諸栅，進攻楊劉城。城中守兵三千人，帝率騎軍環城馳射，又令步兵持斧斬其鹿角，負葭葦以堙塹，帝自負一圍而進，諸軍鼓譟而登，遂拔其壘，獲守將安彦之。是夕，帝宿楊劉。

天祐十五年春正月，帝軍徇地至鄆濮。時梁主在洛，將修郊禮，郊禮，原本作「校禮」，今以薛史梁末帝紀參考改正。（影庫本粘籤）聞楊劉失守，狼狽而還。

二月，梁將謝彦章帥衆數萬來迫楊劉，築壘以自固，又決河水，瀰漫數里，以限帝軍。

六月壬戌，帝自魏州復至楊劉。甲子，率諸軍涉水而進，梁人臨水拒戰，帝軍小却。俄而鼓譟復進，梁軍漸退，因乘勢而擊之，交鬭於中流，梁軍大敗，殺傷甚衆，河水如絳，謝彦章僅得免去。是月，淮南楊溥遣使來會兵，將致討於梁也。案：十國春秋吴世家作七月，晉王李存勗遣間使持帛書會兵伐梁〔一七〕，王辭以虔州之難。與薛史異。（舊五代史考異）

秋八月辛丑朔，大閲於魏郊，河東、魏博、幽、滄、鎮、定、邢洺、麟勝雲朔十鎮之師〔一八〕，及奚、契丹、室韋、吐渾之衆十餘萬，部陣嚴肅，旌甲照曜，師旅之盛，近代爲最。己酉，梁兗州節度使張萬進遣使歸款。帝自魏州率師次於楊劉，略地至鄆濮而還，遂營於麻家渡，諸鎮列營十數。梁將賀瓌、謝彦章以軍屯濮州行臺村，行臺村，原本作「待臺材」，今據通鑑改正〔一九〕。（影庫本粘籤）結壘相持百餘日。帝嘗以數百騎摩壘求戰，謝彦章帥精兵五千伏於堤下，帝以十餘騎登堤，伏兵發，圍帝十數重。俄而帝之騎軍繼至，攻於圍外，帝於圍中躍馬奮擊，決圍而出。李存審兵至，梁軍方退。是時，帝鋭於接戰，每馳騎出營，存審必扣馬進諫，帝伺存審有間，即策馬而出，顧左右曰：「老子妨吾戲耳！」至是幾危，方以存審之言爲忠也。

十二月庚子朔，帝進軍，距梁軍栅十里而止。時梁將賀瓌殺騎將謝彦章於軍，帝聞之曰：「賊帥自相魚肉，安得不亡。」戊午，下令軍中老幼，令歸魏州，悉兵以趣汴。庚申，大軍毁營而進。辛酉，次於臨濮，梁軍捨營踵於後。癸亥，次胡柳陂。遲明，梁軍亦至，帝率親軍出視，諸軍從之。梁軍已成陣，横亘數十里，帝亦以横陣抗之。時帝與李存審總河東、魏博之衆居其中，周德威以幽薊之師當其西，鎮、定之師當其東。梁將賀瓌、王彦章全軍接戰，帝以銀槍軍突入梁軍陣中〔二〇〕，斬擊十餘里，賀瓌、王彦章單騎走濮陽。帝軍輜重在陣西，望見梁軍旗幟，皆驚走，因自相蹈籍，不能禁止。帝一軍先敗，周德威戰殁。是時，陂中有土山，梁軍數萬先據之，帝帥中軍至山下。梁軍嚴整不動，旗幟甚盛。帝呼諸軍曰：「今日之戰，得山者勝，賊已據山，吾與爾等各馳一騎以奪之！」帝率軍先登，銀槍步兵繼進，遂奪其山。梁軍紛紜而下，復於土山西結陣數里。時日已晡矣，或曰：「諸軍未齊，不如還營，詰朝可圖再戰。」閻寶進曰〔二一〕：「深入賊境，逢其大敵，期於盡鋭，以决雌雄。况賊帥奔亡，衆心方恐，今乘高擊下，勢如破竹矣。」銀槍都將王建及被甲横槊進曰：「賊將先已奔亡，王之騎軍一無所損，賊衆晡晚，大半思歸，擊之必破。王但登山縱觀，責臣以破賊之效。」於是李嗣昭領騎軍自土山北以逼梁軍，王建及呼士衆曰：「今日所失輜重，並在山下。」乃大呼以奮擊，諸軍繼之，梁軍大敗。時元城令吴瓊、貴鄉令胡裝各部役徒萬人，貴鄉，原本作「賁鄉」，今據胡裝本傳改正。（影庫本粘籤）於山下曳柴揚塵，鼓譟助其勢。梁軍不之測，自相騰籍，棄甲山積。甲子，命行戰場，收獲鎧仗不知其數。時帝之軍士有先入大梁問其次舍者，梁人大恐，驅市人以守。其殘衆奔歸汴者不滿千人，帝軍遂拔濮陽。永樂大典卷七千一百五十六。

校勘記

〔一〕庚子　通鑑卷二六八繫其事於戊子。按通鑑繫周德威進迫幽州事於丁酉，是月庚辰朔，戊子爲初九，庚子爲二十一日，丁酉爲十八日，庚子不當在丁酉前。

〔二〕五月乙卯朔　按是月己卯朔，無乙卯。通鑑卷二六八考異引莊宗實録：「四月己卯朔，周德威擒單廷珪，進軍大城莊。」疑通鑑考異「四月」爲「五月」之訛。

〔三〕斬首五千餘級　「五千」，本書卷五六周德威傳、册府卷三九六、通鑑卷二六八作「三千」。

〔四〕白徑嶺在河中安邑縣東　「東」字原闕，據通鑑卷二六八胡注補。

〔五〕庚申　按十月乙亥朔，無庚申；十一月乙巳朔，庚申爲十六日，丁卯爲二十三日。「庚申」上疑脱「十一月」三字。

〔六〕胡令珪　通鑑卷二六八作「胡令圭」。

〔七〕丙寅　原作「丙戌」，據殿本改。影庫本批校：「『寅』訛『戌』。」按是月甲辰朔，無丙戌，丙寅爲十三日。

〔八〕燕帥當令子弟一人爲質則可　「帥」，原作「師」，據殿本、彭校改。

〔九〕行唐　原作「衡唐」，據劉本、邵本校、册府卷八、通鑑卷二六九改。按太平寰宇記卷六一，鎮州有行唐縣。本卷下一處同。

〔一〇〕以組練繫仁恭守光　「練」字原闕，據殿本、孔本、册府卷八補。新五代史卷三九劉守光傳敍其事作「仁恭父子曳以組練」。

〔一一〕黄沙嶺　册府卷八同，本書卷八梁末帝紀上作「黄澤嶺」。按通鑑卷二六九胡注：「魏收志，樂平郡遼陽縣有黄澤嶺。」

〔一二〕張源德　原作「張原德」，據殿本、劉本、本書卷五六符存審傳、册府卷四五、通鑑卷二六九、新五代史卷五唐本紀、卷三三張源德傳改。

〔一三〕鄩謂帝已歸晉陽　「歸」，原作「臨」，據彭校、通曆卷一三、册府卷四五改。

〔一四〕遣其將楊延直自澶州率兵萬人　句上原有「三月鄩」三字，據殿本删。按本書卷三五唐明宗紀一、卷五六符存審傳、通鑑卷二六九皆繫其事於二月，本卷下文有「三月乙卯朔」。

〔一五〕至故元城西　「元」字原闕，據殿本、邵本校、本書卷八梁末帝紀上、卷二三劉鄩傳、册府卷四

五、卷四四三、通鑑卷二六九、新五代史卷五唐本紀補。影庫本批校：「『故』下原本有『元』字。」

〔一六〕以閻寶爲西南面招討使　「西南面」，本書卷五九閻寶傳、册府卷一六六、通鑑卷二六九、新五代史卷四四閻寶傳作「東南面」。

〔一七〕晉王李存勗遣間使持帛書會兵伐梁　「間」，原作「問」，據殿本、劉本、十國春秋卷二改。

〔一八〕河東魏博幽滄鎮定邢洺麟勝雲朔十鎮之師　「麟勝雲朔」，按麟勝朔三州置振武軍，雲州置大同軍，分屬兩鎮，此處疑有訛倒，册府卷八、通鑑卷二七〇敍其事作「麟勝雲蔚」。另本書所列僅九鎮，據册府卷八、新五代史卷五唐本紀尚有昭義，領澤、潞二州，節度使爲李嗣昭。

〔一九〕今據通鑑改正　影庫本考證作「今據梁書賀瓌傳改正」。

〔二〇〕帝以銀槍軍突入梁軍陣中　「銀槍軍」，原作「銀槍」，據殿本、孔本、册府卷一二五改。

〔二一〕閻寶進曰　「進」字原闕，據殿本、孔本、通曆卷一三、册府卷一二五補。

舊五代史卷二十九

唐書五

莊宗紀第三

天祐十六年春正月，李存審城德勝，夾河爲栅。帝還魏州，命昭義軍節度使李嗣昭權知幽州軍府事。

三月，帝兼領幽州，遣近臣李紹宏提舉府事。

夏四月，梁將賀瓌圍德勝南城，百道攻擊，復以艨艟扼斷津渡。帝馳而往，陣於北岸。南城守將氏延賞告急，氏延賞，原本作「民廷賞」，今據歐陽史改正。（影庫本粘籤）且言矢石將盡。帝以重賄召募能破賊艦者，於是獻技者數十，或言能吐火焚舟，或言能禁呪兵刃，悉命試之，無驗。帝憂形於色，親從都將王建及進曰：「臣請效命。」乃以巨索連舟十艘，選效節勇士三百人，持斧被鎧，鼓枻而進，至中流。梁樓船三層，蒙以牛革，懸板爲楯。建及率持斧者入艨艟間，斬其竹笮，破其懸楯，又於上流取甕數百，用竹笮維之，積薪於上，灌以脂膏，火發亘空。又以巨艦載甲士，令乘煙鼓譟。梁之樓船斷紲而下，沈溺者殆半。軍既得渡，梁軍乃退，命騎軍追襲至濮陽，俘斬千計。賀瓌由此飲氣遘疾而卒。

秋七月，帝歸晉陽。

八月，梁將王瓚帥衆數萬自黎陽渡河，營於楊村，造舟爲梁，以通津路。

冬十月，帝自晉陽至魏州，發徒數萬，以廣德勝北城。自是，日與梁軍接戰。

十二月戊戌，帝軍於河南，夜伏步兵於潘張村梁軍寨下，以騎軍掠其餉運，餉運，原本作「餉軍」，今據文改正。（影庫本粘籤）擒其斥候。梁王瓚結陣以待，帝軍以鐵騎突之，諸軍繼進，梁軍大奔，赴水死者甚衆，瓚走保北城。

天祐十七年春，幽州民於田中得金印，文曰「關中龜印」，李紹宏獻於行臺。

秋七月，梁將劉鄩、尹皓寇同州。先是，河中節度使朱友謙取同州，以其子令德主留務，請梁主降節。梁主怒，不與，遂請旄節於帝。梁主乃遣劉鄩與華州節度使尹皓帥兵圍同州，尹皓，原作「伊告」，今據薛史梁紀改正。（影庫本粘籤）友謙來告難，帝遣蕃漢總管李存審、昭義節度使李嗣昭、代州刺史王建及率師赴援。

九月，師至河中，朝至夕濟，梁人不意王師之至，望之大駭。明日，次於朝邑〔一〕，與朱友謙謀。遲明，進軍距梁壘，梁人悉衆以出，蒲人在南，王師在北。騎軍既接，蒲人小却，李嗣昭以輕騎抗之，梁軍奔潰，追斬二千餘級。是夜，劉鄩收餘衆保營，自是閉壁不出。數日，鄩遂宵遁。王師追及於渭河，所棄兵仗輜重不可勝計，劉鄩、尹皓單騎獲免。未幾，鄩憂恚發病而卒。案：梁書劉鄩傳作遇酖而卒，與唐紀異。王師略地至奉先，嗣昭因謁唐帝諸陵而還。

天祐十八年春正月，魏州開元寺僧傳真獲傳國寶，獻於行臺。驗其文，即「受命於天，子孫寶之」八字也，羣僚稱賀。案：自「開元寺」至此三十三字，原本闕佚，今從册府元龜增入。傳真師於廣明中遇京師喪亂得之，秘藏已四十年矣，篆文古體，人不之識，至是獻之。時淮南楊溥、西川王衍皆遣使致書，西川，原本作「西州」，今據文改正。（影庫本粘籤）勸帝嗣唐帝位，帝不從。

二月，代州刺史王建及卒。是月，鎮州大將張文禮殺其帥王鎔。案：歐陽史作正月，趙將張文禮弒其君鎔。五代春秋作三月，趙人張文禮殺其君鎔。與薛史繫二月前後互異。（舊五代史考異）時帝方與諸將宴，酒酣樂作，聞鎔遇弒，遽投觶而泣曰：「趙王與吾把臂同盟，分如金石，何負於人，覆宗絶祀，冤哉！」先是，滹沱暴漲，漂關城之半，溺死者千計。是歲，天西北有赤祲如血，占者言趙分之災，至是果驗。時張文禮遣使請旄節於帝，帝曰：「文禮之罪，期於無赦，敢邀予旄節！」左右曰：「方今事繁，不欲與人生事。」帝不得已而從之，乃承制授文禮鎮州兵馬留後。

三月，河中節度使朱友謙、昭義節度使李嗣昭、滄州節度使李存審、定州節度使王處直、邢州節度使李嗣源、成德軍兵馬留後張文禮、遥領天平軍節度使閻寶、大同軍節度使李存璋、新州節度使王郁、振武節度使李存進、李存進，原本脱「存」字，今據列傳增入。（影庫本粘籤）同州節度使朱令德，各遣使勸進，請帝紹唐帝位，帝報書不允。自是，諸鎮凡三上章勸進，各獻貨幣數十萬，以助即位之費，帝左右亦勸帝早副人望，帝撝挹久之。案九國志趙季良傳：季良嘗夢手扶御座，自謂輔佐之象，由是頗述天時人事以諷，莊宗深納其言。（舊五代史考異）

秋七月，河東節度副使盧汝弼卒。

八月庚申，令天平節度使閻寶、成德兵馬留後符習率兵討張文禮于鎮州。初，王鎔令偏將符習以本部兵從帝屯於德勝。文禮既行弒逆，忌鎔故將，多被誅戮，因遣使聞於帝，欲以佗兵代習歸鎮，習等懼，請留。帝令傳旨於習及别將趙仁貞、烏震等，明正文禮弒逆之罪〔二〕，且言：「爾等荷戟從征，蓋緣君父之故〔三〕，銜冤報恩〔四〕，誰人無心。吾當給爾資糧，助爾兵甲，當試思之！」於是習等率諸將三十餘人，慟哭於牙門，請討文禮。帝因授習成德軍兵馬留後，以部下鎮冀兵致討於文禮，又遣閻寶以助之，以史建瑭爲前鋒。甲子，攻趙州，刺史王鋋送符印以迎〔五〕，閻寶遂引軍至鎮州城下，營於西北隅。是月，張文禮病疽而卒，其子處瑾代掌軍事。

九月，前鋒將史建瑭與鎮人戰於城下，爲流矢所中而卒。

冬十月己未，梁將戴思遠攻德勝北城，帝命李嗣源設伏於戚城，戚城，原本作「威城」，今據薛史梁紀及五代春秋改正。（影庫本粘籤）令騎軍挑戰，梁軍大至，帝御中軍以禦之。時李從珂僞爲梁幟，奔入梁壘，斧其眺樓，持級而還。梁軍愈恐，步兵漸至，李嗣源以鐵騎三千乘之，梁軍大敗，俘斬二萬計。辛酉，閻寶上言，定州節度使王處直爲其子都幽於別室，都自稱留後。案歐陽史：王處直叛附于契丹，其子都幽處直以來附。（舊五代史考異）

十一月，帝至鎮州城下，張處瑾遣弟處琪、幕客齊儉等候帝乞降，言猶不遜，帝命囚之。時王師築土山以攻其壘，城中亦起土山以拒之，旬日之間，機巧百變。張處瑾令韓正時以千騎夜突圍，將入定州與王處直議事，爲我游軍追擊，破之，餘衆保行唐〔六〕，賊將彭贇斬正時以降。

十二月辛未，王郁誘契丹阿保機寇幽州，案契丹國志：王處直在定州，以鎮、定爲唇齒，恐鎮亡而定孤，乃潛使人語其子王郁，使賂契丹，令犯塞以救鎮州之圍。王郁說太祖曰：「鎮州美女如雲，金帛似山，天皇速往，則皆爲己物也，不然，則爲晉王所有矣。」太祖以爲然，率衆而南。（舊五代史考異）遂引軍涿州，陷之。案：契丹陷涿州在天祐十八年，李嗣弼傳作天祐十九年，紀、傳互異。又寇定州，王都遣使告急，帝自鎮州率五千騎赴之。

天祐十九年春正月甲午，帝至新城，契丹前鋒三千騎至新樂。是時，梁將戴思遠乘虛以寇魏州，軍至魏店，李嗣源自領兵馳入魏州。梁人知其有備，乃西渡洹水，陷成安而去。時契丹渡沙河口〔七〕，諸將相顧失色，又聞梁人內侵，鄴城危急，皆請旋師，唯帝謂不可，乃率親騎至新城。契丹萬餘騎，遽見帝軍，惶駭而退。帝分軍爲二廣，二廣，原本作「二黄」，案薛史前後多作「二廣」，當是用左傳「左廣」「右廣」之名，今改正。（影庫本粘籤）追躡數十里，獲阿保機之子。時沙河冰薄〔八〕，橋梁隘狹，敵爭踐而過，陷溺者甚衆。阿保機方在定州，聞前軍敗，退保望都。帝至定州，王都迎謁，是夜宿於開元寺。翌日，引軍至望都，契丹逆戰，帝身先士伍，馳擊數四，敵退而結陣，帝之徒兵亦陣於水次。李嗣昭躍馬奮擊，敵衆大潰，俘斬數千，追擊至易州〔九〕，所獲氈裘、毳幕、羊馬不可勝紀〔一〇〕。時歲且北至，大雪平地五尺，敵乏芻糧，人馬斃踣道路，纍纍不絕，帝乘勝追襲至幽州。案契丹國志：晉王趨望都，爲契丹所圍，力戰，出入數四，不解。李嗣昭引三百騎橫擊之，晉王始得出，因縱兵奮擊，太祖兵敗，遂北至易州。會大雪彌旬，平地數尺，人馬死者相屬，太祖乃歸。（舊五代史考異）是月，梁將戴思遠寇德勝北城，築壘穿塹，地道雲梯，晝夜攻擊，李存審極力拒守，城中危急。帝自幽州聞之，倍道兼行以赴，梁人聞帝至，燒營而遁。

三月丙午，王師敗於鎮州城下，閻寶退保趙州。時鎮州累月受圍，城中艱食，王師築壘環之，又決滹沱水以絶城中出路。是日，城中軍出，攻其長圍，皆奮力死戰，王師不能拒，引師而退。鎮人壞其營壘，取其芻糧者累日。帝聞失律，即以昭義節度使李嗣昭爲北面招討使，進攻鎮州。

夏四月，嗣昭爲流矢所中，卒於師。己卯，天平節度使閻寶卒。以振武節度使李存進爲北面招討使。是月，大同軍節度使李存璋卒。

五月乙酉，李存進圍鎮州，營於東垣渡〔一〕。

八月，梁將段凝陷衛州，衛州，原本作「魏州」，考五代春秋：八月，段凝攻晉衛州，克之。歐陽史及通鑑並作衛州，今改正。（影庫本粘籤）刺史李存儒被擒。存儒，本俳優也，帝以其有膂力，故用爲衛州刺史，既而誅斂無度，人皆怨之，故爲梁人所襲。案九國志趙季良傳：莊宗入鄴，時兵革屢興，屬邑租賦逋久。一日，莊宗召季良切責之，季良對曰：「殿下何時平河南？」莊宗正色曰：「爾掌輿賦而稽緩，安問我勝負乎！」季良曰：「殿下方謀攻守，復務急徵，一旦衆心有變，恐河南非殿下所有。」莊宗斂容前席曰：「微君之言，幾失吾大計！」（舊五代史考異）梁將戴思遠又陷共城、新鄉等邑，自是澶淵之西、相州之南，皆爲梁人所據。

九月戊寅朔，張處球悉城中兵奄至東垣渡，急攻我之壘門。時騎軍已臨賊城，不覺其出，李存進惶駭，引十餘人鬭於橋上，賊退，我之騎軍前後夾擊之，賊衆大敗，步兵數千，殆無還者。是役也，李存進戰歿於師，以蕃漢馬步總管李存審爲北面招討使，以攻鎮州。丙午夜，趙將李再豐之子沖投縋以接王師，諸軍登城，遲明畢入，鎮州平。獲處球、處瑾、處琪并其母，及同惡高濛、李翥、齊儉等，皆折足送行臺，鎮人請醢而食之，發張文禮尸，磔於市。考五代春秋作李存審克鎮州，誅張文禮。據薛史，則文禮先已病没，後乃追戮也。五代春秋所書未爲核實，今附識於此。（影庫本粘籤）帝以符習爲鎮州節度使，烏震爲趙州刺史，趙仁貞爲深州刺史，李再豐爲冀州刺史。鎮人請帝兼領本鎮，從之，乃以符習遥領天平軍節度使。

十一月，河東監軍張承業卒。

十二月，以魏州觀察判官張憲權知鎮州軍州事。

同光元年春正月丙子，五臺山僧獻銅鼎三，言於山中石崖間得之。

二月，新州團練使李嗣肱卒。是時，以諸藩鎮相繼上牋勸進，乃命有司制置百官省寺仗衞法物，省寺，原本作「省待」，今據文改正。（影庫本粘籤）期以四月行即位之禮，以河東節度判官盧質爲大禮使。

三月己卯，以橫海軍節度使、內外蕃漢馬步總管李存審爲幽州節度使。潞州留後李繼韜叛，送款於梁。是月，築即位壇於魏州牙城之南。

夏四月己巳，帝升壇，祭告昊天上帝，遂即皇帝位，文武臣僚稱賀。禮畢，御應天門宣制，改天祐二十年爲同光元年，大赦天下。自四月二十五日昧爽以前，除十惡五逆、放火行劫、持杖殺人、官典犯贓、屠牛鑄錢、合造毒藥外，罪無輕重，咸赦除之。應蕃漢馬步將校並賜功臣名號，超授檢校官，已高者與一子六品正員官，兵士並賜等第優給。其戰歿功臣各加追贈，仍定謚號。民年八十已上，與免一子役。內外文武職官，並可直言極諫，無有隱諱。貢、選二司宜令有司速商量施行。雲、應、蔚、朔、易、定、幽、燕及山後八軍，易、定，原本作「易宜」，今據文改正。（影庫本粘籤）秋夏稅率量與蠲減。民有三世已上不分居者，與免雜徭。諸道應有祥瑞，不用聞奏。赦書有所未該，委所司條奏以聞云。是歲自正月不雨，人心憂恐，宣赦之日，澍雨溥降。初，唐咸通中，金、水、土、火四星聚于畢、昴，太史奏：「畢、昴，趙、魏之分，其下將有王者。」懿宗乃詔令鎮州王景崇被衮冕攝朝三日，遣臣下備儀注、軍府稱臣以厭之。其後四十九年，帝破梁軍於柏鄉，平定趙、魏，至是即位於鄴宮。

是月，以行臺左丞相豆盧革爲門下侍郎、同中書門下平章事、太清宮使；以行臺右丞相盧澄案：原本作「盧登」，今從通鑑考異改正。歐陽史作盧程。爲中書侍郎、平章事、監修國史；以前定州掌書記李德休爲御史中丞；李德休，原本作「德林」，據薛史唐列傳云：德休，字表逸[一二]。知原「林」字爲誤，今改正。（影庫本粘籤）以河東節度判官盧質爲兵部尚書，充翰林學士承旨；以河東掌書記馮道爲戶部侍郎，充翰林學士；以魏博、鎮冀觀察判官張憲爲工部侍郎，充租庸使；以中門使郭崇韜、昭義監軍使張居翰並爲樞密使；以權知幽州軍府事李紹宏爲宣徽使；以魏博節度判官王正言爲禮部尚書、行興唐尹；以河東軍城都虞候孟知祥爲太原尹，充西京副留守；以澤潞節度判官任圜爲工部尚書兼真定尹，充北京副留守。詔升魏州爲東京興唐府，改元城縣爲興唐縣，貴鄉縣爲廣晉縣，以太原爲西京，以鎮州爲北都。是時，所管節度一十三，州五十。

閏月丁丑，以李嗣源爲檢校侍中，依前橫海軍節度使、內外蕃漢副總管；以幽州節度使李存審爲檢校太師、兼中書令，依前蕃漢馬步總管。以河中節度使朱友謙爲檢校太師、兼尚書令[一三]，安國軍節度使符習加同平章事，定州節度使王都加檢校侍中。是月，追尊曾祖蔚州太保爲昭烈皇帝，廟號懿祖；懿祖，原本作「謚祖」，今據五代會要及歐陽史改正。（影庫本粘籤）夫人崔氏曰昭烈皇后。追尊皇祖代州太保爲文景皇帝，廟號獻祖；夫人秦氏曰文景皇后。追尊皇考河東節度使、太師、中書令、晉王爲武皇帝，廟號太祖。詔於晉陽立宗廟，以高祖神堯皇帝、太宗文皇帝、懿宗昭聖皇帝、昭宗聖穆皇帝及懿祖以下爲七廟。

甲午，契丹寇幽州，至易定而還。時有自鄆來者，言節度使戴思遠領兵在河上，州城無守兵，可襲而取之。帝召李嗣源謀曰：「昭義阻命，梁將董璋攻迫澤州，梁志在澤潞，不慮別有事生，汶陽無備，汶陽，原本作「滴陽」，今據通鑑改正。（影庫本粘籤）不可失也。」嗣源以爲然。壬寅，命嗣源率步騎五千，銜枚自河趨鄆。是夜陰雨，我師至城下，鄆人不覺，遂乘城而入，鄆州平。制以李嗣源爲天平軍節度使。梁主聞鄆州陷〔一四〕，大恐，乃遣王彥章代戴思遠總兵以來拒。時朱守殷守德勝南城，帝懼彥章奔衝，遂幸澶州。

五月辛酉，彥章夜率舟師自楊村浮河而下，斷德勝之浮橋，攻南城，陷之。帝令中書焦彥賓馳至楊劉，固守其城，案：通鑑作帝令宦者焦延賓急趨楊劉，與鎮使李周固守其城。（舊五代史考異）令朱守殷徹德勝北城屋木攻具，浮河而下，以助楊劉。是時，德勝軍食芻茭薪炭數十萬計，至是令人輦負入澶州，輦負，原本作「替負」，今據文改正。（影庫本粘籤）事既倉卒，耗失殆半。朱守殷以所毀屋木編栰，置步軍於其上。王彥章以舟師沿流而下，各行一岸，每遇轉灘水匯，即中流交鬬，流矢雨集，或全舟覆没，一彼一此，終日百戰，比及楊劉，殆亡其半。己巳，王彦章、段凝率大軍攻楊劉南城，焦彦賓與守城將李周極力固守。梁軍晝夜攻擊，百道齊進，竟不能下，遂結營於楊劉之南，東西延袤十數栅。

六月乙亥〔一五〕，帝親御軍至楊劉，登城望見梁軍，重壕複壘，以絶其路，帝乃選勇士持短兵出戰。梁軍於城門外，連延屈曲，穿掘小壕，伏甲士於中，候帝軍至，則弓弩齊發，師人多傷矢，不得進。帝患之，問計於郭崇韜，崇韜請於下流據河築壘，以救鄆州。又請帝日令勇士挑戰，旬日之内，寇若不至，營壘必成。帝善之，即令崇韜與毛璋率數千人中夜往博州濟河東，博州，原本作「溥州」，今據文改正。（影庫本粘籤）晝夜督役，居六日，營壘將成。戊子，梁將王彦章、杜晏球領徒數萬，晨壓帝之新壘。時板築雖畢，牆仞低庳，戰具未備，沙城散惡，王彦章列騎環城，虐用其人，使步軍堙壕登堞，又於上流下巨艦十餘艘，扼斷濟路，自旦至午，攻擊百端，城中危急。帝自楊劉引軍陣于西岸，城中望之，大呼，帝艤舟將渡，梁軍遂解圍，案：歐陽史作六月，及王彦章戰于新壘，敗之。據薛史，則王彦章因救至而解圍，未嘗敗績也。（舊五代史考異）退保鄒家口。

秋七月丁未，帝御軍沿河而南，梁軍棄鄒家口夜遁，委棄鍋甲芻糧千計。戊午，遣騎將李紹貽案：通鑑作李紹榮。（舊五代史考異）直抵梁軍壘，梁益恐。又聞李嗣源自鄆州引大軍將至，己未夜，梁軍拔營而遁〔一六〕，復保於楊村。帝軍屯於德勝。甲子，帝幸楊劉城，巡視梁軍故壘。

八月壬申朔，帝遣李紹斌以甲士五千援澤州。初，李繼韜之叛也，潞之舊將裴約以兵戍澤州，不狥繼韜之逆。既而梁遣董璋率衆攻其城，約拒守久之，告急於帝，故遣紹斌救之。未至而城已陷，裴約被害，帝聞之，嗟痛不已。甲戌，帝自楊劉歸鄴。梁以段凝代王彦章爲帥。戊子，凝帥衆五萬結營於王村，自高陵渡河。帝軍遇之，生擒梁前鋒軍士二百人，戮于都市。庚寅，帝御軍至朝城。戊戌，梁左右先鋒指揮使康延孝領百騎來奔〔一七〕，帝虛懷引見，賜御衣玉帶，屏人問之。對曰：「臣竊觀汴人兵衆不少，論其君臣將校，則終見敗亡。趙巖、趙鵠、張漢傑居中專政，張漢傑，原本作「漢磔」，今據薛史梁列傳改正。（影庫本粘籤）締結宮掖，賄賂公行。段凝素無武略，一朝便見大用，霍彦威、王彦章皆宿將有名，翻出其下。自彦章獲德勝南城，梁主亦稍獎使。彦章立性剛暴，不耐凌制，梁主每一發軍，即令近臣監護，進止可否，悉取監軍處分，彦章悒悒，形於顏色。自通津失利〔一八〕，段凝、彦章又獻謀，欲數道舉軍，令董璋以陜虢、澤潞之衆，趨石會關以寇太原。霍彦威統關西、汝洛之衆，自相、衛以寇鎮、定〔一九〕，段凝、杜晏球領大軍以當陛下，令王彦章、張漢傑統禁軍以攻鄆州，決取十月内大舉。又自滑州南決破河堤，使水東注，曹濮之間至於汶陽，瀰漫不絶，以限北軍〔二〇〕。臣在軍側聞此議〔二一〕。臣惟汴人兵力，聚則不少，分則無餘。陛下但待分兵，領鐵騎五千，自鄆州兼程直抵于汴〔二二〕，不旬日，天下事定矣。」帝懌然壯之。

九月壬寅朔，帝在朝城，凝兵至臨河南，與帝之騎軍接戰。是時，澤潞叛，衛州、黎陽爲梁人所據，澶州以西、相州以南〔二三〕，寇鈔日至，編户流亡，計其軍賦，不支半年。又王郁、盧文進召契丹南侵瀛、涿。及聞梁人將圖大舉，帝深憂之，召將吏謀其大計。或曰：「自我得汶陽以來，須大將固守，城門之外，元是賊疆，細而料之〔二四〕，得不如失。今若馳檄告諭梁人，却取衛州〔二五〕、黎陽以易鄆州，指河爲界，約且休兵。待我國力稍集〔二六〕，則議改圖。」帝曰：「嘻，行此謀則吾無葬地矣〔二七〕！」時郭崇韜勸帝親御六軍，直趨汴州，半月之間，天下可定。帝曰：「正合朕意。大丈夫得則爲王，失則爲寇，予行計決矣。」又問司天監〔二八〕，對曰：「今歲時不利，深入必無成功。」帝弗聽。戊辰，梁將王彦章率衆至汶河，李嗣源遣騎軍偵視，至遞公鎮，案：永樂大典原本作遽公鎮，今從通鑑考異所引薛史作遞公鎮，通鑑從莊宗實録作遞坊鎮。梁軍來挑戰，嗣源以精騎擊而敗之，生擒梁將任釗、田章等三百人，俘斬二百級，彦章引衆保於中都。嗣源飛驛告捷，帝置酒大悦，曰：「是當決行渡河之策。」己巳，下令軍中將士家屬並令歸鄴。永樂大典卷七千一百五十六。

校勘記

〔一〕次於朝邑　原作「約戰」，據册府卷一六六改。影庫本批校：「原本『約戰』二字係『次朝』二字。按下文『帝至朝城』，疑原本『朝』下脱『城』字。」按本書卷五六符存審傳敍其事作「進營朝邑」。

〔二〕明正文禮弒逆之罪　「明正」，孔本作「大疏」。

〔三〕蓋緣君父之故　「緣」字原闕，據大事記續編卷七二引新舊史紀傳、實録補。

〔四〕銜冤報恩　大事記續編卷七二引新舊史紀傳、實録作「銜冤思報」。

〔五〕王鋋　原作「王鋌」，據本書卷五五史建瑭傳、新五代史卷二五史建瑭傳、通鑑卷二七一、大事記續編卷七二引新舊史紀傳、實録改。

〔六〕行唐　原作「衡唐」，據劉本、邵本校、通鑑卷二七一改。

〔七〕時契丹渡沙河口　「口」，殿本、劉本、孔本作「而」，册府卷九八七、通鑑卷二七一作「而南」。

〔八〕時沙河冰薄　「冰」，原作「水」，據册府卷九八七、通鑑卷二七一、新五代史卷七二四夷附録改。

〔九〕易州　原作「易水」，據殿本、册府卷九八七、通鑑卷二七一、契丹國志卷一改。

〔一〇〕所獲氈裘毳幕羊馬不可勝紀　「所」字原闕，據孔本、册府卷九八七補。「氈裘」，册府卷九八七作「氈車」。本書卷二八唐莊宗紀二敍天祐十四年契丹入寇事云：「漁陽以北，山谷之間，氈車毳幕，羊馬彌漫。」

〔二〕營於東垣渡　「垣」字原闕，據邵本校、本書卷五三李存進傳、册府卷三六〇、新五代史卷三六李存進傳、通鑑卷二七一及本卷下文補。按通鑑卷二七一胡注：「真定本東垣，漢高帝更名真定，其津渡之處猶有東垣之名。」

〔三〕字表逸　「表逸」，原作「戒逸」，據本書卷六〇李德休傳改。

〔三〕以河中節度使朱友謙爲檢校太師兼尚書令　「河中」，原作「河東」，據本書卷六三朱友謙傳、册府卷八六六、新五代史卷四五朱友謙傳及本卷上文改。

〔四〕梁主聞鄆州陷　「梁主」，原作「梁王」，據殿本、通鑑卷二七二及本卷下文改。

〔五〕六月乙亥　「乙亥」，原作「己亥」，據通鑑卷二七二改。按是月甲戌朔，乙亥爲初二，本卷下文敍戊子事，戊子爲十五日，己亥爲二十六日，戊子不當在己亥前。舊五代史考異卷一：「案通鑑作乙亥。」

〔六〕梁軍拔營而遁　「拔」，原作「投」，據殿本、劉本、彭校改。

〔七〕梁左右先鋒指揮使康延孝領百騎來奔　「左右」，册府卷一二六、新五代史卷四四康延孝傳同，本書卷七四康延孝傳、册府卷一六六、通鑑卷二七二作「右」。

〔八〕自通津失利　「通津」，原作「河津」，據册府卷一二六改。按册府卷一六六載天祐十四年莊宗書：「予自去冬親提虎旅，徑取楊劉，既獲通津，已諧大計。」

〔一九〕自相衞以寇鎮定　「相衞」下冊府卷一二六、通鑑卷二七二有「邢洺」二字。

〔二〇〕以限北軍　「限」，原作「陷」，據冊府卷一二六改。按本書卷三二唐莊宗紀六：「梁末帝決河堤，引水東注至鄆、濮，以限我軍。」

〔二一〕臣在軍側聞此議　「軍」，孔本、冊府卷一二六作「南中」。

〔二二〕自鄆州兼程直抵于汴　「于汴」，冊府卷一二六作「宋汴」。

〔二三〕澶州以西相州以南　原作「州以西相以南」，據彭校、冊府卷五七改。按本卷上文：「（天祐十九年八月）澶淵之西、相州之南，皆爲梁人所據。」影庫本粘籤：「州以西，通鑑作衞州以西，疑原本有脫字。詳薛史文義，承上言衞州、黎陽爲梁人所據，蓋史家省文也，今姑仍其舊。」今檢通鑑卷二七二敍其事作「澶西相南，日有寇掠」。

〔二四〕細而料之　「細而」，彭校、冊府卷五七作「以臣」。

〔二五〕却取衞州　「取」字原闕，據彭校、冊府卷五七補。

〔二六〕待我國力稍集　「待」字原闕，據冊府卷五七補。通鑑卷二七二作「俟財力稍集」。

〔二七〕行此謀則吾無葬地矣　「吾」字原闕，據彭校、冊府卷五七、通鑑卷二七二補。

〔二八〕又問司天監　「問司天監」，孔本、冊府卷五七作「詔問司天」。

舊五代史卷三十

唐書六

莊宗紀第四

同光元年冬十月辛未朔，日有蝕之。是日，皇后劉氏、皇子繼岌歸鄴宮，帝送於離亭，歔欷而别。詔宣徽使李紹宏、宰相豆盧革、租庸使張憲、興唐尹王正言同守鄴城。壬申，帝御大軍自楊劉濟河。癸酉，至鄆州。是夜三鼓，渡汶。時王彥章守中都，中都，原本作「巾都」，今據歐陽史改正。（影庫本粘籤）甲戌，帝攻之，中都素無城守，師既雲合，梁衆自潰。是日，擒梁將王彥章及都監張漢傑、趙廷隱、劉嗣彬、李知節、康文通、王山興等將吏二百餘人，斬馘二萬，奪馬千匹。時既獲中都之捷，帝召諸將謀其所向，或言且狥兗州，徐圖進取，唯李嗣源曰：「宜急趨汴州。段凝方領大軍駐於河上，假如便來赴援，直路又阻決河，須自滑州濟渡，十萬之衆，舟檝焉能卒辦？此去汴城咫尺，若晝夜兼程，晝夜兼程，原本作「晝兼星」，今據文改正。（影庫本粘籤）信宿即至，段凝未起河壖，夷門已爲我有矣。臣請以千騎前驅，陛下御軍徐進，鮮不克矣。」帝嘉之。是夜，嗣源率前軍先進。翌日，車駕即路。丁丑，次曹州，郡將出降。

己卯遲明，前軍至汴城，嗣源令左右捉生攻封丘門，梁開封尹王瓚請以城降。俄而帝與大軍繼至，王瓚迎帝自大梁門入。梁朝文武官屬於馬前謁見，陳敍世代唐臣，陷在僞廷，今日再覩中興，雖死無恨。帝諭之曰：「朕二十年血戰，蓋爲卿等家門，無足憂矣，各復乃位。」時梁末帝朱鍠已爲其將皇甫麟所殺，獲其首，函之以獻。是日，賜樂工周匝幣帛。賜樂工周匝，原本脱「工」字，今據歐陽史增入。（影庫本粘籤）周匝者，帝之寵伶也，胡柳之役陷于梁，帝每思之，至是謁見，欣然慰接。周匝因言梁教坊使陳俊保庇之恩，教坊使，原本作「孝防使」，考五代會要，梁雜使有教坊使，歐陽史及通鑑並作教坊，今改正。（影庫本粘籤）垂泣推薦，請除郡守，帝亦許之。

庚辰，帝御玄德殿，梁百官於朝堂待罪，詔釋之。壬午，段凝所部馬步軍五萬解甲於封丘。凝等率大將先至請死，詔各賜錦袍、御馬、金幣。帝幸北郊，撫勞降軍，各令還本營。丙戌，詔曰：「懲惡勸善，務振紀綱；激濁揚清，須明真僞。蓋前王之令典，爲歷代之通規，必按舊章，以令多士。而有志萌僭竊〔一〕，位忝崇高，累世官而皆受唐恩，貪爵禄而但從僞命，或居台鉉，或處權衡，或列近職而預機謀，或當峻秩而掌刑憲，事分逆順，理合去留。僞宰相鄭珏等一十一人，皆本朝簪組，儒苑品流。雖博識多聞，備明今古，而修身慎行，頗負祖先。昧忠貞而不度安危，專利禄而全虧名節，合當大辟，無恕近親。無恕，原本作「無恐」，今據文改正。（影庫本粘籤）朕以纘嗣丕基，初平巨憝，方務好生之道，在行含垢之恩。湯網垂仁〔二〕，既矜全族〔三〕；舜刑投裔，兼貸一身。爾宜自新，我全大體，其爲顯列，不並庶僚。餘外應在周行，悉仍舊貫，凡居中外，咸體朕懷。」乃貶梁宰相鄭珏爲萊州司户、蕭頃爲登州司户、翰林學士劉岳爲均州司馬、任贊房州司馬、姚顗復州司馬、封翹唐州司馬、李懌懷州司馬、竇夢徵沂州司馬、竇夢徵，原本作「夢徵」，今據唐列傳改正。（影庫本粘籤）崇政院學士劉光素密州司户、陸崇安州司户、御史中丞王權隨州司户，並員外置同正員。

是日，以梁將段凝上疏奏：「梁朝權臣趙巖等，並助成虐政，結怨於人，聖政惟新，宜誅首惡。」乃下詔曰：

朕既殄僞庭，顯平國患。好生之令，含弘雖切於予懷；懲惡之規，決斷難違於衆請。況趙巖、趙鵠等，自朕收城數日，布惠四方，尚匿迹以潛形，罔悛心而革面〔四〕，須行赤族，以謝衆心。其張漢傑昨於中都與王彦章同時俘獲，此際未詳行止，行止，原本作「行致」，今據文改正。（影庫本粘籤）偶示哀矜。今既上將陳詞，羣情激怒，往日既彰於僭濫，此時難漏於網羅，宜置國刑，以塞羣論。除妻兒骨肉外，其他疏屬僕使，並從釋放。敬翔、李振，首佐朱温，共傾唐祚，屠害宗屬，殺戮朝臣，既寰宇以皆知，在人神而共怒。敬翔雖聞自盡，未豁幽冤，宜與李振並族於市。疎屬僕使，並從原宥。朱珪素聞狡蠹，唯務讒邪，鬬惑人情，枉害良善，將清内外，須切去除，况衆狀指陳，亦宜誅戮。契丹撒剌阿撥〔五〕，既棄其母，又背其兄。朕比重懷來，厚加恩渥，看同骨肉，錫以姓名，兼分符竹之榮，疊被頒宣之渥。而乃輒辜重惠，復背明廷，罔顧欺違，竄歸僞室，既同梟獍，難貸刑章，可并妻子同戮於市。其朱氏近親，趙鵠正身，趙巖家屬，仰嚴加擒捕。其餘文武職員將校，一切不問。

是日，趙巖、張希逸、張漢傑、張漢倫、張漢融、朱珪、敬翔、李振及契丹撒剌阿撥等，并其妻孥，皆斬於汴橋下。又詔除毁朱氏宗廟神主，僞梁二主并降爲庶人。天下官名府號及寺觀門額，曾經改易者，並復舊名。時帝欲發梁祖之墓，斵棺燔柩，河南尹張全義上章申理，乞存聖恩〔六〕，案通鑑：張全義上言：「朱温雖國之深讎，然其人已死，刑無可加，屠滅其家，足以爲報，乞免焚斲，以存聖恩。」（舊五代史考異）帝乃止，令剗去闕室而已。丁亥，梁百官以誅凶族，於崇元殿立班待罪，詔各復其位。洛陽縉紳舊聞記載張全義表云：「伏念臣誤棲惡木，曾飲盜泉，實有瑕疵，未蒙昭雪。」因下詔雪之。（殿本）以樞密使、樞密使，原本作「驅察使」，考歐陽史郭崇韜傳，崇韜由樞密使知中書事，今改正。（影庫本粘籤）檢校太保、守兵部尚書郭崇韜權行中書事〔七〕。

己丑，御崇元殿。制曰：

仗順討逆，少康所以誅有窮；纘業承基，光武所以滅新莽。咸以中興景命，再造王猷，經綸於草昧之中，式遏於亂略之際。朕以欽承大寶，顯荷鴻休，雖繼前修，固慚涼德，誓平元惡，期復本朝，屬四海之阽危，允萬邦之推戴。近者親提組練，徑掃氛祆，振已墜之皇綱，殄偷安之寇孽。國讎方雪，帝道爰開，拯編甿覆溺之艱，救率土倒懸之苦。粵自朱温構逆，友貞嗣凶，篡弒二君〔八〕，隳殘九廟，毗毒久傷於宇宙，狼貪肆噬於華夷。剝喪元良，凌辱神主，帝里動黍離之嘆，朝廷多棟橈之危。棄德崇奸，窮兵黷武，戰士疲勞於力役，烝民耗竭其膏腴，言念於斯，軫傷彌切。

今則已梟逆豎，大豁羣情，覩曆數之有歸，實神靈之匪昧。得不臨深表誡，馭朽爲懷，將弘濟於艱難，宜特行於赦宥。應僞命流貶責授官等，已經量移者，並可復資，徒流人放歸鄉里。京畿及諸道見禁囚徒，大辟罪降從流，已下咸赦除之。其鄭珏等一十一人，未在移復之限。應扈從征討將校，及諸官員職掌、軍將節級〔九〕、馬步兵士及河北諸處屯駐守戍兵士等，皆情堅破敵，業茂平讎〔一〇〕，副予戡定之謀，顯爾忠勤之節，並據等第，續議獎酬。其有歿於王事未經追贈者，各與贈官；如有子孫堪任使者，並量材録任。應舊僞庭節度〔一一〕、觀察、防禦、團練等使及刺史、監押、行營將校等，並須恩詔，不議改更，仍許且稱舊銜，當俟別加新命。

理國之道，莫若安民；勸課之規，宜從薄賦。庶遂息肩之望，冀諧鼓腹之謡。應諸道户口，並宜罷其差役，各務營農。所係殘欠賦税，及諸務懸欠積年課利，及公私債負等，其汴州城内，自收復日已前，並不在徵理之限；其諸道，自壬午年十二月已前，並放。北京及河北先以袄祲未平，配買征馬，如有未請却官本錢，及買馬不迨者，可並放免〔一二〕。應有本朝宗屬及内外文武臣僚，被朱氏無辜屠害者，並可追贈。如有子孫及本身逃難於諸處漂寓者，並令所在尋訪，津置赴闕。義夫節婦，孝子順孫，並宜旌表門閭〔一三〕，量加賑給。或鰥寡惸獨，無所告者，仰所在各議拯救。民年過八十者，免一子從征。其有先投過僞庭將校官吏等，一切不問云。

甲午，以樞密使、檢校太保、守兵部尚書、太原縣男郭崇韜爲開府儀同三司、守侍中、監修國史、兼真定尹、成德軍節度使，依前樞密使、太原郡侯，仍賜鐵券。乙未，詔宰相豆盧革權判吏部上銓，御史中丞李德休權判東、西銓事。丙申，滑州留後、檢校太保段凝可依前滑州留後，仍賜姓，名紹欽。紹欽，原本作「紹鏗」，今考通鑑及歐陽史皆作「欽」，今改正。

（影庫本粘籤）以金紫光祿大夫、檢校司空、守輝州刺史杜晏球爲檢校司徒，依前輝州刺史〔一四〕，仍賜姓，名紹虔。詔處斬隨駕兵馬都監夏彦朗於和景門外〔一五〕。時宦官怙寵，廣侵占居人第舍，郭崇韜奏其事，乃斬彦朗以徇。

丁酉，賜百官絹二千匹、錢二百萬，職事絹一千匹、錢百萬。戊戌，以竭忠啓運匡國功臣、匡國，原本避宋諱作「章國」，今據歐陽史改正。（影庫本粘籤）天平軍節度使、開府儀同三司、檢校太傅、兼侍中、蕃漢馬步總管副使、隴西郡侯李嗣源爲依前檢校太傅、兼中書令、天平軍節度使，特進封開國公〔一六〕，加食邑實封，餘如故。以開府儀同三司、檢校太傅、北都留守、興聖宮使、判六軍諸衛事李繼岌爲檢校太尉、同平章事，充東京留守。詔御史臺，班行內有欲求外職，或要分司，各許於中書投狀奏聞。

己亥，宴勳臣於崇元殿，梁室故將咸預焉。帝酒酣，謂李嗣源曰：「今日宴客，皆吾前日之勍敵，一旦同會，皆卿前鋒之力也。」梁將霍彦威、戴思遠等皆伏陛叩頭，帝因賜御衣、酒器，盡歡而罷。齊州刺史孟璆上章請死，詔原之。璆初事帝爲騎將，天祐十三年，帝與劉鄩萃縣對壘，璆領七百騎奔梁，至是來請罪，帝報之曰：「爾當吾急，引七百騎投賊，何面目相見！」璆惶恐請死，帝恕之。未幾，移貝州刺史。貝州，原本作「月州」，今據文改正。（影庫本粘籤）庚子，帝畋於汴水之陽。

十一月辛丑朔，有司奏：「河南州縣見使僞印，望追毀改鑄。」從之。以光禄大夫、檢校太傅、左金吾上將軍、兼領左龍武軍事、汾州刺史李存渥爲滑州節度使，加特進、同平章事；以雜指揮散員都部署〔一七〕、特進、檢校太傅、忻州刺史李紹榮爲徐州節度使；以滑州兵馬留後、檢校太保李紹欽爲兗州節度使。壬寅，鳳翔節度使、秦王李茂貞遣使賀收復天下。癸卯，河中節度使、西平王朱友謙來朝。西平王，原本作「西來」，考歐陽史朱友謙傳，友謙封西平王，今改正。（影庫本粘籤）乙巳，賜友謙姓，改名繼麟，帝令皇子繼岌兄事之。以捧日都指揮使、博州刺史康延孝爲鄭州防禦使、檢校太保，賜姓，名紹琛〔一八〕。以宋州節度使、檢校太尉、平章事袁象先依前爲宋州節度使，仍賜姓，名紹安。以許州匡國軍節度使、檢校太尉、同平章事温韜依前許州節度使，仍賜姓，名紹沖。

丁未，日南至，帝不受朝賀。戊申，中書門下上言：「以朝廷兵革雖寧，支費猶闕，應諸寺監各請置卿、少卿監、祭酒、司業各一員，博士兩員，餘官並停。唯太常寺事關大禮，大理寺事關刑法，除太常博士外，許更置丞一員。其王府及東宫官、司天五官正、奉御之屬，凡關不急司存〔一九〕，並請未議除授。其諸司郎中、員外郎應有雙曹者，且置一員。左右常侍、諫議大夫、給事中、起居郎、起居舍人、補闕、拾遺，各置一半。三院御史仍委御史中丞條理申奏。其停罷朝官，仍各録名銜，具罷任時日，留在中書，候見任官滿二十五箇月，並據資品，却與除官。其西班上將軍已下，仍望宣示樞密院斟酌施行。」從之。時議者以中興之朝，事宜恢廓，驟茲自弱，頓失物情。己酉，詔：「應隨處官吏、務局員僚、諸軍將校等，如聞前例，各有進獻，直貢章奏，不唯褻黷於朝廷，實且傍滋於誅斂，並宜止絶，以肅化風。」又詔：「左降官均州司馬劉岳〔二〇〕，有母年踰八十，近聞身故，準故事許歸，終三年喪〔二一〕，服闋，如未量移，即却赴貶所〔二二〕。」

壬子，詔取今月二十四日幸洛京，以十二月二十三日朝獻太微宮，二十四日朝獻太廟，二十五日有事於南郊。癸未〔二三〕，中書門下奏：「應隨駕及在京有帶兼官者，並望落下，只守本官。」從之。

乙卯，以特進、特進，原本作「恃進」，今據文改正。（影庫本粘籤）檢校太傅、開封尹、判六軍諸衛事、充功德使王瓚爲宣武軍節度副使、權知軍州事。丁巳，以銀青光禄大夫、尚書左丞趙光胤爲中書侍郎、平章事、集賢殿大學士；案：歐陽史作趙光胤爲中書侍郎，不載大學士銜，與薛史詳略異。（舊五代史考異）以朝散大夫、禮部侍郎韋説守本官、同平章事；以吏部侍郎、史館修撰、判館事盧文度爲兵部侍郎，充翰林學士；以右散騎常侍、充弘文館學士、判館事馮錫嘉爲户部侍郎、知制誥，充翰林學士；以翰林學士、守尚書膳部員外郎劉昫爲比部郎中、知制誥，依前充職；以扈鑾書制學士、扈鑾書制學士，考歐陽史作扈鑾學士，通鑑作扈鑾書學士，疑皆引薛史而有所刪節，惟五代會要作扈鑾書制學士，與薛史莊宗紀同，今仍其舊。（影庫本粘籤）行尚書倉部員外郎趙鳳爲倉部郎中、知制誥，充翰林學士；以左拾遺于嶠守本官，充翰林學士。戊午，以中書侍郎、平章事豆盧革判租庸使、兼諸道鹽鐵轉運等使。新羅王金朴英遣使貢方物。

己未，以洛京留守、判六軍諸衞事、守太尉、兼中書令、河南尹、魏王張全義爲檢校太師、守尚書令〔二四〕，餘如故；以荆南節度使、檢校太師、守中書令、渤海王高季興爲依前檢校太師、守中書令，餘如故。庚申，以工部尚書、真定尹、北都副留守、知留守事任圜爲檢校吏部尚書、兼御史大夫，充成德軍節度使行軍司馬、知軍府事。安義軍節度使李繼韜入見待罪，詔釋之。辛酉，以宣化軍留後、檢校太傅戴思遠，權知青州軍州事、檢校司空、左監門上將軍安崇阮，並檢校舊官，却復本任。以鎮國軍留後、檢校太傅霍彦威爲保義軍節度留後；以權知威化軍留後、檢校司徒高允貞權知鎮國軍留後〔二五〕；以權知河陽留後、檢校太保張繼業依前權知河陽留後；以鄜延兩鎮節度使、檢校太師、兼中書令、北平王高萬興依前鄜延節度使〔二六〕，仍封北平王；襄州節度使、檢校太傅、平章事孔勍依前襄州節度使，餘如故。以永平軍節度使、行大安尹、檢校太保張筠爲西都留守、行京兆尹。以晉州節度使、檢校太保劉玘，邠州節度使、檢校太保韓恭，安州節度使、檢校太保朱漢賓，並檢校舊官，却復本任。壬戌，以左金吾衞大將軍史敬鎔爲左街使，史敬鎔，原本作「敬容」，今據薛史列傳改正。（影庫本粘籤）右金吾衞大將軍李存確爲右街使。

甲子，車駕發汴州。

十二月庚午朔，車駕至西京。案：歐陽史作甲子如洛京，庚午至自汴州。薛史作西京，蓋其時未改永平軍爲西京，故尚仍梁制，稱洛陽爲西京也。又通鑑考異云：諸書但謂之洛京，未嘗詔改西京爲洛京，至同光三年，始詔依舊以洛京爲東都。或者以永平爲西京時，即改梁西京爲洛京，而史脱其文也。歐陽史于元年冬即書洛京，未審所據。（舊五代史考異）是日，有司自石橋具儀仗法物，迎引入于大内。辛未，以百官初到，放三日朝參。壬申，以租庸使、刑部侍郎、太清宫副使張憲爲檢校吏部尚書，充北京副留守、知留守事、太原尹〔一七〕。詔改取來年二月一日行郊禮。戊寅，詔德勝寨、莘縣、楊劉口、楊劉，原本作「柳劉」，今據文改正。（影庫本粘籤）通津鎮、胡柳陂皆戰陣之所，宜令逐處差人收掩戰士骸骨，量備祭奠，以慰勞魂。詔改僞梁永平軍大安府復爲西京京兆府。案：歐陽史作十一月辛酉，復永平軍爲西都，與薛史日月互異。（舊五代史考異）改宋州宣武軍爲歸德軍，汴州開封府復爲宣武軍，華州感化軍爲鎮國軍，許州匡國軍復爲忠武軍，滑州宣義軍復爲義成軍，陝府鎮國軍復爲保義軍，耀州靜勝軍復爲順義軍，潞州匡義軍復爲安義軍，朗州武順軍復爲武貞軍，延州爲彰武軍，鄧州爲威勝軍，晉州爲建雄軍，安州爲安遠軍。淮南楊溥遣使賀登極，稱「大吳國主書上大唐皇帝」。十國春秋吳世家云：唐以滅梁來告，始稱詔，我國不受。唐主隨易書，用敵國禮，曰「大唐皇帝致書于吳國主」，王遣司農卿盧蘋獻金器二百兩、銀器三千兩、羅錦一千二百疋、龍腦香五斤、龍鳳絲鞵一百事于唐。又遣使張景報聘，稱「大吳國主上書大唐皇帝」，辭禮如牋表。（殿本）己卯，禁屠牛馬。

庚辰，御史臺上言：「請行用本朝律令格式，今訪聞唯定州有本朝法書，望下本州寫副本進納。」從之。辛巳，詔貶安義軍節度使李繼韜爲登州長史，尋斬於天津橋下，再謀叛故也。甲申，淮南楊溥、奚首領李紹威並遣使朝貢。乙酉，以翰林學士承旨盧質權知汴州軍府事；以禮部尚書崔沂爲尚書左丞、崔沂，原本作「崔忻」，今據薛史列傳改正。（影庫本粘籤）判吏部尚書銓事；以兵部侍郎崔協爲吏部侍郎；以刑部侍郎、充集賢殿學士、判院事盧文紀爲尚書兵部侍郎，依前充集賢殿學士、判院事。

丁亥，澤州刺史董璋上言：潞州軍變，李繼達領兵出城，自刎而死，節度副使李繼珂已安撫軍城。己丑，有司上言：「上辛祈穀於上帝，請奉高祖神堯皇帝配；孟夏雩祀，請奉太宗文皇帝配；季秋大享於明堂，請奉太祖武皇帝配；冬至日祀圜丘，請奉獻祖文皇帝配；孟冬祭神州地祇，請奉懿祖昭聖皇帝配。」從之。

辛卯，亳州太清宮道士上言，聖祖玄元皇帝殿前枯檜再生一枝，圖畫以進。詔曰「當聖祖舊殿生枯檜新枝，應皇家再造之期，顯大國中興之運。同上林仆柳，祥既叶於漢宣；比南頓嘉禾，瑞更超於光武。宜標史册，以示寰瀛」云。案五代會要云：唐高祖神堯皇帝武德二年，枯檜重華，至安禄山僭號萎瘁。玄宗自蜀歸京，枝葉復盛。至是再生一枝，長二尺餘。蓋一時誇詡之言也。壬辰，幸伊闕。己巳，以中書舍人崔居儉爲刑部侍郎，充史館修撰、判館事。甲午，以租庸副使、光禄大夫、檢校司徒、守衞尉卿孔謙爲鹽鐵轉運副使。永樂大典卷七千一百五十六。

校勘記

〔一〕而有志萌僭竊　「萌」，原作「朋」，據殿本改。

〔二〕湯網垂仁　「網」，原作「綱」，據殿本、劉本、孔本、彭本改。

〔三〕既矜全族　「矜」，原作「務」，據彭校改。

〔四〕罔悛心而革面　「罔」，原作「岡」，據殿本、劉本、孔本、邵本、彭本、册府卷一五四改。

〔五〕撒剌阿撥　原作「沙喇鄂博」，注云：「舊作『撒剌阿撥』，今改正。」按此係輯録舊五代史時所改，今恢復原文。

〔六〕乞存聖恩　以上四字原闕，據殿本、劉本、舊五代史考異卷二引文補。

〔七〕守兵部尚書郭崇韜權行中書事　「中書事」，原作「中書公事」，據殿本、本書卷五七郭崇韜傳、通鑑卷二七二改。

〔八〕篡弑二君　「弑」，原作「殺」，據彭校、册府卷九二改。

〔九〕軍將節級　「軍將」二字原闕，據册府卷九二、卷一二八補。

〔一〇〕業茂平讎　「讎」，原作「淮」，據册府卷九二、卷一二八改。影庫本粘籤：「平淮，原本作『平準』，今考薛史原文係用唐憲宗平淮蔡事，『準』字訛誤，今改正。」

〔一一〕應舊僞庭節度　「舊」字原闕，據册府卷九二、卷一六六補。

〔一二〕可並放免　「並」字原闕，據册府卷九二、卷四九一補。

〔一三〕並宜旌表門閭　「並宜」二字原闕，據册府卷五九、卷九二補。

〔一四〕守輝州刺史杜晏球爲檢校司徒依前輝州刺史　二「輝州」，通鑑卷二七二敍其事皆作「耀州」。

〔一五〕詔處斬隨駕兵馬都監夏彦朗於和景門外　「詔」，原作「紹」，據殿本、劉本、邵本改。

〔一六〕特進封開國公　本書卷三一唐莊宗紀五同光二年二月記其散官仍爲開府儀同三司，按舊唐書卷四二職官志一，開府儀同三司爲從一品，特進爲正二品，本書卷一四九職官志「開府儀同三司，階之極」，則開府儀同三司已是文散官最高階，李嗣源不當降爲特進，「特」字疑衍。

〔一七〕以雜指揮散員都部署　「雜指揮」，孔本作「散指揮」。按本書卷七〇元行欽傳：「時有散指揮都頭，名爲散員，命行欽爲都部署。」

〔一八〕名紹琛　「紹琛」，原作「繼琛」，據本書卷三一唐莊宗紀五、卷七四康延孝傳、册府卷八二五、新五代史卷四四康延孝傳、通鑑卷二七二改。

〔一九〕凡闕不急司存　本書卷一四九職官志、五代會要卷二〇作「凡不急司存」。影庫本粘籤：「凡闕不急司存，疑有舛誤，考五代會要及薛史職官志並與莊宗紀同，今無可校正，姑仍其舊。」

〔二〇〕左降官均州司馬劉岳　「官」字原闕，據册府卷一四七補。

〔二一〕終三年喪　「終」，原作「候」，據册府卷一四七改。

〔二二〕即却赴貶所　「貶所」，原作「貶州」，據劉本、孔本、邵本、彭本、册府卷一四七改。

〔二三〕癸未　按本月辛丑朔，無癸未。此事繫於壬子、乙卯之間，或爲癸丑。

〔二四〕守尚書令　「尚書令」，原作「中書令」，據本書卷三一唐莊宗紀五、卷六三張全義傳、通鑑卷二七二改。

〔二五〕以權知威化軍留後檢校司徒高允貞權知鎮國軍留後　按本卷下文記改華州感化軍爲鎮國軍。朱玉龍方鎮表：「『五代無威化軍……『威化』疑爲『感化』之訛。」

〔二六〕北平王高萬興依前鄜延節度使　「北平王」，原作「西平王」，據册府卷一二九及本卷下文改。按本書卷一三二高萬興傳：「莊宗定河洛，萬興來朝，預郊禮陪位，既還鎮，復以舊爵授之。」

〔二七〕以租庸使刑部侍郎太清宮副使張憲爲檢校吏部尚書充北京副留守知留守事太原尹　本書卷

六九張憲傳敍其事云：「莊宗遷洛陽，以憲檢校吏部尚書、興唐尹、東京副留守、知留守事。」通鑑卷二七二亦記：「崇韜即奏以憲爲東京副留守、知留守事。」又本書卷三三唐莊宗紀七：「（同光三年十二月）以鄴都副留守、興唐尹張憲檢校吏部尚書、太原尹，充北京副留守、知留守事。」疑「北京副留守」、「太原尹」係「東京副留守」、「興唐尹」之誤。

舊五代史卷三十一

唐書七

莊宗紀第五

同光二年春正月庚子朔，帝御明堂殿受朝賀，仗衞如式。壬寅，南郊禮儀使、太常卿李燕進太廟登歌酌獻樂舞名，懿祖室曰昭德之舞，昭德，原本作「紹德」，考五代會要及薛史樂志並作昭德，今改正。（影庫本粘籤）獻祖室曰文明之舞，太祖室曰應天之舞，昭宗室曰永平之舞。甲辰，幽州上言，契丹入寇，至瓦橋。案契丹國志：時契丹日益强盛，遣使就唐求幽州，以處盧文進。（舊五代史考異）以天平軍節度使李嗣源爲北面行營都招討使，陝州留後霍彦威爲副，率軍援幽州。乙巳〔一〕，故宣武軍節度副使、權知軍州事、檢校太傅王瓚贈太子太師。丁未，詔改朝元殿復爲明堂殿，又改崇勳殿爲中興殿。戊申，以振武軍節度使、檢校太傅、同平章事李存霸權知潞州留後，以知保大軍軍州事高允韜爲檢校太保。庚戌，以涇原節度使、涇原，原本作「經源」，今據歐陽史職方考改正。（影庫本粘籤）充秦王府諸道行軍司馬、開府儀同三司、檢校太尉、兼侍中李從曤爲檢校太尉、兼中書令，依前涇原節度使〔二〕、充秦王府諸道行軍司馬。詔改應順門爲永曜門，太平門爲萬春門，通政門爲廣政門，鳳鳴門爲韶和門〔三〕，萬春門爲中興門，解卸殿爲端明殿。解卸殿，原本作「解缶」，今據五代會要改正。（影庫本粘籤）

是日，詔曰：「皇綱已正，紫禁方嚴，凡事内官，不合更居外地。詔諸道應有内官，不計高低，並仰逐處并家口發遣赴闕，不得輒有停滯。」帝龍潛時，寺人數已及五百，至是合諸道赴闕者，約千餘人，皆給賜優贍，服玩華侈，委之事務，付以腹心。唐時宦官爲内諸司使務、諸鎮監軍，出納王命，造作威福，昭宗以此亡國。及帝奄有天下，當知戒彼前車，前車，原本作「前卑」，今據文改正。（影庫本粘籤）以爲殷鑒，一朝復興茲弊，議者惜之。新羅王金朴英遣使朝貢。

辛亥，中書門下奏：「準本朝故事，諸王〔四〕、内命婦、宰臣、學士、中書舍人，諸道節度〔五〕、防禦、團練使、留後官告，即中書帖官告院索綾紙褾軸，下所司書寫印署畢，進入宣賜。其文武兩班及諸道官員并奏薦將校，並合於所司送納朱膠綾紙價錢。伏自僞梁，不分輕重，並從官給，今後如非前件事例，請官中不給告敕，其内司大官、侍衛、將校轉官，即不在此限。」從之。壬子，蜀主王衍致書於帝，稱有詐爲天使，馳報收復汴州者。詔捕之，不獲。癸丑，有司奏：郊祀前二日，迎祔高祖、太宗、懿祖、獻祖、太祖神主於太廟。議者以中興唐祚，不宜以追封之祖雜有國之君以爲昭穆，自懿祖已下，宜別立廟於代州，如後漢南陽故事可也。南陽，原本作「南洋」，今據後漢書光武紀改正。（影庫本粘籤）幽州北面軍前奏，契丹還塞，詔李嗣源班師。鳳翔節度使、秦王李茂貞上表，請行藩臣之禮，帝優報之。甲寅，帝於中興殿面賜郭崇韜鐵券。有司上言：「皇太后到闕，皇帝合於銀臺門内奉迎。」詔親至懷州奉迎。中書奏：「自二十三日後在散齋之内〔六〕，車駕不合遠出。」詔改至河陽奉迎。以禮部尚書、興唐尹王正言依前禮部尚書，充租庸使。

乙卯，渤海國遣使貢方物。幽州奏，嬀州山後十三寨百姓却復新州。戊午，以前太子少師薛廷珪爲檢校户部尚書、太子少師致仕，以前太子賓客封舜卿爲太子少保致仕，封舜卿，原本作「舜鄉」，今據册府元龜改正。（影庫本粘籤）以前太子賓客李文規爲户部侍郎致仕。詔鹽鐵、度支、户部並委租庸使管轄。庚申，四方館上言：「請今後除隨駕將校及外方進奉專使、文武班三品以上官，可以内殿對見，其餘並詣正衙，以申常禮。」從之。車駕幸河陽，奉迎皇太后。辛酉，帝侍皇太后至，文武百僚迎於上東門。是日，河中府上言，稷山縣割隸絳州。以太僕卿李紓爲宗正卿，宗正卿，原本作「宗呈卿」，考新唐書百官志作宗正卿，今改正。（影庫本粘籤）以衛尉卿楊遘爲太僕卿。西京昭應縣華清宮道士張沖虛上言，天尊院枯檜重生枝葉。

乙丑，有司上言：「南郊朝享太廟，舊例親王充亞獻、終獻行事。」乃以皇子繼岌爲亞獻，皇弟存紀爲終獻。丙寅，帝赴明堂殿致齋。丁卯，朝饗於太微宮。戊辰，饗太廟，是日赴南郊。

二月己巳朔，親祀昊天上帝於圜丘，禮畢，宰臣率百官就次稱賀，還御五鳳樓。宣制：「大赦天下，應同光二年二月一日昧爽已前，所犯罪無輕重常赦所不原者，咸赦除之。十惡五逆、屠牛鑄錢、故殺人、合造毒藥、持杖行劫、官典犯贓，不在此限。應自來立功將校，各與轉官，仍加賞給。文武常參官、節度、觀察、防禦、刺史、軍主、都虞候、指揮使，父母亡歿者，並與追贈，在者各與加爵增封。諸藩鎮各賜一子出身，仍封功臣名號。留後、刺史，官高者加階爵一級，官卑者加官一資。應本朝內外臣僚被朱氏殺害者，特與追贈。應諸州府不得令富室分外收貯見錢，禁工人鎔錢爲銅器，勿令商人搬載出境〔七〕。近年已來，婦女服飾，異常寬博，倍費縑綾，有力之家，不計卑賤，悉衣錦繡，悉衣錦繡，原本作「悉依綿繡」，今據文改正。（影庫本粘籤）宜令所在糾察。應有百姓婦女，曾經俘擄他處爲婢妾者，一任骨肉識認。男子曾被刺面者，給與憑據，放逐營生。召天下有能以書籍進納者，各等第酬獎。仰有司速檢勘天下户口正額、墾田實數，待憑條理，以息煩苛。」是日，風景和暢，人胥悦服。議者云，五十年來，無此盛禮。然自此權臣愎戾，伶官用事，吏人孔謙酷加賦斂，赦文之所原放，謙復刻剥不行，大失人心，始於此矣。

庚午，租庸使孔謙奏〔八〕：「諸道綱運商旅〔九〕，多於私路苟免商税，請令所在關防嚴加捉搦。」從之。癸酉，宰臣豆盧革率百官上尊號曰昭文睿武至德光孝皇帝，凡三上表，從之。甲戌，詔曰：「汴州元管開封、浚儀、封丘、雍丘、尉氏、陳留六縣，僞庭割許州鄢陵、扶溝，陳州太康，鄭州陽武、中牟，曹州考城等縣屬焉。其陽武、匡城、扶溝、考城四縣，宜令且隸汴州，餘還本部。」丙子，以隨駕參謀耿瑗爲司天監。丁丑，以光禄大夫、檢校司徒李筠爲右騎衛上將軍。

戊寅，幸李嗣源第，作樂，盡歡而罷。己卯，以河中節度使、冀王李繼麟兼安邑解縣兩池榷鹽使。解縣，原本作「諧縣」，今據册府元龜所引薛史改正。（影庫本粘籤）辛巳，以檢校太師、守尚書令、河南尹、判六軍諸衛事、魏王張全義爲守太尉、兼中書令、河陽節度使、河南尹，改封齊王。以開府儀同三司、守尚書令、秦王李茂貞案：通鑑作岐王。（舊五代史考異）依前封秦王，餘如故，仍賜不拜、不名。案五代會要：太常禮院奏：「李茂貞封册之命，宜準故襄州節度使趙匡凝之例施行。秦王受册，自備革輅一乘，載册犢車一乘，并本品鹵簿鼓吹如儀。」從之。是日，帝幸左龍武軍。癸未，宰臣豆盧革率百官上表，請立中宫。制以魏國夫人劉氏爲皇后，仍令所司擇日備禮册命。

丁亥，以天平軍節度使、蕃漢總管副使、開府儀同三司、開府，原本作「開封」，今據文改正。（影庫本粘籤）檢校太傅、兼中書令李嗣源爲檢校太尉，依前天平軍節度使，加實封百户，兼賜鐵券；以前安國軍節度副使、檢校太保、左衛上將軍李存乂爲晉州節度使、檢校太傅；以北京皇城留守、檢校太保、左威衛上將軍李存紀爲邢州節度使，加檢校太傅；以蕃漢馬步都虞候兼東京馬步軍都指揮使、檢校太保朱守殷爲振武節度使，加檢校太傅。戊子，以前右龍武軍都虞候、守左龍武大將軍李紹奇爲鄭州防禦使，以楚州防禦使張繼孫爲汝州防禦使。汝州，原本作「滸州」，今據册府元龜改正。（影庫本粘籤）己丑，以振武軍節度使、權安義留後、檢校太傅、平章事李存霸爲潞州節度使，以捧日都指揮使、鄭州防禦使李紹琛爲陝州節度使，以成德軍馬步軍都指揮使、右監門衛大將軍毛璋爲華州節度使。壬辰，樞密使郭崇韜再上表，請退樞密之職，優詔不允。

癸巳，詔曰：「皇太后母儀天下，子視羣生，當别建宫闈，顯標名號，冀因稱謂，益表尊嚴，宜以長壽宫爲名。」樞密使郭崇韜奏時務利便一十五件，優詔褒美。甲午，奚王李紹威、吐渾李紹魯皆貢駞馬。丁酉，以武安軍衙内馬步軍都指揮使、昭州刺史馬希範爲永州刺史、檢校太保。癸卯，以光禄大夫、檢校左僕射、行太常卿李燕爲特進、檢校司空，依前太常卿；以御史中丞李德休爲兵部侍郎；以吏部侍郎崔協爲御史中丞。

三月甲辰，故河陽節度使王師範贈太尉。乙巳，以滄州節度使、檢校太傅、同平章事符習爲青州節度使，以北京衙内馬步軍都指揮使、右領軍衛大將軍李紹斌爲滄州節度使。鎮州奏，契丹犯塞，詔李嗣源率師屯邢州。案通鑑：詔横海節度使李紹斌、北京指揮使李從珂帥騎兵分道備之。與薛史異。（舊五代史考異）丙午，以荆南節度使、守中書令、渤海王高季興依前檢校太師、兼尚書令，封南平王；以幽州節度行軍司馬李存賢依前檢校太保，爲幽州節度使。中書門下上言：「近以諸州奏薦令録，頗亂規程，請今後節度使管三州已上，每年許奏管内官三人，如管三州已下，只奏兩人，仍須課績尤異，方得上聞。防禦使止許奏一人，刺史無奏薦之例。」從之。己酉，以太子少保李琪爲刑部尚書。

庚戌，幽州奏，契丹寇新城。是日，詔：「諸軍將校，自檢校司空以下，宜賜叶謀定亂匡國功臣。自檢校僕射、尚書、常侍及大夫、中丞〔一〇〕，並賜忠勇拱衛功臣〔一一〕。初帶憲銜者，並賜忠烈功臣。節級長行，並賜扈蹕功臣。」中書門下上言：「州縣官在任考滿，即具闕申送吏部格式，本道不得差攝官替正官。」從之。案五代會要：同光二年，中書門下奏：「刺史、縣令有政績尤異，爲衆所知；或招復户口，能增加賦税者；或辨雪冤獄，能拯人命者；或去害物之積弊，立利世之新規，有益時政，爲衆所推者，即仰本處逐件分明聞奏，當議奬擢。或在任貪猥，誅剗生靈，公事不治，爲政怠惰，亦加懲罰。其州縣官任滿三考，即具闕申送吏部格式〔二〕，候敕除銓注，其本道不得差攝官替正授者。」從之。（舊五代史考異）有司上言：「皇帝四月一日御文明殿受册徽號，合服衮冕，御殿前一日，散齋於内殿。」從之。是日，李嗣源上表乞退兵權，詔不允。是時，伶人景進用事，閹官競進，故重臣憂懼，拜章請退。癸丑，左諫議大夫竇專上言：「請廢租庸使名目，事歸三司。」疏奏不報。唐州奏，木連理。詔：「先省員官，除已別授官外，其左散騎常侍李文矩等三十人却復舊官，太子詹事石戩等五人宜以本官致仕，將作少監岑保嗣等十四人候續敕處分〔三〕。」丙辰，責授萊州司户鄭珏等一十一人並量移近地。尚書户部侍郎、知貢舉趙頎卒，以中書舍人裴皡權知貢舉。禁用鉛錫錢。

丁巳，中書門下奏：「懿祖陵請以永興爲名，獻祖陵請以長寧爲名，長寧，原本作「長應」，考五代會要唐獻祖陵名長寧，今改正。（影庫本粘籤）太祖陵請以建極爲名。」從之。淮南楊溥遣使貢賀郊天禮物。案十國春秋吴世家：王遣右衛上將軍許確進賀郊天銀二千兩、錦綺羅一千二百疋、細茶五百斤、象牙四株、犀角十株于唐。（舊五代史考異）戊午，詔應南郊行事官，並付三銓磨勘，優與處分。己未，以大理卿張紹珪充制置安邑解縣兩池榷鹽使。幸左龍武軍，以皇子繼岌代張全義判六軍諸衛事故也。癸亥，以彰武保大等軍節度使、北平王高萬興可依前延州鄜州節度使、檢校太保、兼中書令、北平王。甲子，幸東宅。

夏四月己巳朔，帝御文明殿，具衮冕，受册尊號曰昭文睿武至德光孝皇帝。壬申，以成德軍節度行軍司馬、權知府事任圜爲檢校右僕射、權北面水陸轉運制置使。甲戌，以順義軍留後華温琪依前檢校太保，充留後。乙亥，以天策上將軍、武安等軍節度使、守太師、中書令、楚王馬殷可依前守太師，兼尚書令。詔在京諸道節度使、刺史，令各歸本任。丁丑，以前幽州節度使、幽州，原本作「邠州」，考薛史李存審傳，存審係幽州節度使，歐陽史與薛史同，今改正。（影庫本粘籤）内外蕃漢馬步總管、檢校太師、兼中書令李存審爲宣武軍節度使，餘如故。

己卯，帝御文明殿，册魏國夫人劉氏爲皇后。庚辰，賜霍彦威姓[一四]，名曰紹真。癸未，以宋州節度使李紹安依前檢校太尉[一五]、同平章事、宋州節度使；以許州節度使李紹沖依前檢校太尉[一六]、同平章事、許州節度使；以襄州節度使孔勍依前檢校太傅、同平章事、襄州節度使。甲申，以樞密副使、通議大夫、行内侍省内侍宋唐玉爲左監門衛將軍同正，宋唐玉，原本作「宋康王」，今據册府元龜所引薛史改正。（影庫本粘籤）依前樞密副使；以内客省使、通議大夫、行内侍省内侍楊希朗爲右監門衛將軍同正，楊希朗，原本作「巾郎」，今據册府元龜改正。（影庫本粘籤）依前内客省使：並賜推忠匡佐功臣。車駕幸龍門。丙戌，迴鶻遣使貢方物。己丑，以夏州節度使李仁福依前檢校太師、兼中書令、夏州節度使，封朔方王；以朔方河西等軍節度使韓洙依前檢校太傅、兼侍中，充朔方河西等軍節度使、靈鹽威警雄凉甘肅等州觀察使。案：威警疑當作威涇。考通鑑注云：警州在涇原西。今仍其舊。（舊五代史考異）辛卯，以宣徽南院使、判内侍省、兼内勾〔一七〕、特進、左監門將軍同正李紹宏爲右領軍衞上將軍。癸巳，以靜江軍節度使、扶風郡王馬賨爲檢校太師、兼中書令，依前靜江軍節度使；以朗州節度使馬希振爲檢校太傅、兼侍中，依前朗州節度使。鳳翔節度使、秦王李茂貞薨。

丙申，潞州小校楊立據城叛，案：歐陽史作三月潞州將楊立反，與薛史異。五代春秋作四月，盜據潞州，與薛史同。以李嗣源爲招討使，陝州留後李紹真爲副，率師以討之。永樂大典卷七千一百五十六。

校勘記

〔一〕乙巳　原作「己巳」，據彭校改。按是月庚子朔，無己巳，此事繫於甲辰、丁未之間，當爲乙巳。

〔二〕依前涇原節度使　「涇原」，原作「涇原軍」，據劉本、孔本、邵本、彭本改。

〔三〕鳳鳴門　原作「鳳明門」，據彭校、册府卷一四、五代會要卷五改。

〔四〕諸王　册府卷六一、五代會要卷一四作「封建諸王」。

〔五〕諸道節度　句下册府卷六一、五代會要卷一四有「觀察」二字。

〔六〕自二十三日後在散齋之内　「在」、「之」二字原闕，據彭校、册府卷二七補。

〔七〕勿令商人搬載出境　「搬載」，原作「載錢」，據彭校、本書卷一四六食貨志、册府卷九二、卷五〇一改。

〔八〕租庸使孔謙　「租庸使」，册府卷五〇四同，本書卷三二唐莊宗紀六、卷七三孔謙傳、新五代史卷二六孔謙傳作「租庸副使」。郭武雄證補：「據本紀，時充租庸使者爲王正言，至同年八月孔謙方代正言爲租庸使。」

〔九〕諸道綱運商旅　「商旅」，原作「客旅」，據册府卷五〇四改。

〔一〇〕自檢校僕射尚書常侍及大夫中丞　「大夫中丞」，原作「諫議大夫」，據册府卷八一、卷一二八、卷一三三、五代會要卷一二改。影庫本粘籤：「諫議，原本作『兼義』，今據新唐書百官志改正。」

〔一一〕並賜忠勇拱衛功臣　「忠勇」，原作「忠果」，據册府卷八一、卷一二八、卷一三三、五代會要卷一二改。

〔一二〕即具闕申送吏部格式　「闕」，原作「關」，據册府卷六三二及本卷正文改。

〔一三〕將作少監岑保嗣等十四人候續敕處分　「候」字原闕，據五代會要卷二〇補。

〔一四〕賜霍彦威姓　「霍彦威」，原作「郭彦威」，據邵本校、本書卷六四霍彦威傳、新五代史卷四六霍彥威傳、通鑑卷二七三改。按本書卷三六唐明宗紀二：「李紹真復曰霍彥威。」

〔一五〕李紹安　原作「李繼安」，據劉本、本書卷三〇唐莊宗紀四、卷五九袁象先傳、册府卷九四五改。

〔一六〕李紹沖　原作「李繼沖」，據本書卷三〇唐莊宗紀四、卷三二唐莊宗紀六、卷七三温韜傳、新五代史卷四〇温韜傳改。

〔一七〕兼内勾　「勾」，原作「局」，據本書卷三四唐莊宗紀八、卷七二馬紹宏傳改。按本書卷五七郭崇韜傳：「崇韜乃置内勾使，應三司財賦，皆令勾覆，令紹宏領之。」

舊五代史卷三十二

唐書八

莊宗紀第六

同光二年夏五月己亥，帝御文明殿，册齊王張全義爲太尉。禮畢，全義赴尚書省領事，左諫議大夫竇專不降階，爲御史所劾，專援引舊典，宰相不能詰，寢而不行。庚子，太常卿李燕卒。壬寅，以教坊使陳俊爲景州刺史，内園使案：歐陽史作内園栽接使。考五代會要，内園栽接使係梁時雜使創置之官。儲德源爲憲州刺史，皆梁之伶人也。初，帝平梁，俊與德源皆爲寵伶周匝所薦，帝因許除郡，郭崇韜以爲不可，伶官言之者衆，案清異録：同光既即位，猶襲故態，身預俳優，尚方進御巾裹，名品日新。今伶人所頂，尚有傳其遺製者。（舊五代史考異）帝密召崇韜，謂之曰：「予已許除郡，經年未行，我慚見二人，卿當屈意行之。」故有是命。

甲辰，以兗州節度使李紹欽依前檢校太保、兗州節度使，進封開國侯；以邠州節度使韓恭依前檢校太保、邠州節度使，進封開國伯。開國，原作「閑國」，今據册府元龜改正。（影庫本粘籤）丙午，以福建節度使、閩王王審知依前檢校太師、守中書令、福建節度使。戊申，幸郭崇韜第。己酉，詔天下收拆防城之具，不得修濬池隍。以西都留守、京兆尹張筠依前檢校太保，充西都留守。甲寅，以滄州節度使李紹斌充東北面招討使，以兗州節度使李紹欽爲副招討使〔一〕，招討使，原本作「招詔」，今據文改正。（影庫本粘籤）以宣徽使李紹宏爲招討都監，率大軍渡河而北，時幽州上言契丹將寇河朔故也。

乙卯，潞州叛將楊立遣使健步奉表乞行赦宥，帝令樞密副使宋唐玉賫敕書招撫。幽州上言，契丹營於州東南。丙辰，渤海國王大諲譔遣使貢方物。以澶州刺史李審益爲幽州行軍司馬、蕃漢内外都知兵馬使。辛酉，故澤潞節度使丁會贈太師。詔割復州爲荊南屬郡。壬戌，以權知鳳翔軍府事、涇州節度使李曮爲起復雲麾將軍、右金吾大將軍同正，依前檢校太尉、兼中書令，充鳳翔節度使。乙丑，以權知歸義軍留後曹義金爲歸義軍節度使〔二〕、沙州刺史、檢校司空。丙寅，李嗣源奏收復潞州。幽州上言，新授宣武軍節度使李存審卒。

六月甲戌，中書侍郎兼吏部尚書、平章事、弘文館大學士豆盧革加右僕射，餘如故；侍中、監修國史、兼樞密使、鎮州節度使郭崇韜進爵邑，加功臣號；中書侍郎、平章事、集賢殿大學士趙光裔加兼户部尚書；禮部侍郎、平章事韋説加中書侍郎。宋州奏，節度使李紹安卒。丙子，李嗣源遣使部送潞州叛將楊立等到闕，並磔於市。潞州城峻而隍深，隍深，原本作「王深」，今據文改正。（影庫本粘籤）至是帝命剗平之，因詔諸方鎮撤防城之備焉。丁丑，有司上言：「洛陽已建宗廟，其北京太廟請停。」從之。

甲申，以衛國夫人韓氏爲淑妃，燕國夫人伊氏爲德妃，仍令所司擇日册命。故河東節度副使、守左諫議大夫李襲吉贈禮部尚書〔三〕，李襲吉，原本作「襲古」，今據歐陽史列傳改正。（影庫本粘籤）故河東節度副使、禮部尚書蘇循贈左僕射，故河東觀察判官、檢校右僕射司馬揆贈司空〔四〕，故河東留守判官、工部尚書李敬義贈右僕射。丙戌，以順義軍節度使李令錫爲許州節度使，以前保義軍留後李紹真爲徐州節度使，以徐州節度使李紹榮爲宋州節度使。戊子，汝州防禦使張繼孫賜死於本郡。繼孫即齊王張全義之假子也，本姓郝氏，爲兄繼業等訟其陰事，故誅之。案册府元龜載：張繼業爲河陽兩使留後。莊宗同光二年六月，繼業上疏稱：「弟繼孫，本姓郝，有母尚在，父全義養爲假子，令管衙内兵士。自皇帝到京，繼孫私藏兵甲，招置部曲，欲圖不軌，兼私家淫縱，無別無義。臣若不自陳，恐累家族。」敕曰：「有善必賞，所以勸忠孝之方；有惡必誅，所以絶姦邪之迹。其或罪狀騰於衆口，醜行布於近親，須舉朝章，冀明國法。汝州防禦使張繼孫，本非張氏子孫，自小丐養，以至成立，備極顯榮，而不能酬撫育之恩，履謙恭之道，擅行威福，常恣姦兇，侵奪父權，惑亂家事，縱鳥獸之行，畜梟獍之心，有識者所不忍言，無賴者實爲其黨。

而又横征暴斂，虐法峻刑，藏兵器於私家，殺平人於廣陌。罔思悛改，難議矜容，宜竄逐於遐方，仍歸還於姓氏，俾我勳賢之族，永除污穢之風。凡百臣僚，宜體朕命。可貶房州司户參軍同正，兼勒復本姓。」尋賜自盡，仍籍没資産。

己丑，以迴鶻可汗仁美爲英義可汗。詔改輝州爲單州。庚寅，故左僕射裴樞，右僕射裴贄、崔遠，並贈司徒；故静海軍節度使獨孤損贈司空；故吏部尚書陸扆贈右僕射；故工部尚書王溥贈右僕射。裴樞等六人皆前朝宰輔，爲梁祖所害於白馬驛，至是追贈焉。壬辰，以天平軍節度使、蕃漢總管副使、開府儀同三司、檢校太尉、兼中書令李嗣源爲宣武軍節度使、蕃漢馬步總管，餘如故。甲午，以樞密使、特進、左領軍衛上將軍、知内侍省事張居翰爲驃騎大將軍、守左驍衛上將軍〔五〕，進封開國伯，賜功臣號。

秋七月戊戌朔，故宣武軍節度使李存審男彦超進其父牙兵八千七百人。己亥，中書門下奏：「每年南郊壇四祠祭，太微宫五薦獻，並宰臣攝太尉行事，惟太廟遣庶僚行事，此後太廟祠祭，亦望差宰臣行事。」從之。乙巳，汴州雍丘縣大風，拔木傷稼。曹州大雨，平地水三尺。丙午，以襄州節度使孔勍爲潞州節度使，李存霸爲鄆州節度使。鄆州，原本作「軍州」，今據册府元龜改正。（影庫本粘籤）己酉〔六〕，幸龍門之雷山，祭天神，從北俗之舊事也。辛亥，以鄆州副使李紹珙爲襄州留後，以前澤州刺史董璋爲邠州留後。戊午，西川王衍遣僞署户部侍郎歐陽彬來朝貢，稱「大蜀皇帝上書大唐皇帝」。庚申，以應州爲雲州屬郡，升新州爲威塞軍節度使，以嬀、儒、武等州爲屬郡。壬戌，皇子繼岌妻王氏封魏國夫人。幽州奏，契丹阿保機東攻渤海。案遼史太祖紀：天贊三年五月，渤海殺其刺史張秀實而掠其民。於東攻渤海之事，闕而不載。考五代會要，同光二年七月，契丹東攻渤海國，與薛史同。

八月己巳，詔洛京應有隙地，任人請射修造，有主者限半年，令本主自修蓋，如過限不見屋宇，許他人占射。案五代會要載此詔云：藩方侯伯，内外臣僚，于京邑之中，無安居之所，亦可請射，各自修營。（舊五代史考異）辛未，北京副留守、太原尹孟知祥加檢校太傅，增邑，賜功臣號。帝畋於西苑。癸酉，以租庸副使、守衛尉卿孔謙爲租庸使，以右威衛上將軍孔循爲租庸副使〔七〕。甲戌，以權知汴州軍州事、翰林學士承旨、户部尚書盧質爲兵部尚書，依前翰林學士承旨，仍賜論思匡佐功臣。丙子，以雲州刺史、雁門以北都知兵馬使安元信爲大同軍節度留後，以隰州刺史張廷裕爲新州威塞軍節度留後。丁丑，樞密使郭崇韜上表請退，不允。戊寅，租庸使、守禮部尚書王正言罷使，守本官。辛巳，詔諸道節度、觀察、防禦、團練使、團練，原本作「團簡」，今據文改正。（影庫本粘籤）刺史，並於洛陽修宅一區。中書門下上言：「請今後諸道除節度副使、兩使判官外，其餘職員并諸州軍事判官，各任本處奏辟。」從之。案五代會要：同光二年八月八日，中書門下奏：「諸道除節度副使及兩使判官除授外〔八〕，其餘職員并軍事判官，伏以翹車著詠，戔帛垂文，式重弓旌，以光尊俎。由是副知己之薦〔九〕，成接士之榮〔一〇〕，必當備悉行藏，習知才行，允奉幕中之畫，以稱席上之珍。爰自僞梁，頗乖斯義，皆從除授，以佐藩宣。因緣多事之秋，慮爽得人之選，將期推擇，式示更張。今後諸道，除節度副使、兩使判官除授外〔一一〕，其餘職員并諸州軍事判官等，並任本道本州，各當辟舉，其軍事判官〔一二〕，仍不在奏官之限。」（舊五代史考異）汴州奏，大水損稼。癸未，租庸使孔謙進封會稽縣男，仍賜豐財贍國功臣。淮南楊溥遣使貢方物。宋州大水，鄆、曹等州大風雨，損稼。丁亥，中書門下奏〔一三〕：「請差左丞崔沂、吏部侍郎崔貽孫、給事中鄭韜光李光序、吏部員外郎盧損等，同詳定選司長定格、循資格、十道圖。」從之。案五代會要：同光二年八月，中書門下奏：「吏部三銓、門下省〔一四〕、南曹、廢置、甲庫、格式、流外銓等司公事，並繫長定格、循資格、十道圖等，前件格文，本朝創立，檢制姦濫，倫敍官資，頗謂精詳，久同尊守。自亂離之後，巧僞滋多，兼同光元年八月〔一五〕，車駕在東京，權判南曹工部員外郎盧重本司起請一卷〔一六〕，並以興復之始，務切懷來，凡有條流，多失根本，以至冬集赴選人、並南郊行事官及陪位宗子共一千三百餘人，銓曹檢勘之時，互有援引，去留之際，不絕爭論，若又依違，必長訛濫。望差權判尚書省銓左丞崔沂、吏部侍郎崔貽孫、給事中鄭韜光李光序、吏部員外郎盧損等，同詳定舊長定格、循資格、十道圖，務令簡要，可久施行。」從之。（舊五代史考異）癸巳，放朝參三日，以霖雨故也。陝州奏，河水溢岸。乙未，中書門下上言：「諸陵臺令丞請停，以本縣令知陵臺事。」從之。

九月癸卯，畋於西北郊。幽州上言，契丹阿保機自渤海國迴軍。內園新殿成，名曰長春殿。戊申，以中書舍人、權知貢舉裴皡爲禮部侍郎，以前鄭州防禦副使姜弘道爲太僕卿。侍中郭崇韜奏：「應三銓注授官員等，三銓，原本作「正千」，今據五代會要改正。（影庫本粘籤）內有自無出身入仕，買覓鬼名告敕；及將骨肉文書〔一七〕，揩改姓名〔一八〕；或歷任不足，妄稱失墜；或假人蔭緒，託形勢論屬，安排參選，所司隨例注官。如有人陳告，特議超獎；其所犯人，檢格處分；若同保人內有僞濫者〔一九〕，並當駁放。應有人身死之處，今後並須申報本州，於告身上批書身死月日分明付子孫。今後銓司公事，至春末並須了畢。」從之。銓綜之司，僞濫日久，及崇韜條奏之後，澄汰甚嚴，放棄者十有七八，放棄，原本作「坊弃」，今據五代會要改正。（影庫本粘籤）衆情亦怨之。己酉，司天臺請禁私曆日，從之。

庚戌，有司自契丹至者，言女真、迴鶻、黃頭室韋合勢侵契丹。壬子，有司上言：「八月二十二日夜，熒惑犯星二度，星，周分也，請依法禳之。於京城四門懸東流水一罌，兼令都市嚴備盜火，止絕夜行。」從之。甲寅，幸郭崇韜第，置酒作樂。乙卯，以前振武節度使、安北都護馬存可依前檢校太尉、兼侍中，充寧遠軍節度、容管觀察使。存，湖南馬殷之弟也。丙辰，黑水國遣使朝貢。契丹寇幽州。戊午，宣宰臣於中書磨勘吏部選人，謬濫者焚毁告敕。

冬十月戊辰，帝畋於西北郊。己巳，故安義節度使、贈太尉、隴西郡王李嗣昭贈太師。庚午，正衙命使册淑妃韓氏、德妃伊氏，以宰臣豆盧革、韋説充册使。辛未，詔：「今後支郡公事，須申本道，本道騰狀奏聞〔一〇〕。騰狀，原本作「滕將」，今據册府元龜改正。（影庫本粘籤）租庸使合有徵催〔一一〕，祇牒觀察使，貴全理體。」契丹寇易定北鄙。壬申，故大同軍防禦使李存璋贈太尉。鄆州奏，清河泛溢，壞廬舍。癸未〔一二〕，畋於石橋。甲戌，河南尹張全義上言：「萬壽節日，請於嵩山開瑠璃戒壇，度僧百人。」從之。乙亥，故守太師、尚書令、秦王李茂貞追封秦王，賜謚曰忠敬。丁丑，皇后差使賜兖州節度使李紹欽湯藥。時皇太后行誥命，皇后劉氏行教命，互遣使人宣達藩后，紊亂之弊，人不敢言。己卯，汴、鄆二州奏，大水。

庚辰，以前太僕卿楊遘爲大理卿。党項進白驢，奚王李紹威進駞馬。幽州奏，契丹入寇，至近郊。辛巳，故天雄軍節度副使王緘贈司空。故天雄軍，原本脱「天」字，今據册府元龜增入。（影庫本粘籤）壬午，以天下兵馬都元帥、尚父、守尚書令、吴越國王錢鏐可依前天下兵馬都元帥、尚父、守尚書令，封吴越國王。癸未，幸小馬坊閲馬。甲申，以兩浙兵馬留後、清海軍節度、嶺南東道觀察等使、守太尉、兼侍中、廣州刺史錢元瓘爲檢校太師、兼中書令、充兩浙節度觀察留後，餘如故；以鎮東軍節度副大使、江南管內都招討使、建武軍節度、嶺南西道觀察等使、檢校太傅、守侍中、知蘇州中吳軍軍州事、行邕州刺史錢元璙爲檢校太尉、兼中書令，餘如故。辛卯，天平軍監軍使柴重厚可特進、右領衞將軍同正，充鳳翔監軍使。甲午，以宣武軍節度押牙李從温、李從璋、李從榮、李從厚、李從璨並銀青光禄大夫、檢校右散騎常侍兼御史大夫，宣武軍節度押牙李從臻可檢校國子祭酒兼御史中丞。自從温而下，皆李嗣源諸子也。

十一月丙申，靈武奏，甘州迴鶻可汗仁美卒，其弟狄銀權主國事。吐渾白都督族帳移於代州東南。己亥，幸六宅，宴諸弟。壬寅，尚書左丞、判吏部尚書銓事崔沂貶麟州司馬，吏部侍郎崔貽孫貶朔州司馬，給事中鄭韜光貶寧州司馬，吏部員外盧損貶府州司户。時有選人吳延皓取亡叔告身，改舊名求仕〔三〕，事發，延皓付河南府處死，崔沂已下貶官。宰相豆盧革、趙光裔、韋説詣閤門待罪，詔釋之。

癸卯，帝畋於伊闕，侍衞金槍馬萬餘騎從，帝一發中大鹿。是日，命從官拜梁祖之陵，物議非之。其夕，宿於張全義之别墅。甲辰，宿伊闕縣。乙巳，宿椹磵。時騎士圍山，會夜，顛墜崖谷，死傷甚衆。丙午，復命衞兵分獵，殺獲萬計。是夜方歸京城，六街火炬如晝。丁未，賜羣臣鹿肉有差。

庚戌，制改節將一十一人功臣號。辛亥，以兵部侍郎李德休爲吏部侍郎。壬子，日南至，百官拜表稱賀。以昭儀侯氏爲汧國夫人，昭容夏氏爲虢國夫人，昭媛白氏爲沛國夫人〔二四〕，出使美宣鄧氏爲魏國夫人，御正楚真張氏爲涼國夫人，司簿德美周氏爲宋國夫人，侍真吳氏爲渤海郡夫人，其餘並封郡夫人。丁巳，河中節度使、守太師、尚書令、西平王李繼麟可依前守太師、兼尚書令、河中護國軍節度使、西平王，仍賜鐵券。戊午，幸李嗣源、李紹榮之第，縱酒作樂。是日，鎮州地震。契丹寇蔚州。

十二月戊辰，幸西苑校獵。己巳，詔汴州節度使李嗣源歸鎮。案：通鑑作己巳，命宣武軍節度使李嗣源將宿衛兵三萬七千人赴汴州，遂如幽州禦契丹。是嗣源因出師而歸鎮也。庚午，帝與皇后劉氏幸張全義第，酒酣，帝命皇后拜全義爲養父，全義惶恐致謝，復出珍貨貢獻。翌日，皇后傳制，命學士草謝全義書，學士趙鳳密疏，陳國后無拜人臣爲父之禮，帝雖嘉之，竟不能已其事。壬申，以教坊使王承顏爲興州刺史。丙子，詔取來年正月七日幸魏州。庚辰，畋於近郊，至夕還宮。壬午，契丹寇嵐州。党項遣使貢方物。乙酉，幸龍門佛寺祈雪。丙戌，以徐州節度使李紹真爲北面行營副招討使。戊子，李嗣源奏，部署大軍自宣武軍北征。淮南楊溥遣使貢獻。己丑，幸龍門。庚寅，詔河南尹張全義爲洛京留守、判在京諸軍事。是日，日傍有背氣，背氣，原本作「眚氣」，今據歐陽史司天考改正。（影庫本粘籤）凡十二。

同光三年春正月甲午朔，帝御明堂殿受朝賀，仗衛如式。丙申，詔以昭宗、少帝山陵未備，昭宗、少帝，原本作「詔宗大帝」，今據舊唐書改正。（影庫本粘籤）宜令有司別選園陵改葬，尋以年饑財匱而止。契丹寇幽州。戊戌，詔：「起今後特恩授官及侍衛諸軍將校、內諸司等官，其告身官給，舊例朱膠錢、臺省禮錢並停，其餘合徵臺省禮錢，比舊數五分中許徵一分，特恩者不徵。兵、吏部兩司逐月各支錢四十貫文，充吏人食直。少府監鑄錢造印文，今後不得徵納銅炭價直，其料物官給。」庚子，車駕發京師幸鄴。以前許州節度使李紹沖爲太子少保。以前邠州節度使韓恭爲右金吾大將軍，充兩街使；以前安州節度使朱漢賓爲左龍武統軍。庚戌，車駕至鄴。命青州節度使符習修酸棗河堤。先是，梁末帝決河隄〔二五〕，引水東注至鄆、濮，以限我軍，至是方修之。丙辰，幽州上言，節度使李存賢卒。

二月甲子朔，詔：「興唐府管內有百姓隨絲鹽錢，每兩與減五十文。案：五代會要作每兩與減放五文。逐年所俵蠶鹽，每斗與減五十文。小菉豆稅，每畝與減放三升。都城內所徵稅絲，永與除放。」丙寅，定州節度使王都來朝。丁卯，畋於近郊。己巳，召從臣擊毬於鞠場。辛未，許州上言：「襄城、葉縣準敕割隸汝州，其扶溝等縣請卻隸當州。」卻隸當州，原本作「卻穎」，今據文改正。（影庫本粘籤）從之。甲戌，以滄州節度使李紹斌爲幽州節度使，依前檢校太保。以大同軍留後安元信爲滄州節度使。乙亥，幸王莽河射鴈。丙子，李嗣源奏，涿州東南殺敗契丹，生擒首領三十人。符習奏，修隄役夫遇雪寒逃散。樞密使郭崇韜上表辭兼鎮。時帝命李紹斌鎮幽州，以其時望未重，欲以李嗣源爲鎮帥，且爲紹斌聲援，移郭崇韜兼領汴州。召崇韜議之，崇韜奏以爲當，因懇辭兼領。庚辰，以宣武軍節度使李嗣源爲鎮州節度使。辛巳，以皇子繼潼、繼嵩、繼蟾、繼蟾，原本脱「繼」字，今據歐陽史增入。（影庫本粘籤）繼嶢並檢校司徒，皆沖幼，未出閤。突厥、渤海國皆遣使貢方物。帝幸近郊射鴈。甲申，以樞密使郭崇韜爲依前守侍中、監修國史、兼樞密使，加食邑實封。廣南劉巖遣使奉書於帝，稱「大漢國主致書上大唐皇帝」〔二六〕。乙酉，帝射鴨於郭泊。郭泊，原本作「郭伯」，今據册府元龜改正。（影庫本粘籤）丙戌，定州節度使、檢校太尉、兼侍中王都進封開國公，加食邑實封。戊子，幸近郊射鴈。工部尚書崔梲卒，贈右僕射。

三月癸巳朔，賜扈從諸軍將士優給，自二十千至一千。甲午，振武軍節度使、洛京內外蕃漢馬步使朱守殷奏，昨修月陂堤，至德宮南獲玉璽一紐〔二七〕，獻之。詔示百官，驗其文曰「皇帝行寶」四字，方圓八寸，厚二寸，背紐交龍，光瑩精妙。守殷又於積善坊役所得古文錢四百六十六〔二八〕，內二十六文曰「得一元寶」〔二九〕，四百四十曰「順天元寶」，上之。案龐元英文昌雜録云：同光三年，洛京積善坊得古文錢，曰「得一元寶」、「順天元寶」，史不載何代鑄錢。

近見錢氏錢譜云：史思明再陷洛陽，鑄「得一錢」，賊黨以爲「得一」非佳號，乃改「順天」。蓋史思明所鑄錢也。丙申，寒食節，帝與皇后出近郊，遥饗代州親廟。庚子，詔取三月十七日車駕歸洛京。壬寅，符習奏，修河隄畢功。

戊申，帝召郭崇韜謂曰：「朕思在德勝寨時，霍彦威、段凝皆予之勍敵，終日格鬭，戰聲相聞，安知二年之間，在吾廡下。吾無少康、光武之才，一旦重興基構者，良由二三勳德同心輔翼故也。朕有時夢寢，如在戚城，思念曩時挑戰鏖兵，勞則勞矣，然而揚旌伐鼓，差慰人心，殘壘荒溝，依然在目。予欲按德勝故寨，與卿再陳舊事。」崇韜曰：「此去澶州不遠，陛下再觀戰地，益知王業之艱難，豈不韙哉！」己酉，車駕發鄴宫。辛亥，至德勝城。案：五代春秋作庚子，帝幸鄴都，遂幸德勝故城。據薛史，則己酉發鄴宫，辛亥至德勝城，與五代春秋異。蓋五代春秋祇以下詔之日爲據也。登城四望，指戰陣之處以諭宰臣。渡河南觀廢柵舊阯，至楊村寨，沿河至戚城，置酒作樂而罷。壬子，淮南楊溥遣使朝貢。東京副留守張憲奏，諸營家口一千二百人逃亡，以艱食故也。時宫苑使王允平、伶人景進爲帝廣采宫人，不擇良家委巷，殆千餘人，車駕不給，載以牛車，纍纍於路焉。庚辰，車駕至自鄴。案：原本作庚辰，歐陽史作庚申，疑永樂大典傳寫之訛。考通鑑及五代春秋皆作庚辰，又疑原本不誤。據上文，正月甲午朔，二月甲子朔，三月癸巳朔，則三月不得有庚辰也。蓋其誤始於薛史，而通鑑、五代春秋皆襲其訛耳。今姑從原本，仍爲辨正於此。辛酉，詔本朝以雍州爲西京，洛州爲東都，并州爲北都。近以魏州爲東京，宜依舊以洛京爲東都，魏州改爲鄴都，與北都並爲次府。

夏四月癸亥朔，案：五代春秋作辛亥朔，通鑑從薛史。日有蝕之。以租庸副使孔循權知汴州軍州事。丙寅，淮南楊溥遣使貢方物。壬申，幸甘泉亭。癸酉，詔翰林學士承旨盧質覆試新及第進士。案五代會要：時以新及第進士符蒙正等尚干浮議，故命盧質覆試。租庸使奏：「時雨久愆，請下諸道州府，依法祈禱。」從之。乙亥，帝與皇后幸郭崇韜第，又幸左龍武統軍朱漢賓之第。戊寅，以耀州爲團練州，其順義軍額宜停。庚辰，帝侍皇太后幸會節園，遂幸李紹榮之第。辛巳，以旱甚，詔河南府徙市，造五方龍，集巫禱祭。癸未，以兗州節度使李紹欽爲鄧州節度使。丁亥，以鎮州節度使李嗣源兼北面水陸轉運使，以徐州節度使李紹真爲副。禮部貢院新及第進士四人，其王澈改爲第一〔三〇〕，桑維翰第二，符蒙正第三，成僚第四。禮部侍郎裴皞既無黜落，特議寬容。今後新及第人，候過堂日委中書門下精加詳覆。陝州奏，木連理。庚寅，中書侍郎兼工部尚書、平章事趙光胤卒，案薛史：二年六月，光胤加兼户部尚書。此處作工部，前後互異，未知孰是。（舊五代史考異）廢朝三日。

五月壬辰朔，淮南楊溥貢端午節物。丁酉，皇太妃劉氏薨於晉陽，廢朝五日，帝於興安殿行服。時皇太后欲奔喪於晉陽，百官上表請留，乃止。戊戌，以鎮州行軍司馬、知軍府事任圜爲工部尚書。戊申，幸龍門廣化寺祈雨。己酉，黑水、女真皆遣使朝貢。戊午，以鳳州衙内馬步軍都指揮使李繼昶爲涇州節度使〔三一〕、李繼昶，原本作「繼永」，今從歐陽史改正。（影庫本粘籤）檢校太傅。己未，詔天下見禁罪人，如無大過，速令疎放。幸玄元廟禱雨。

六月癸亥，雲州上言，去年契丹從磧北歸帳，達靼因相掩擊，其首領于越族帳自磧北以部族羊馬三萬來降〔三二〕，已到南界，今差使人來赴闕奏事。甲子，太白晝見。丁卯，以滄州節度使安元信充北面行營馬步軍都排陣使。辛未，以宗正卿李紓充昭宗、少帝改卜園陵使。壬申，京師雨足。自是大雨，至於九月，晝夜陰晦，未嘗澄霽，江河漂溢，隄防壞決，天下皆訴水災。丁丑，詔吳越王錢鏐將行册禮，準禮文合用竹册，宜令所司修製玉册。時郭崇韜秉政，以爲不可，樞密承旨段徊贊其事，故有是命。癸丑，以天德軍節度使、管内蕃漢都知兵馬使劉承訓爲天德軍節度觀察留後〔三三〕。丙戌，詔曰：「關内諸陵，頃因喪亂，例遭穿穴，多未掩修。其下宮殿宇法物等，各令奉陵州府據所管陵園修製，仍四時各依舊例薦饗。每陵仰差近陵百姓二十户充陵户，以備灑掃。其壽陵等一十陵，亦一例修掩，量置陵户。」戊子，以刑部尚書李琪充昭宗、少帝改卜園陵禮儀使。己丑，以工部郎中李途爲京兆少尹，充修奉諸陵使。辛卯，詔括天下私馬，案五代會要：詔下河南、河北諸州和市戰馬，官吏除一匹外，匿者坐罪。蓋當時私馬之禁如此。將收蜀故也。永樂大典卷七千一百五十七。案三楚新録：莊宗謂高季興曰：「今天下負固不服者，惟吴、蜀耳。朕欲先有事于蜀，而蜀地險阻尤難，江南才隔荆南一水，朕欲先之，卿以爲何如？」季興對曰：「臣聞蜀地富民饒，獲之可建大利；江南國貧，地狹民少，得之恐無益。臣願陛下釋吴先蜀。」時莊宗意亦欲伐蜀，及聞季興之言，果大悦。（舊五代史考異）

校勘記

〔一〕兗州節度使　「使」字原闕，據孔本、彭本、本書卷三〇唐莊宗紀四、册府卷九八七補。

〔二〕曹義金　册府卷四三六作「曹議金」。按敦煌文書伯三八〇五背面同光三年六月一日歸義軍節度使牒署「使檢校司空兼太保曹議金」，此件鈐「沙州觀察處置使之印」，爲正式官文書，可知其名爲曹議金。本書各處同。

〔三〕守左諫議大夫李襲吉贈禮部尚書　「左」，本書卷六〇李襲吉傳、册府卷一七二作「右」。

〔四〕檢校右僕射司馬揆贈司空　「右」，册府卷一七二作「左」。

〔五〕守左驍衛上將軍　「左」，張居翰墓誌（拓片刊西安碑林博物館新藏墓誌彙編）作「右」。

〔六〕己酉　原作「乙酉」，據册府卷三四、新五代史卷五唐本紀改。按是月戊戌朔，無乙酉，己酉爲十二日。

〔七〕右威衛上將軍　通鑑卷二七三作「右威衛大將軍」。

〔八〕諸道除節度副使及兩使判官除授外　「副」字原闕，據五代會要卷二五補。

〔九〕由是副知己之薦　「知己」，原作「己知」，據五代會要卷二五改。

〔一〇〕成接士之榮　「成」，原作「或」，據殿本、劉本、五代會要卷二五改。

〔一一〕除節度副使兩使判官除授外　「兩使判官」，原作「判官兩使」，據五代會要卷二五乙正。

〔一二〕其軍事判官　「事」，原作「州」，據殿本、劉本、五代會要卷二五改。

〔一三〕中書門下奏　「門下」下原有「侍郎」二字，據五代會要卷二〇刪。

〔一四〕門下省　「門」字原闕，據册府卷六三二補。

〔一五〕兼同光元年八月　「元年」，原作「二年」，據五代會要卷二〇改。

〔一六〕權判南曹工部員外郎盧重本司起請一卷　「南曹」二字原闕，據五代會要卷二〇補。「盧重」，原作「盧從」，據殿本、劉本、五代會要卷二〇改。

〔一七〕及將骨肉文書　「及」，原作「今」，據册府卷六三二改。

〔一八〕揩改姓名　「揩」，原作「楷」，據殿本、劉本、邵本校、彭本、册府（宋本）卷六三二改。

〔一九〕若同保人内有僞濫者　「同保人」下册府卷六三二有「知保」二字。

〔二〇〕本道騰狀奏聞　「本道」二字原闕，據册府卷六一補。

〔二一〕租庸使合有徵催　「合」，原作「各」，據册府卷六一改。

〔三〕癸未　本卷下文復見癸未，按是月丙寅朔，癸未爲十八日，不當在甲戌前，此事繫於壬申、甲戌之間，疑爲癸酉。

〔三〕改舊名求仕　「改」，原作「故」，據邵本校、册府卷一五四改。

〔四〕昭媛白氏爲沛國夫人　「沛國夫人」，五代會要卷一作「沂國夫人」。

〔五〕梁末帝決河隄　「決」，原作「次」，據劉本、邵本校、册府卷四九七、通鑑卷二七二改。

〔六〕大漢國主致書上大唐皇帝　「大漢國主」，原作「大漢國王」，據本書卷一三五劉陟傳、新五代史卷六五南漢世家改。

〔七〕至德宫南獲玉璽一紐　「至德宫南」，册府卷二五、五代會要卷五作「至立德坊南古岸」。

〔八〕守殷又於積善坊役所得古文錢四百六十六　「積善坊」三字原闕，據御覽卷八三六引後唐書、册府卷二五、五代會要卷五、文昌雜録卷三補。「四百六十六」，御覽卷八三六引後唐書、册府卷二五、五代會要卷五、文昌雜録卷三作「四百五十六」。

〔九〕内二十六文曰得一元寶　「二十六」，册府卷二五作「一十六」。

〔一〇〕王澈　册府卷六四一、卷六五一、五代會要卷二二作「王徹」。

〔三〕鳳州衙内馬步軍都指揮使　「鳳州」，朱玉龍方鎮表：「按鳳州時屬蜀。據世襲列傳『十餘歲，署本道中軍使』文，此『鳳州』當爲『鳳翔』之誤。」

〔三〕于越　原作「裕悦」，注云：「舊作『于越』，今改正。」按此係輯録舊五代史時所改，今恢復原文。

〔三〕以天德軍節度使管内蕃漢都知兵馬使劉承訓爲天德軍節度觀察留後　朱玉龍中華版舊五代史考證（安徽史學一九八九年第二期）疑爲「以天德軍節度觀察留後劉承訓爲天德軍節度使、管内蕃漢都知兵馬使」之倒文。

舊五代史卷三十三

唐書九

莊宗紀第七

同光三年秋七月丁酉，以久雨，詔河南府依法祈晴。滑州上言，黄河決。壬寅，皇太后崩於長壽宫，帝執喪於内，出遺令以示於外。癸卯，帝於長壽宫成服，百官於長壽宫幕次成服後，於殿前立班奉慰。乙巳，宰臣上表請聽政，不允；表再上，敕旨宜廢朝七日。丁未，弘文館上言：「請依六典，改弘文館爲崇文館。」從之。時樞密使郭崇韜亡父名弘，豆盧革希崇韜指，奏而改之。案五代會要載同光三年敕云：崇文館比與弘文館並置，今請改稱，頗協舊典。蓋豆盧革曲爲之説也。洛水泛漲，壞天津橋，以舟濟渡，日有覆溺者。己酉，宰臣百官上表請聽政，又請復常膳，表凡三上。以刑部尚書李琪充大行皇太后山陵禮儀使，河南尹張全義充山陵橋道排頓使，孔謙充監護使。壬子，河陽、陝州上言，河溢岸。以禮部尚書王正言案：原本作「直言」，今據歐陽史改正。（舊五代史考異）爲户部尚書，以御史中丞崔協爲禮部尚書，以刑部侍郎、史館修撰、判館事崔居儉爲御史中丞，以尚書左丞歸藹爲刑部侍郎〔一〕。陝州上言，河漲二丈二尺，壞浮橋，入城門，居人有溺死者。乙卯，汴州上言，汴水泛漲，恐漂没城池，於州城東西權開壕口，引水入古河。澤潞上言，自今月一日雨，至十九日未止。戊午，以刑部尚書、判太常卿、兼判吏部尚書銓事李琪爲吏部尚書，依前判太常卿；以兵部侍郎、集賢殿學士、判院事盧文紀爲吏部侍郎；以給事中李光序爲尚書右丞。許州、滑州奏，大水。

八月壬戌，詔諸司人吏，不許諸處奏薦，如有勞績，只許本司奏聞。詔有司，吴越王印宜以黄金鑄成，其文曰「吴越國王之印」。丁卯，帝釋服，百官奉慰於長壽宮。戊辰，客省使李嚴使蜀回。初，帝令往市蜀中珍玩，蜀法嚴峻，不許奇貨東出，其許市者謂之「入草物」。案：原本「入草」訛「全草」，今據通鑑及册府元龜所引薛史改正。（舊五代史考異）嚴不獲珍貨，歸而奏之。帝大怒曰：「物歸中夏者命之曰『入草』，王衍寧免爲入草之人耶！」由是伐蜀之意鋭矣。庚辰，幸壽安山陵作所。鄴都大水，御河泛溢。癸未，河南縣令羅貫長流崖州，尋委河南府決痛杖一頓，處死，坐部内橋道不修故也。及死，人皆冤之。甲申，山陵禮儀使奏：「山陵封域之内，先有丘墳，合令子孫改卜。舊例給其所費，無子孫者官爲瘞藏。如是五品以上官，所司仍以禮致祭。」從之。鳳翔奏，大水。己酉〔二〕，中書門下上言：「據禮儀使狀，準故事，太常少卿定大行太后謚議，太常卿署定訖，告天地宗廟。伏準禮文：賤不得誄貴，子不得爵母，后必謚於廟者，受成於祖宗。今大行太后謚，請太常卿署定後，集百官連署謚狀訖，讀於太廟太祖皇帝室，然後差丞郎一人撰册文，别定日，命太尉上謚册於西宮靈座，同日差官告天地、太微宮、宗廟，如常告之儀。」從之。青州大水、蝗。己丑，以襄州留後李紹珙爲襄州節度使，以邠州留後董璋爲邠州節度使。

九月辛卯朔，河陽奏，黄河漲一丈五尺。癸巳，中書上言：「大行皇太后謚議合讀於太廟太祖室，其日，集兩省御史臺五品已上、尚書省四品已上、諸司三品已上官，於太廟序立。」從之。鎮州、衛州奏，案：原本脱「鎮州」二字，今據册府元龜所引薛史增入。（舊五代史考異）水入城，壞廬舍。乙未，制封第三子鄴都留守、興聖宮使、檢校太尉、同平章事、判六軍諸衛事繼岌爲魏王。幸壽安陵。庚子，襄州奏，漢江漲溢，漂溺廬舍。是日，命大舉伐蜀，詔曰：

朕夙荷丕基，乍平僞室，非不欲寵綏四海，寵綏，原本作「寵維」，今據文改正。（影庫本粘籤）協和萬邦，庶正朔以遐同，俾人倫之有序。其或地居陬裔，位極驕奢[三]，殊乖事大之規，但蘊偷安之計，則必徵諸典訓，振以皇威，爰興伐罪之師，冀遏亂常之黨。蠢茲蜀主，世負唐恩，間者父總藩宣，任居統制[四]，屬朱温東離汴水，致昭皇西幸岐陽，不務扶持，反懷顧望，盜據劍南之土宇〔五〕，全虧閫外之忱誠〔六〕。先皇帝早在并門，將興霸業，彼既曾馳書幣〔七〕，此亦復展謝儀。後又特發使人，專持聘禮，彼則更不迴一介之使，答咫尺之書，星歲俄移，歡盟頓阻。朕頃遵崇遺訓〔八〕，嗣統列藩，追昔日之來誠，繼先皇之舊好，累馳信幣，皆絕酬還，背惠食言，棄同即異。今覩孽豎，紹據山河，委閹宦以持權，憑阻修而僭號。早者，曾上秦王緘札，張皇蜀地聲塵，形侮黷之言辭，謗親賢之勳德。昨朕風驅銳旅，電掃兇渠，復已墜之宗祧，纘中興之曆數。捷音旋報，復命仍稽，使來而尚抗書題，尚抗書題，原本作「尚挽」，考通鑑：蜀主遣歐陽彬聘于唐，書題稱「大蜀皇帝奉書大唐皇帝」。知原本「挽」字殊誤，據册府元龜所引薛史作「尚抗」，今改正。（影庫本粘籤）情動而先誇險固。加以宋光葆輒陳狂計，別啓奸謀，將欲北顧秦川，東窺荆渚，人而無禮，罪莫大焉。

昨客省使李嚴奉使銅梁，近歸金闕，凡於奏對，備述端由。其宋光嗣相見之時，於坐上便有言説，先問契丹强弱，次數秦王是非，度此苞藏，可見情狀。加以疏遠忠直，朋比奸邪〔九〕。內則縱恣輕華，競貪寵位；競貪，原本作「竟食」，今據册府元龜改正。（影庫本粘籤）外則滋彰法令，蠹耗生靈。既德力以不量，在人祇之共憤〔一〇〕。今命興聖宮使、魏王繼岌充西川四面行營都統，命侍中、樞密使郭崇韜充西川東北面行營都招討制置等使，荊南節度使高季興充西川東南面行營都招討使，鳳翔節度使李曮充都供軍轉運應接等使〔一一〕，同州節度使李令德充行營招討副使，陝府節度使李紹琛充行營蕃漢馬步軍都排陣斬斫使〔一二〕，西京留守張筠充西川管内安撫應接使，華州節度使毛璋充行營左廂馬步都虞候，邠州節度使董璋充行營右廂馬步都虞候，客省使李嚴充西川管内招撫使。總領闕下諸軍兼四面諸道馬步兵士〔一三〕，取九月十八日進發。凡爾中外，宜體朕懷。

辛丑，授魏王繼岌諸道行營都統，餘如故。繼岌既受都統之命，以梁漢顒充中軍馬步都虞候兼馬步軍都指揮使，張廷蘊爲中軍步軍都指揮使，牛景章充中軍左廂馬軍都指揮使，沈斌充中軍右廂馬軍都指揮使，卓瓌充中軍左廂步軍都指揮使，王贇充中軍右廂步軍都指揮使，中軍右廂，原本脱「廂」字，今據册府元龜增入。（影庫本粘籤）供奉官李從襲充中軍馬步軍都監，高品李廷安、吕知柔充魏王衙通謁。充魏王衙通謁，原本作「王衛」，今據册府元龜改正。（影庫本粘籤）詔工部尚書任圜、翰林學士李愚參魏王軍事。丁未夕，偏天陰雲，北方有聲如雷，野雉皆鳴，俗所謂「天狗落」。戊申，魏王繼岌、樞密使侍中郭崇韜進發西征。案：原本衍「辛巳幸壽安陵甲寅」八字，今删去。太子少師致仕薛廷珪卒，案：原本作「少保」，今據列傳改正。（舊五代史考異）贈右僕射。甲寅，幸壽安陵。司天上言：「自七月三日大雨，至九月十八日後方晴，三辰行度不見。」丁巳，幸尖山射鴈。

冬十月庚申朔，宰臣及文武三品以上官赴長壽宮，上大行皇太后謚曰貞簡皇太后。辛酉，幸甘泉，遂幸壽安陵。壬戌，魏王繼岌率師至鳳翔，先遣使馳檄以諭蜀部。丁卯，奉皇太后尊謚寶册赴西宮靈座〔一四〕，宰臣豆盧革攝太尉讀册文，吏部尚書李琪讀寶文，百官素服班於長壽宮門外奉慰。淮南楊溥遣使進慰禮。己巳，中書上言：「貞簡太后陵請以坤陵爲名。」從之。初卜山陵，帝欲祔於代州武皇陵，奏議：「天子以四海爲家，不當分其南北。」乃於壽安縣界別卜是陵。案五代會要載中書門下奏議云：「人君以四海爲家，不當分其南北。洛陽是帝王之宅，四時朝拜，禮須便近，不能遠幸代州。今漢朝諸陵，皆近秦雍；國朝陵寢，布列京畿。後魏文帝自代遷洛之後，園陵皆在河南，兼敕功臣之家，不許北葬，今魏氏諸陵尚在京畿。祔葬代州，理未爲允。」從之。

丙子，以前翰林學士、户部侍郎馮道依前本官充職。戊寅，西征之師入大散關，案九國志趙廷隱傳云：自入敵境，即禁兵士焚廬舍，剽財物，蜀人德之。（舊五代史考異）僞命鳳州節度使王承捷、故鎮屯駐指揮使唐景思次第迎降，得兵一萬二千、軍儲四十萬。又下三泉，得軍儲三十餘萬。自是師無匱乏，軍聲大振。辛巳，僞興州刺史王承鑒、成州刺史王承朴棄城遁去，康延孝大破蜀軍於三泉。時王衍將幸秦州，以其軍五萬屯於利州。聞我師至，遣步騎三萬逆戰於三泉，延孝與李嚴以勁騎三千擊之，蜀軍大敗，斬首五千級，餘衆奔潰。王衍聞敗，自利州奔歸成都，斷吉柏津案：通鑑作桔柏，考歐陽史亦作吉柏，今仍其舊。（舊五代史考異）浮梁而去。丁亥，文武百官上表，以貞簡皇太后靈駕發引，請車駕不至山陵所。戊子，葬貞簡太后於坤陵。己丑，魏王繼岌至興州，僞東川節度使宋光葆以梓、綿、劍、龍、普五州來降，武定軍使王承肇以洋、蓬、壁三州來降〔一五〕，興元節度使王宗威以梁、開、通、渠、麟五州來降〔一六〕，階州刺史王承岳納符印請命，秦州節度使王承休王承休，原本作「成休」，今據通鑑及十國春秋改正。（影庫本粘籤）棄城自扶州路奔於西川。案太平廣記引王氏見聞記云：王承休握鋭兵於天水，兵刃不舉。既知東軍入蜀，遂擁麾下之師及婦女孩幼萬餘口、金銀繒帛，於西蕃買路歸蜀。沿路爲西蕃擄奪〔一七〕，凍餓相踐而死，迨至蜀，存者百餘人，唯與田宗汭等脱身而至。魏王使人問之曰：「親握重兵，何得不戰？」曰：「畏大王神武，不敢當其鋒。」曰：「何不早降？」曰：「蓋緣王師不入封部，無門納款。」曰：「初入蕃部幾許人？」曰：「萬餘口。」「今存者幾何？」曰：「纔及百數。」魏王曰：「汝可償萬人之命。」遂斬之。（舊五代史考異）

十一月庚寅朔，帝幸壽安，號慟於坤陵。戊戌，以振武節度使朱守殷爲兗州節度使。徐州、鄴都上言，十月二十五日夜，地大震。康延孝至利州，修吉柏津浮梁。僞昭武軍節度使林思諤來降。案：原本作「世諤」，今據通鑑、十國春秋改正。（舊五代史考異）辛丑，魏王過利州，帝賜王衍詔，諭以禍福。甲辰，魏王至劍州，僞武信軍節度使王宗壽以遂、合、渝、瀘、昌五州來降〔一八〕。案九國志王宗壽傳：王衍時爲武信軍節度使，唐師入境，郭崇韜遣使遺宗壽書，宗壽不納，聞衍降，乃治裝赴闕。歐陽史蜀世家亦言，宗壽獨不降，聞衍已銜璧，大慟，從衍東遷〔一九〕。據薛史，則王衍未送款，宗壽已降矣，與九國志異。丁未，高麗國遣使貢方物。康延孝、李嚴至漢州，王衍遣人送牛酒請降，李嚴遂先入成都。戊申，祔貞簡皇太后神主於太廟。

己酉，魏王至綿州，王衍遣使上牋歸命。庚戌，皇弟鄆州節度使存霸、滑州節度使存渥、左金吾大將軍晉州節度使存乂、邢州節度使存紀，並授起復雲麾將軍、右金吾大將軍同正。荆南節度使高季興奏，收復歸、夔、忠等州。辛亥，魏王至德陽。僞六軍使王宗弼報，王衍舉家遷於西宅，宗弼權稱西川兵馬留後；又報僞樞密使宋光嗣、景潤澄、宣徽使李周輅、歐陽晃同有異謀，宣徽使，原本作「宣崇」，今據十國春秋改正。（影庫本粘籤）惑亂蜀主，已梟斬訖。案九國志王宗弼傳：唐師陷鳳州，衍遣三招討屯三泉以拒唐師，未戰，三招討俱遁走，因令宗弼守綿谷而誅三招討，宗弼遂與三招討同送款於魏王。乃還成都，斬宋光嗣等，函首送於魏王，遷衍及母妻於西宮。通鑑作李嚴至成都，宗弼猶乘城爲守備，與九國志異。壬子，王衍遣使上表請降。癸丑，以吳越國馬步統軍使、檢校太傅錢元球爲檢校太尉、守侍中，充靜海軍節度使。乙卯，魏王至西川城北。丙辰，蜀主王衍出降，語在衍傳。案：王衍出降在十一月丙辰，通鑑與薛史同，歐陽史作己酉，蓋據其上牋歸命之日而先書之，其實己酉唐師尚在綿州，未入成都也。五代春秋作十二月，蜀王衍降，尤誤。丁巳，大軍入成都，法令嚴峻，市不易肆。自興師凡七十五日蜀平，得兵士三萬〔二〇〕、兵仗七百萬、糧三百五十三萬〔二一〕、錢一百九十二萬貫〔二二〕、金銀共二十二萬兩、珠玉犀象二萬、紋錦綾羅五十萬，得節度州十、郡六十四、縣二百四十九。己丑，禮儀使奏：「貞簡皇太后升祔禮畢，一應宗廟伎樂及諸祀並請仍舊。」從之。

十二月壬戌，以前雲州節度使李存敬爲同州節度使，以同州節度使、檢校太保、同平章事李令德爲遂州節度使，以邠州節度使、檢校太保董璋爲劍南東川節度副大使、知節度事，以華州節度使毛璋爲邠州節度使，以左金吾大將軍史敬鎔爲華州節度使。丁卯，以武寧軍節度副使李紹文爲洋州觀察留後〔二三〕。庚午，宴諸王武臣於長春殿，始用樂。始用樂，原本作「紹用」，今據文改正。（影庫本粘籤）丙子，以北京副留守、知留守事、太原尹孟知祥爲檢校太傅、同平章事、成都尹、劍南西川節度副大使、知節度事、西山八國雲南都招撫等使〔二四〕；以户部尚書王正言爲檢校吏部尚書、守興唐尹，充鄴都副留守；以鄴都副留守、興唐尹張憲檢校吏部尚書、太原尹，充北京副留守、知留守事。

己卯，以臘辰狩於白沙，皇后、皇子、宮人畢從。庚辰，次伊闕。辛巳，次潭泊。壬午〔二五〕，次龕澗。案：原本「潭泊」訛「覃泊」，「龕澗」訛「寵澗」，今並從通鑑改正。（舊五代史考異）

癸未，還宮。是時，大雪苦寒，吏士有凍踣於路者。伊汝之民，飢乏尤甚，衛兵所至，責其供餉，既不能給，因壞其什器，撤其廬舍而焚之，甚於剽劫。縣吏畏恐，竄避於山谷間。甲申，出御札示中書門下，以今歲水災異常，所在人户流徙，以避徵賦，關市之征，抽納繁碎，宜令宰臣商量條奏。丙戌，第三姑宋氏封義寧大長公主，長姊孟氏封瓊華長公主，案：通鑑以瓊華爲克讓女，則莊宗之從姊也〔二六〕。隆平集、東都事略孟昶傳並云：父知祥，尚唐莊宗妹。俱與薛史異。（舊五代史考異）第十一妹張氏封瑤英長公主。

閏十二月甲午〔二七〕，賜中書門下詔曰：

朕聞古先哲王，臨御天下，上則以無偏無黨爲至治，次則以足食足兵爲遠謀，緬惟前修，誠可師範。朕纂承鳳曆，嗣守鴻圖，三載於茲，萬機是總，非不知五兵未弭，兆庶多艱，蓋賴卿等寅亮居懷，康濟爲務，冀盡賦輿之理〔二八〕，洞詢盍徹之規。今則潛按方區，備聆謡俗，或力役罕均其勞逸，或賦租莫辨於後先，但以督促爲名，煩苛不已。被甲胄者何嘗充給，趨朝省者轉困支持，州閭之貨殖全疎，天地之災祥屢應。以至星辰越度，越度，原本作「越展」，今據文改正。（影庫本粘籤）旱澇不時，農桑失業於丘園，道殣相望於郊野，生靈及此，寢食寧遑，豈非朕德政未孚，焦勞自掇者耶〔二九〕！

朕昨親援毫翰，軫念瘡痍，一則詢爾謀猷，一則表予宵旰，未披來奏，轉撓於懷，敢不翼翼罪躬，乾乾軫慮。咨爾四岳，弼予一人，何不舉賢才，裨寡昧。百辟之內，羣后之間，莫不有盡忠者被掩其能，抱器者艱陳其力。或草澤有遺逸之士，山林多屈滯之人，爾所不知，吾將安訪。卿等位尊調鼎，名顯代天，既逢不諱之朝，何悋由衷之説〔三〇〕，當宜歷告中外，急訪英髦。應在任及前資文武官已下〔三一〕，至草澤之士，有濟國治民、除姦革弊者，並宜各獻封章，朕當選擇施行。其近宣御札，亦告諭內外，體朕意焉。

是時，兩河大水，户口流亡者十四五，都下供饋不充，軍士乏食，乃有鬻子去妻，老弱採拾於野，殍踣於行路者。州郡飛輓，旋給京師，租庸使孔謙日於上東門外佇望其來，上東門，原本作「尚東門」，據通鑑注云：洛城東面三門，中曰建春，左曰上東，右曰永通。今改正。（影庫本粘籤）算而給之。加以所在泥潦，輦運艱難，愁歎之聲，盈於道路，四方地震，天象乖越。帝深憂之，問所司濟贍之術。孔謙比以吏進，故無保邦濟民之要務，唯以急刻賦斂爲事。樞密承旨段徊奏曰：「臣見本朝時或遇歲時災歉，國用不足〔三二〕，天子將求經濟之要，則內出朱書御札，以訪宰臣，請陛下依此故事行之。」即命學士草詞，帝親札以訪宰臣，非帝憂民之實也。時宰相豆盧革等依阿狥旨，竟無所陳，但云：「陛下威德冠天下，今西蜀平定，珍寶甚多，可以給軍。水旱作沴，天之常道，不足以貽聖憂。」中官李紹宏奏曰：「俟魏王旋軍之後，俟魏王，原本脱「王」字，今據文增入。（影庫本粘籤）若兵額漸多，饋輓難給，請且幸汴州，以便漕輓。」時羣臣獻議者亦多，大較詞理迂闊，不中時病。唯吏部尚書李琪引古田租之法，從權救弊之道，上疏言之，帝優詔以奬之。

丁酉，詔僞蜀私署官員等：「惟名與器，不可假人，況是遐僻偏方，僭竊僞署，因時亂而濫稱名位，歸國體而悉合削除。但恐當本朝屯否之時，有歷代簪纓之士，既陷彼土，遂授僞官。又慮有曾受本朝渥恩，當時已居班秩，須爲升降，不可通同。應僞署官至太師、太傅及三少，并太尉、司徒、司空、侍中、中書令、左右僕射已上，並宜降至六尚書，臨時更約僞署高低爲六行次第。階至開府、特進、金紫者，宜令文班降至朝散大夫，武班降至銀青。爵僞署將相已上與開國男〔三三〕，餘並不得更稱封爵。其有功臣者削去。案：此句疑有脱誤，據五代會要作其有功臣名號，並宜削去。如是僞署節鎮，伐罪之初，率先向化及立功效者，宜委繼岌、崇韜臨時奬任。其刺史但許稱使君，不得更有檢校官〔三四〕。其僞署班行正官四品已上〔三五〕，酌此降黜。五品已下，如不曾經本朝授官，若材智有聞，即許於府縣中量材任使；如無材智可録，如無材智可録，原本脱「無」字，今據五代會要增入。（影庫本粘籤）止是蜀地土人，並宜放歸田里。如是西班有稱統軍、上將軍者，案：原本作「兩班」，今據五代會要改正。（舊五代史考異）若是本朝功臣子孫及將相之嗣，並據人材高下，與諸衞小將軍、府卒〔三六〕、中郎將，次第授任。如是小將軍已下，據人材堪任使者，宜委西川節度使補衙前、押衙〔三七〕；不堪任使者，亦宜放歸田里。應已前降官，除軍前量事迹任使外，餘並稱前銜，候朝廷續據才行任使。」

庚子，彰武保大等節度使高萬興卒。甲辰，淮南楊溥遣使朝貢。乙巳，以晉州節度使李存乂爲鄜州節度使，以相州刺史李存確爲晉州節度使。丙午，兩省諫官上疏，請車駕不巡幸汴州，凡三上章，乃允。庚戌，魏王繼岌奏，遣秦州副使徐藹齎書招諭南詔蠻。又奏，點到兩川馬九千五百三十匹。案清異録：莊宗滅梁平蜀，志頗自逸，命蜀匠織十幅無縫錦爲被材。被成，賜名「六合被」。（舊五代史考異）辛亥，制皇第二弟存霸可封永王，第三弟存美可封邕王，第四弟存渥可封申王，第五弟存乂可封睦王，第六弟存確可封通王，第七弟存紀可封雅王。案：原本作「睢王」，考通鑑及歐陽史皆作雅王，薛史宗室傳亦作雅王，今改正。（舊五代史考異）是歲，日傍有背氣，凡十三。永樂大典卷七千一百五十七。

校勘記

〔一〕以尚書左丞歸藹爲刑部侍郎　「左」，本書卷六八歸藹傳、册府卷八六六作「右」。「歸藹」，原作「歸靄」，據殿本、劉本、孔本、邵本、彭本改。按本書卷六八有歸藹傳。影庫本粘籤：「歸藹，原本作『歸藹』，今據通鑑改正。」今檢通鑑未記此人。

〔二〕己酉　按是月辛酉朔，無己酉。此事繫於甲申、己丑之間，或爲乙酉。

〔三〕位極驕奢　「極」，册府卷一二三作「處」。

〔四〕任居統制　「居」，原作「君」，據劉本、邵本、彭本、册府卷一二三改。

〔五〕盜據劍南之土宇　「劍南」，册府卷一二三作「山南」。

〔六〕全虧閫外之忳誠　「忳誠」，孔本、册府卷一二三作「臣誠」。

〔七〕彼既曾馳書幣　「曾」，原作「會」，據册府卷一二三改。

〔八〕朕頃遵崇遺訓　「崇」字原闕，據册府卷一二三補。

〔九〕朋比奸邪　「邪」，原作「雄」，據册府卷一二三改。

〔一〇〕在人祇之共憤　「人」，原作「神」，據册府卷一二三改。

〔一一〕鳳翔節度使李曮充都供軍轉運應接等使　「都」字原闕，據册府卷一二三、通鑑卷二七三補。

〔一二〕陝府節度使李紹琛充行營蕃漢馬步軍都排陣斬斫使　句下册府卷一二三、通鑑卷二七三有「兼馬步軍都指揮使」八字。

〔一三〕總領闕下諸軍兼四面諸道馬步兵士　「士」，原作「事」，據殿本、册府卷一二三改。

〔一四〕奉皇太后尊謚寶册赴西宮靈座　「西宮」，原作「西京」，據劉本、邵本校及本卷上文改。

〔一五〕武定軍使王承肇以洋蓬壁三州來降　「洋蓬壁」，原作「達蓬璧」，據本書卷五一魏王繼岌傳、册府卷二九一、通鑑卷二七三改。按太平寰宇記卷一三七記達州，唐爲通州，宋乾德二年始改爲達州；又據同書卷一四〇，山南西道有壁州。

〔一六〕興元節度使王宗威以梁開通渠麟五州來降　通鑑卷二七三胡注：「渠州潾山縣，唐武德元年置潾州，八年州廢，以潾山縣屬渠州；當是蜀復置潾州也。『麟』當作『潾』。」

〔一七〕沿路爲西蕃擄奪　「西蕃」，太平廣記卷二四一引王氏聞見録作「左衽」。

〔一八〕僞武信軍節度使王宗壽以遂合渝瀘昌五州來降　「昌」，原作「忠」，據通鑑卷二七四改。按新唐書卷六八方鎮表五：「（乾寧四年）置武信軍節度使，領遂、合、昌、渝、瀘五州。」

〔一九〕歐陽史蜀世家亦言宗壽獨不降聞衍已銜璧大慟從衍東遷　以上二十四字原闕，據殿本考證補。

〔二〇〕得兵士三萬　「三萬」，册府卷二〇作「一十三萬」，新五代史卷二四郭崇韜傳作「三十萬」。

〔二一〕糧三百五十三萬　「三百五十三萬」，册府卷二〇、新五代史卷二四郭崇韜傳作「二百五十三萬」。

〔二二〕錢一百九十二萬貫　「一百九十二萬」，册府卷二〇作「一百九十三萬」。

〔二三〕以武寧軍節度副使李紹文爲洋州觀察留後　「洋州」，原作「兗州」，據本書卷三四唐莊宗紀八、卷五九李紹文傳改。

〔二四〕以北京副留守知留守事太原尹孟知祥爲檢校太傅同平章事成都尹劍南西川節度副大使知節

度事西山八國雲南都招撫等使　「北京副留守知留守事」，原作「北京副留守事」，據册府（宋本）卷八六五改。殿本作「北京副留守」。

〔二五〕壬午　原作「壬寅」，據殿本、通鑑卷二七四改。按是月庚申朔，無壬寅，壬午爲二十三日。

〔二六〕則莊宗之從姊也　「莊宗」，原作「莊公」，據殿本考證改。

〔二七〕閏十二月甲午　「閏」字原闕，據殿本、册府卷一〇三補。按十二月庚申朔，無甲午，閏十二月己丑朔，甲午爲初六。

〔二八〕冀盡賦輿之理　「賦」，原作「數」，據册府卷一〇三改。

〔二九〕焦勞自掇者耶　「掇」，原作「拙」，據册府卷一〇三改。

〔三〇〕何悋由衷之説　「悋」，原作「怯」，據殿本、劉本、邵本、彭本、册府卷一〇三改。影庫本批校：「『怯』應作『悋』。」

〔三一〕應在任及前資文武官已下　「任」，原作「仕」，據册府卷一〇三改。

〔三二〕國用不足　「用」，原作「費」，據通鑑卷二六三胡注引薛史改。

〔三三〕爵僞署將相已上與開國男　「上」，原作「下」，據五代會要卷一七改。「開國男」下五代會要卷一七有「三百户」三字。

〔三四〕不得更有檢校官　「檢校官」，五代會要卷一七作「檢校及兼官」。

〔三五〕其僞署班行正官四品已上　「官」字原闕，據五代會要卷一七補。

〔三六〕府率　五代會要卷一七作「率府副率」。

〔三七〕宜委西川節度使補衙前押衙　「補衙前」，原作「衙前補」，據五代會要卷一七改。

舊五代史卷三十四

唐書十

莊宗紀第八

同光四年春正月戊午朔，帝不受朝賀。契丹寇渤海。壬戌，壬戌，原本作「丙戌」，據上文爲戊午朔，下文有癸亥、甲子，不得先敘丙戌。歐陽史作壬戌，降死罪以下囚。今改正。（影庫本粘籤）詔以去歲災沴，物價騰踊，自今月三日後避正殿，減膳撤樂，以答天譴。應去年遭水災州縣，秋夏稅賦並與放免。自壬午年已前所欠殘稅及諸色課利，已有敕命放免者，尚聞所在却有徵收，宜令租庸司切準前敕處分。應京畿內人户，有停貯斛斗者，並令減價出糶，如不遵行，當令檢括。西川王衍父子僞署將相官吏〔一〕，除已行刑憲外，一切釋放。天下禁囚，除十惡五逆、官典犯贓、屠牛鑄錢〔二〕、放火劫舍、持刃殺人，準律常赦不原外，應合抵極刑者，遞降一等。其餘罪犯，悉與減降。逃背軍健，並放逐便。

癸亥，河中節度使李繼麟來朝。諸州上言，準宣，爲去年十月地震，集僧道起消災道場。甲子，魏王繼岌殺樞密使郭崇韜於西川，夷其族。丙寅，百官上表，請復常膳〔三〕，凡三上表，乃允之。西川行營都監李廷安進西川樂官進西川樂官，原本脱「西」字，今據文增入。（影庫本粘籤）二百九十八人。契丹寇女真、渤海。戊寅，契丹阿保機遣使貢良馬。庚辰，帝異母弟鄜州節度使存乂伏誅。存乂，郭崇韜之子壻也，故亦及於禍。是日，以河中節度使、守太師、兼尚書令、西平王李繼麟爲滑州節度使，尋令朱守殷以兵圍其第，案：歐陽史作圍其館，胡三省云：歐陽史蓋謂朱友謙無私第在洛陽也。據雲谷雜記，唐末藩鎮入朝，館舍皆稱邸第，似無庸更易其字，通鑑仍從薛史作「第」。（舊五代史考異）誅之，夷其族。辛巳，吐渾、奚各遣使貢馬。鎮州上言，部民凍死者七千二百六十人。又奏，準宣，進花果樹栽及抽樂人梅審鐸赴京〔四〕。甲申，以鄆州節度使、永王存霸爲河中節度使，以滑州節度使、申王存渥爲鄆州節度使。乙酉，內人景姹上言：「昭宗遇難之時，皇屬千餘人同時遇害，爲三穴瘞於宮城西古龍興寺北，請改葬。」從之，仍詔河南府監護其事。丙戌，迴鶻可汗阿咄欲遣使貢良馬。鎮州上言，平棘等四縣部民，餓死者二千五十人。丁亥，詔朱友謙同惡人史武等七人，已當國法，並籍没家產。武等友謙舊將，時皆爲刺史，並以無罪族誅。案通鑑云：友謙舊將史武等七人，時爲刺史，皆坐族誅。蓋以薛史爲據，於七人姓名不爲全載。考歐陽史，丁亥，殺李繼麟之將史武、薛敬容、周唐殷、楊師太、王景、來仁、白奉國，滅其族〔五〕。可補薛史所未備。

二月己丑，以宣徽南院使、南院，原本作「北院」，考歐陽史及通鑑俱作「南院」，今改正。（影庫本粘籤）知内侍省、兼内勾、特進、右領軍衛上將軍李紹宏爲驃騎大將軍、守左武衛上將軍、知内侍省，充樞密使。甲午，以鄭州刺史李紹奇爲河陽節度使。以樂人景進爲銀青光禄大夫、檢校右散騎常侍、守御史大夫。進以俳優嬖幸，善采訪閭巷鄙細事以啓奏，復密求妓媵以進，恩寵特厚，魏州錢穀諸務，及招兵市馬，悉委進監臨。孔謙附之以希寵，常呼爲「八哥」。諸軍左右無不托附，至於士人，亦有因之而求仕進者。每入言事，左右紛然屏退，惟以陷害熒惑爲意焉。是日，帝幸冷泉校獵。乙未，宰臣豆盧革上言，請支州縣官實俸，以責課效。

丙申，武德使史彦瓊自鄴馳報稱：「今月六日，貝州屯駐兵士突入都城，剽劫坊市。」十一月初，帝令魏博指揮使楊仁晸率兵戍瓦橋，至是代歸，有詔令駐於貝州。上歲天下大水，十月鄴地大震，自是居人或有亡去他郡者，每日族談巷語，云：「城將亂矣！」人人恐悚，皆不自安。十二月，以户部尚書王正言爲興唐尹，爲興唐尹，原本脱「唐」字，今據列傳增入。（影庫本粘籤）知留守事。正言年耄風病，事多忽忘，比無經治之才。武德使史彦瓊者，以伶官得幸，帝待以腹心之任，都府之中，威福自我，正言以下，皆脅肩低首，曲事不暇。由是政無統攝，姦人得以窺圖。洎郭崇韜伏誅，人未測其禍始，皆云：「崇韜已殺繼岌，自王西川，故盡誅郭氏。」先是，有密詔令史彥瓊殺朱友謙之子澶州刺史建徽。史彥瓊夜半出城，不言所往。詰旦，閽報正言曰：「史武德夜半馳馬而去，不知何往。」是日，人情震駭，訛言云：「劉皇后以繼岌死於蜀，已行弒逆，帝已晏駕，故急徵彥瓊。」其言播於鄴市，貝州軍士有私寧親於都下者，掠此言傳於貝州。軍士皇甫暉等因夜聚蒱博不勝，遂作亂，劫都將楊仁晸曰：「我輩十有餘年爲國家効命，甲不離體，已至吞併天下，主上未垂恩澤，翻有猜嫌。防戍邊遠，經年離阻鄉國，及得代歸，去家咫尺，不令與家屬相見。今聞皇后弒逆，京邑已亂，將士各欲歸府寧親，請公同行。」仁晸曰：「汝等何謀之過耶！今英主在上，天下一家，從駕精兵不下百萬，西平巴蜀，威振華夷，公等各有家族，何事如此！」軍人乃抽戈露刃環仁晸曰：「三軍怨怒，咸欲謀反，苟不聽從，須至無禮。」仁晸曰：「吾非不知此，但丈夫舉事，須計萬全。」軍人即斬仁晸。裨將趙在禮聞軍亂，衣不及帶，將踰垣而遁，亂兵追及，白刃環之曰：「公能爲帥否？否則頭隨刃落！」在禮懼，即曰：「吾能爲之。」衆遂呼譟，中夜燔劫貝郡。詰旦，擁在禮趨臨清，剽永濟、館陶。永濟，原本作「求齊」，今據通鑑改正。（影庫本粘籤）五日晚，有自貝州來者，言亂兵將犯都城，都巡檢使孫鐸等急趨史彥瓊之第，告曰：「賊將至矣，請給鎧仗，登陴拒守。」彥瓊曰：「今日賊至臨清，計程六日方至，爲備未晚。」孫鐸曰：「賊來寇我，必倍道兼行，一朝失機，悔將何及！請僕射率衆登陴，鐸以勁兵千人伏於王莽河逆擊之，賊既挫勢，須至離潰，然後可以剪除。如俟其凶徒薄於城下，必慮奸人內應，則事未可測也。」彥瓊曰：「但訓士守城，何須即戰。」時彥瓊疑孫鐸等有他志，故拒之。是夜三更，賊果攻北門，彥瓊時以部衆在北門樓，聞賊呼譟，即時驚潰。彥瓊單騎奔京師。遲明，亂軍入城，孫鐸與之巷戰，不勝，攜其母自水門而出，獲免。晡晚，趙在禮引諸軍據宮城，宮城，原本作「官城」，通鑑作宮城，胡三省注云：帝即位于魏州，以牙城爲宮城。今改正。（影庫本粘籤）署皇甫暉、趙進等爲都虞候、斬斫使，案九國志趙進傳云：莊宗入洛，猶行遣屯，廩祿既薄，又不時給，士卒多怨憤，思亂者十七。同光末，進與本軍皇甫暉等共推趙在禮相率夜犯鄴城，鄴中士卒莫有鬬志，進等因陷其城。未踰旬，兵數萬。在禮署進銜內都虞候、三城巡檢使。通鑑作趙在禮據宮城，署皇甫暉及軍校趙進爲馬步都指揮使。與九國志異。諸軍大掠。興唐尹王正言謁在禮，望塵再拜。是日，衆推在禮爲兵馬留後，草奏以聞。帝怒，命宋州節度使元行欽率騎三千赴鄴都招撫，詔徵諸道之師進討。

丁酉，淮南楊溥遣使賀平蜀。己亥，魏王繼岌奏，康延孝擁衆反，迴寇西川。遣副招討使任圜率兵追討次。庚子，福建節度副使王延翰奏，節度使王審知委權知軍府事。邢州左右步直軍四百人據城叛，步直，原本作「徒直」，通鑑作步直，胡三省注云：步直，謂步兵長直者也。今改正。（影庫本粘籤）推軍校趙太爲留後，詔東北面副招討使李紹真率兵討之。辛丑，元行欽至鄴都，進攻南門，以詔書招諭城中，趙在禮獻羊酒勞軍，登城遥拜行欽曰：「將士經年離隔父母，不取敕旨歸寧，上貽聖憂，追悔何及！儻公善爲敷奏，俾從涣汗，某等亦不敢不改過自新。」行欽曰：「上以汝輩有社稷功，必行赦宥。」因以詔書諭之。皇甫暉聚衆大詬，即壞詔。行欽以聞，帝怒曰：「收城之日，勿遺噍類！」壬寅，行欽自鄴退軍，保澶州。甲辰，從馬直宿衛軍士王温等五人夜半謀亂，殺本軍使，爲衛兵所擒，磔於本軍之門。丙午，以右散騎常侍韓彦惲爲户部侍郎。丁未，鄴都行營招撫使元行欽率諸道之師再攻鄴都。戊申，以洋州留後李紹文爲夔州節度使。詔河中節度使、永王存霸歸藩。己酉，以樞密使宋唐玉爲特進[六]、左威衛上將軍，充宣徽南院使。

庚戌，諸軍大集於鄴都，進攻其城，不克。行欽又大治攻具。城中知其無赦，晝夜爲備。朝廷聞之益恐，連發中使促繼岌西征之師。繼岌以康延孝據漢州，中軍之士從任圜進討，繼岌端居利州，利州，原本作「則州」，今據十國春秋改正。（影庫本粘籤）不獲東歸。是日，飛龍使顔思威部署西川宮人至。辛亥，淮南楊溥遣使貢方物。西京上言，客省使李嚴押蜀主王衍至本府。壬子，以守太尉、中書令、河南尹、兼河陽節度使、齊王張全義爲檢校太師、兼尚書令，充許州節度使。東川董璋奏，準詔誅遂州節度使李令德於本州，夷其族。癸丑，湖南馬殷奏，湖南馬殷，原本脱「馬」字，今據文增入。（影庫本粘籤）福建節度使王審知疾甚，副使王延翰已權知軍府事，請降旄節。司天監上言：自二月上旬後，晝夜陰雲，不見天象，自二十六日方晴，至月終，星辰無變。以右衛上將軍朱漢賓知河南府事。

甲辰〔七〕，命蕃漢總管李嗣源統親軍赴鄴都，以討趙在禮。帝素倚愛元行欽，鄴城軍亂，即命爲行營招討使，久而無功。時趙太據邢州，王景戡據滄州，自爲留後，河朔郡邑多殺長吏。帝欲親征，樞密使與宰臣奏言：「京師者，天下根本，雖四方有變，陛下宜居中以制之，但命將出征，無煩躬御士伍。」帝曰：「紹榮討亂未有成功，繼岌之軍尚留巴漢，餘無可將者，斷在自行。」樞密使李紹宏等奏曰：「陛下以謀臣猛將取天下，今一州之亂而云無可將者，何也？總管李嗣源是陛下宗臣，創業已來，艱難百戰，何城不下，何賊不平，威略之名，振於夷夏，以臣等籌之，若委以專征，鄴城之寇不足平也。」帝素寬大容納，無疑於物，自誅郭崇韜、朱友謙之後，閹宦伶官交相讒諂，邦國大事皆聽其謀，繇是漸多猜惑，不欲大臣典兵，既聞奏議，乃曰：「予惜嗣源侍衛，卿當擇其次者。」又奏曰：「以臣等料之，非嗣源不可。」河南尹張全義亦奏云：「河朔多事，久則患生，宜令總管進兵。如倚李紹榮輩，未見其功。」帝乃命嗣源行營。是日，延州知州白彥琛奏，綏、銀兵士剽州城謀叛。綏、銀，原本作「經銀」，據通鑑注云：綏、銀爲夏州所屬。今改正。（影庫本粘籤）魏王繼岌傳送郭崇韜父子首函至闕下〔八〕，詔張全義收瘞之。乙巳，以右武衛上將軍李肅爲安邑解縣兩池榷鹽使，以吏部尚書李琪爲國計使。

三月丁未朔，案：通鑑作丁巳朔，與薛史異。李紹真奏，收復邢州，擒賊首趙太等二十一人，狥於鄴都城下，皆磔於軍門。庚戌，李紹真自邢州赴鄴都城下。案：通鑑作庚申，李紹真引兵至鄴都，營於城西北，以太等狥於鄴城下而殺之。與薛史異。辛亥〔九〕，以威武軍節度副使、福建管内都指揮使、檢校太傅、守江州刺史王延翰爲福建節度使，依前檢校太傅。壬子，李嗣源領軍至鄴都，營於西南隅。甲寅，進營於觀音門外，下令諸軍，詰旦攻城。是夜，城下軍亂，案：通鑑作壬戌，李嗣源至鄴都，甲子夜，軍亂。考異引莊宗實録作壬戌，至鄴都，癸亥夜，軍士張破敗作亂。與薛史異日，通鑑從薛史。（舊五代史考異）迫嗣源爲帝。遲明，亂軍擁嗣源及霍彦威入於鄴城，復爲皇甫暉等所脅〔一〇〕，嗣源以詭詞得出，詭詞，原本作「詭記」，今據文改正。（影庫本粘籤）夜分至魏縣。時嗣源遥領鎮州，詰旦，議欲歸藩，上章請罪，安重誨以爲不可，語在明宗紀中。翌日，遂次於相州。元行欽部下兵退保衛州，以飛語上奏，嗣源一日之中遣使上章申理者數四。帝遣嗣源子從審案：從審，歐陽史作從璟。考通鑑，從審自衛州歸莊宗，賜名繼璟，與歐陽史異。與中使白從訓賫詔以諭嗣源，行至衛州，從審爲元行欽所械，不得達。是日，西面行營副招討使任圜奏，收復漢州，擒逆賊康延孝。

丙辰〔一一〕，荆南高季興上言，請割峽内夔、忠、萬等三州却歸當道，依舊管係，又請雲安監。初，將議伐蜀，詔高季興令率本軍上峽，自收元管屬郡。軍未進，夔、忠、萬三州已降，季興數請之，因賂劉皇后及宰臣樞密使，內外叶附，乃俞其請。戊午〔二〕，詔河南府預借今年夏秋租稅〔三〕。時年飢民困，百姓不勝其酷，京畿之民，多號泣於路，議者以爲劉盆子復生矣。庚申，詔潞州節度使孔勍赴闕，以右龍虎統軍安崇阮權知潞州。是日，忠武軍節度使、齊王張全義薨。壬戌，宰臣豆盧革率百官上表，以魏博軍變，請出內府金帛優給將士。不報。時知星者上言：「客星犯天庫，宜散府藏。」又云：「流星犯天棓，主御前有急兵。」帝召宰臣於便殿，皇后出宮中粧奩、銀盆各二，并皇子滿哥三人，滿哥，原本作「蒲哥」，今據歐陽史家人傳改正。（影庫本粘籤）謂宰臣曰：「外人謂內府金寶無數，向者諸侯貢獻旋供賜與，今宮中有者，粧奩、嬰孺而已，可鬻之給軍。」革等惶恐而退。癸亥，以僞置昭武軍節度使林思諤爲閬州刺史。是日，出錢帛給賜諸軍，兩樞密使及宋唐玉、景進等各貢助軍錢幣。是時，軍士之家乏食，婦女掇蔬於野，及優給軍人，皆負物而詬曰：「吾妻子已殍矣，用此奚爲！」甲子〔四〕，元行欽自衞州率部下兵士歸，帝幸耀店以勞之。案：通鑑作鷂店，胡三省注云：薛史作耀店。今仍其舊。（舊五代史考異）西川輦運金銀四十萬至闕，分給將士有差。元行欽請車駕幸汴州，帝將發京師，遣中官向延嗣馳詔所在誅蜀主王衍，仍夷其族。

乙丑，車駕發京師。戊辰，遣元行欽將騎軍沿河東向。壬申，帝至滎澤，以龍驤馬軍八百騎爲前軍，遣姚彦温董之，彦温行至中牟，率所部奔於汴州。時潘環守王村寨，有積粟數萬，亦奔汴州。是時，李嗣源已入於汴，帝聞諸軍離散，精神沮喪，至萬勝鎮即命旋師。登路旁荒塚，置酒，視諸將流涕。俄有野人進雉，因問塚名，對曰：「里人相傳爲愁臺。」帝彌不悦，罷酒而去。是夜，次汜水。初，帝東出關，從駕兵二萬五千，及復至汜水，已失萬餘騎。乃留秦州都指揮使張瑭以步騎三千守關〔一五〕。帝過罌子谷，罌子谷，原本作「罌子谷」，考舊唐書罌子谷在成皋，通鑑亦作「罌」，今改。（影庫本粘籤）道路險狹，每遇衛士執兵仗者，皆善言撫之曰：「適報魏王繼岌又進納西川金銀五十萬，到京當盡給爾等。」軍士對曰：「陛下賜與太晚，人亦不感聖恩。」帝流涕而已。又索袍帶賜從官，内庫使張容哥對曰：「頒給已盡。」衛士叱容哥曰：「致吾君社稷不保，是此閹豎！」抽刀逐之，或救而獲免。容哥謂同黨曰：「皇后惜物不散，軍人歸罪於吾輩，事若不測，吾輩萬段，願不見此禍。」因投河而死。案隆平集：内臣李承進逮事唐莊宗，太祖嘗問莊宗時事，對曰：「莊宗好畋獵，每次近郊，衛士必控馬首曰：『兒郎輩寒冷，望陛下與救接。』莊宗隨所欲給之，如此者非一。晚年蕭牆之禍，由賞賚無節，威令不行也。」太祖歎曰：「二十年夾河戰爭，不能以軍法約束此輩，誠兒戲。」（舊五代史考異）

甲戌，次石橋，案：通鑑作甲申，次石橋西，與薛史異。歐陽史作甲戌，至自萬勝，與薛史合。帝置酒野次，悲啼不樂，謂元行欽等諸將曰：「鄴下亂離，寇盜蜂起，總管迫於亂軍，存亡未測，今訛言紛擾，朕實無聊。卿等事余已來，富貴急難，無不共之，今茲危蹙，賴爾籌謀，而竟默默無言，坐觀成敗。予在滎澤之日，欲單騎渡河，訪求總管，面爲方略，招撫亂軍，卿等各吐胸襟，共陳利害，今日俾余至此，卿等如何！」元行欽等百餘人垂泣而奏曰：「臣本小人，蒙陛下撫養，位極將相，危難之時，不能立功報主，雖死無以塞責，乞申後効，以報國恩。」於是百餘人皆援刀截髮，置髻於地〔一六〕，以斷首自誓，上下無不悲號，識者以爲不祥。是日，西京留守張筠部署西征兵士到京，見於上東門外。晡晚，帝還宮。初，帝在汜水，衞兵散走，京師恐駭不寧，及帝至，人情稍安。乙亥，百官進名起居。安義節度使孔勍奏，點校兵士防城，準詔運糧萬石，進發次。時勍已殺監軍使據城，詭奏也。丙子〔一七〕，樞密使李紹宏與宰相豆盧革、韋說會於中興殿之廊下，商議軍機，因奏：「魏王西征兵士將至，車駕且宜控汜水，宜控汜水，原本作「宜撫汜水」，今從通鑑改正。（影庫本粘籤）以俟魏王。」從之。午時，帝出上東門親閱騎軍，誡以詰旦東幸。申時，還宮。

四月丁丑朔，案：歐陽史及通鑑、五代春秋俱作四月丁亥朔。考遼史，天顯元年即同光四年，亦作四月丁亥朔。唯薛史作丁丑，與諸書異。案：是年正月係戊午朔，三月係丁未朔，則四月朔日自當爲丁丑。蓋薛史據當時實録，其月日有可徵信也〔一八〕。以永王存霸爲北都留守，申王存渥爲河中節度使。是日，車駕將發京師，從駕馬軍陳於宣仁門外〔一九〕，步兵陳於五鳳門外。帝内殿食次，從馬直指揮使郭從謙自本營率所部抽戈露刃，至興教門大呼，與黄甲兩軍引弓射興教門。帝聞其變，自宮中率諸王、近衞禦之，逐亂兵出門。既而焚興教門，緣城而入，登宮牆讙譟，帝御親軍格鬬，殺亂兵數百。俄而帝爲流矢所中，亭午，崩於絳霄殿之廡下，時年四十二〔二〇〕。琬琰集載宋實録王全斌傳云：同光末，蕭牆有變，亂兵逼宮城，近臣宿將，皆釋甲潛遁，惟全斌與符彦卿等十數人居中拒戰。莊宗中流矢，扶掖歸絳霄殿，全斌慟哭而去。東都事略符彦卿傳云：郭從謙之亂，莊宗左右皆引去，惟彦卿力戰，殺十餘人。莊宗崩，彦卿慟哭而去。參考薛史何福進傳，時莊宗親軍，惟彦卿、福進數十而已〔二一〕。是時，帝之左右例皆奔散，唯五坊人善友案：通鑑作鷹坊人善友，胡三省注云：鷹坊，唐時五坊之一也。善，姓也。（舊五代史考異）斂廊下樂器簇於帝尸之上，發火焚之。及明宗入洛，止得其燼骨而已。天成元年七月丁卯，有司上謚曰光聖神閔孝皇帝，廟號莊宗。是月丙子，葬於雍陵。永樂大典卷七千一百五十八。五代史補：莊宗之嗣位也，志在渡河，但恨河東地狹兵少，思欲百練其衆，以取必勝於天下。乃下令曰：「凡出師，騎軍不見賊不許騎馬，或步騎前後已定，不得越軍分以避險惡。其分路並進，期會有處，不得違晷刻。并在路敢言病者，皆斬之。」故三軍懼法而戮力，皆一以當百，故朱梁舉天下而不能禦，卒爲所滅，良有以也。初，莊宗爲公子時〔二二〕，雅好音律，又能自撰曲子詞。其後凡用軍，前後隊伍皆以所撰詞授之，使揭聲而唱，謂之「御製」。至於入陣，不論勝負，馬頭纔轉，則衆歌齊作。故凡所鬭戰，人忘其死，斯亦用軍之一奇也。莊宗好獵，每出，未有不蹂踐苗稼。一旦至中牟，圍合，忽有縣令，忘其姓名，犯圍諫曰：「大凡有國家者，當視民如赤子，性命所繫。陛下以一時之娛，恣其蹂踐，使比屋囂然動溝壑之慮，爲民父母，豈其若是耶！」莊宗大怒，以爲遭縣令所辱，遂叱退，將斬之。伶官鏡新磨者，知其不可，乃與羣伶齊進，挽住令，佯爲詬責曰：「汝爲縣〔二三〕，可以指麾百姓爲兒，既天子好獵，即合多留閑地，安得縱百姓耕鋤皆徧，妨天子鷹犬飛走耶？而又不能自責，更敢咄咄，吾知汝當死罪。」諸伶亦皆嘻笑繼和，於是莊宗默然，其怒少霽，頃之，恕縣令罪。五代史闕文：莊宗嘗因博戲，覩骰子采有暗相輪者，心悅之，乃自置暗箭格，凡博戲並認采之在下者。及同光末，鄴都兵亂，從謙以兵犯興教門，莊宗禦之，中流矢而崩。識者以爲暗箭之應。

史臣曰：莊宗以雄圖而起河汾，以力戰而平汴洛，家讎既雪，國祚中興，雖少康之嗣夏配天，光武之膺圖受命，亦無以加也。然得之孔勞，失之何速？豈不以驕於驟勝，逸於居安，忘櫛沐之艱難，狥色禽之荒樂。外則伶人亂政，內則牝雞司晨。靳吝貨財，激六師之憤怨；徵搜輿賦，竭萬姓之脂膏。大臣無罪以獲誅，衆口吞聲而避禍。夫有一於此，未或不亡，矧咸有之，不亡何待！靜而思之，足以爲萬代之炯誡也。永樂大典卷七千一百五十八。

校勘記

〔一〕西川王衍父子僞署將相官吏　「父子」下原有「及」字，據册府卷九二删。按所放者爲亡蜀官吏，不包括蜀主王衍父子。

〔二〕屠牛鑄錢　「鑄錢」，原作「毁錢」，據册府卷九二改。按顧炎武日知録卷二九：「唐時赦文每曰十惡五逆、火光行劫、持刃殺人、官典犯贜、屠牛鑄錢、合造毒藥不在原赦之限。」

〔三〕請復常膳　「常」，原作「帝」，據邵本校、彭校改。

〔四〕進花果樹栽及抽樂人梅審鐸赴京　「梅審鐸」下册府卷一六九有「等」字。

〔五〕滅其族　以上三字原闕，據殿本、新五代史卷五唐本紀補。

〔六〕以樞密使宋唐玉爲特進　本卷下文：「（三月癸亥）兩樞密使及宋唐玉、景進等各貢助軍錢幣。」則至本年三月，宋唐玉仍非樞密使；又據本書卷三二唐莊宗紀六，同光二年五月記樞密副使宋唐玉齎敕書招撫楊立事，疑「樞密使」係「樞密副使」之訛。

〔七〕甲辰　通鑑卷二七四作「甲寅」。按本月甲辰前已見，庚戌、辛亥、壬子、癸丑之後應是甲寅，作「甲辰」誤。自本日以後至四月朔日，本紀所書干支均較通鑑早十日，新五代史亦同本書，知原文如此。凡本卷下文干支與他書歧異而注文未涉及者，出校以備參考。

〔八〕魏王繼岌傳送郭崇韜父子首函至闕下　「闕」，原作「關」，據殿本、劉本、邵本校改。

〔九〕辛亥　新五代史卷七一十國世家年譜徐無黨注引五代舊史同，九國志卷一〇、通鑑卷二七四作「辛酉」。按是月丁巳朔，無辛亥，辛酉爲初五。

〔一〇〕復爲皇甫暉等所脅　「皇甫暉」下殿本有「趙進」二字。

〔一一〕丙辰　通鑑卷二七五考異引莊宗實録繫高季興請割三州事於三月丙寅。

〔一二〕戊午　通鑑卷二七四作「戊辰」。

〔一三〕詔河南府預借今年夏秋租税　「夏秋」，原作「秋夏」，據殿本、通鑑卷二七四乙正。

〔一四〕甲子　通鑑卷二七四作「甲戌」。下文「乙丑」、「戊辰」、「壬申」，通鑑卷二七四作「乙亥」、「戊寅」、「壬午」。

〔一五〕張瑭　通鑑卷二七四作「張唐」。

〔一六〕置髻於地　「髻」，原作「鬚」，據劉本、邵本校改。

〔一七〕丙子　通鑑卷二七四作「丙戌」。

〔一八〕蓋薛史據當時實録其月日有可徵信也　舊五代史考異卷二作「然薛史明宗紀亦作四月丁亥朔蓋各據莊宗實録明宗實録未及合考」。

〔一九〕宣仁門　原作「寬仁門」，據新五代史卷三七伶官傳、通鑑卷二七五改。按舊唐書卷二〇下哀帝紀：「（天祐二年）延喜門改爲宣仁門。」

〔二〇〕時年四十二　「四十二」，原作「四十三」，據殿本、劉本、通曆卷一三、五代會要卷一、通鑑卷二七五改。按莊宗生于唐光啓元年十月二十二日，至同光四年四月崩，得年四十二。

〔二〕參考薛史何福進傳時莊宗親軍惟彦卿福進數十而已　以上二十二字原闕，據孔本補。

〔三〕莊宗爲公子時　「時」字原闕，據殿本、孔本、五代史補卷二補。

〔三〕汝爲縣　「縣」下原有「令」字，據殿本、孔本、五代史補卷二删。

舊五代史卷三十五　　唐書十一

明宗紀第一

明宗聖德和武欽孝皇帝，諱亶，初名嗣源，及即位，改今諱，代北人也。世事武皇，及其錫姓也，遂編於屬籍。四代祖諱聿，皇贈麟州刺史，天成初，追尊爲孝恭皇帝，廟號惠祖，陵曰遂陵；高祖妣衞國夫人崔氏，追謚爲孝恭昭皇后。三代祖諱教〔一〕，案：原本作「諱敖」，今從五代會要改正。皇贈朔州刺史，追尊爲孝質皇帝，廟號毅祖，陵曰衍陵；曾祖妣趙國夫人張氏，追謚爲孝質順皇后。皇祖諱琰，皇贈蔚州刺史〔二〕，追尊爲孝靖皇帝，廟號烈祖，陵曰奕陵；皇祖妣秦國夫人何氏，追謚爲孝靖穆皇后。皇考諱霓，案歐陽史云：父電，未知孰是。（舊五代史考異）皇贈汾州刺史，追尊爲孝成皇帝，廟號德祖，陵曰慶陵；皇妣宋國夫人劉氏，追謚爲孝成懿皇后。帝即孝成之元子也。以唐咸通丁亥歲九月九日，懿皇后生帝於應州之金城縣〔三〕。

初，孝成事唐獻祖爲愛將，獻祖之失振武，爲吐渾所攻，部下離散，孝成獨奮忠義，解蔚州之圍。武皇之鎮鴈門也，孝成厭代，帝年甫十三，善騎射，獻祖見而撫之曰：「英氣如父，可侍吾左右。」每從圍獵，仰射飛鳥，控弦必中。尋隸武皇帳下，武皇遇上源之難，武皇，原本作「武后」，今據文改正。（影庫本粘籤）將佐罹害者甚衆，帝時年十七，翼武皇踰垣脱難，於亂兵流矢之内，獨無所傷。武皇鎮河東，以帝掌親騎。時李存信爲蕃漢大將，每總兵征討，師多不利，武皇遂選帝副之，所向克捷。

帝嘗宿於鴈門逆旅，媪方娠，不時具饌，媪聞腹中兒語云：「大家至矣，速宜進食。」媪異之，遽起，親奉庖爨甚恭，帝詰之，媪告其故。案北夢瑣言云：帝以媪前倨後恭，詰之，曰：「公貴不可言也。」問其故，具道娠子腹語事，帝曰：「老媪遜言，懼吾辱耳。」後果如其言。（舊五代史考異）帝既壯，雄武獨斷，謙和下士，每有戰功，未嘗自伐。居常唯治兵仗，持廉處靜，晏如也。武皇常試之，召於泉府，命恣其所取，帝唯持束帛數緡而出。凡所賜與，分給部下。常與諸將會，諸將矜衒武勇，帝徐曰：「公輩以口擊賊，吾以手擊賊。」衆慚而止。景福初，黑山戍將王弁據振武叛，帝率其屬攻之，擒弁以獻。

乾寧三年，梁人急攻兖、鄆，鄆帥朱瑄求救於武皇。武皇先遣騎將李承嗣、史儼援之，復遣李存信將兵三萬屯於莘縣。聞汴軍益盛，攻兖甚急，存信遣帝率三百騎而往，敗汴軍於任城，遂解兗州之圍。朱瑾見帝，執手涕謝。其年，魏帥羅弘信背盟，襲破李存信於莘縣，案：原本作「華縣」，今據新唐書藩鎮傳改正。（舊五代史考異）帝奮命殿軍而還，武皇嘉其功，即以所屬五百騎號曰「橫衝都」，侍於帳下，故兩河間目帝爲「李橫衝」。

明年，武皇遣大將軍李嗣昭率師下馬嶺關，馬嶺關，原本作「爲嶺」，今從通鑑改正。（影庫本粘籤）將復邢洺，梁將葛從周以兵應援。嗣昭兵敗，退入青山口，梁軍扼其路，步兵不戰自潰，嗣昭不能制。會帝本軍至，謂嗣昭曰：「步兵雖散，若吾輩空迴，大事去矣。爲公試決一戰，不捷而死，差勝被囚。」嗣昭曰：「吾爲卿副。」帝率其屬，解鞍礪鏃，憑高列陣，左右指畫，梁人莫之測，因呼曰：「吾王命我取葛司徒，他士可無併命。」即徑犯其陣，奮擊如神。嗣昭繼進，梁軍即時退去，帝與嗣昭收兵入關。帝四中流矢，血流被股，武皇解衣授藥，手賜巵酒，撫其背曰：「吾兒神人也，微吾兒，幾爲從周所笑。」自青山之戰，名聞天下。

天復中，梁祖遣氏叔琮將兵五萬，營於洞渦。是時，諸道之師畢萃於太原，郡縣多陷於梁，晉陽城外，營壘相望。武皇登陴號令，不遑飲食。屬大雨彌旬，城壘多壞，武皇令帝與李嗣昭分兵四出，突入諸營，梁軍由是引退，帝率偏師追襲，復諸郡邑。昭宗之幸鳳翔也，梁祖率衆攻圍岐下，武皇奉詔應援，遣李嗣昭、周德威出師晉絳，營於蒲縣。嗣昭等軍大爲梁將朱友寧、朱友寧，原本作「勿寧」，今從歐陽史家人傳改正。（影庫本粘籤）氏叔琮所敗，梁之追兵直抵晉陽，營於晉祠，日以步騎環城。武皇登城督衆，憂形於色。攻城既急，武皇與大將謀，欲出奔雲中，帝曰：「攻守之謀，據城百倍，但兒等在，必能固守。」乃止。居數日，潰軍稍集，率敢死之士，日夜分出諸門掩襲梁軍，擒其驍將游崑崙等。梁軍失勢，乃燒營而退。

天祐五年五月，莊宗親將兵以救潞州之圍，帝時領突騎左右軍與周德威分爲二廣。帝晨至夾城東北隅，命斧其鹿角，負芻填塹，下馬乘城大譟。時德威登西北隅，亦譟以應之。帝先入夾城，大破梁軍，是日解圍，其功居最。柏鄉之役，案：原本訛「松鄉」，今據通鑑改正。（舊五代史考異）兩軍既成列，莊宗以梁軍甚盛，慮師人之怯，欲激壯之，手持白金巨鍾賜帝酒，謂之曰：「卿見南軍白馬、赤馬都否？覩之令人膽破。」帝曰：「彼虛有其表耳，翌日當歸吾廄中。」莊宗拊髀大笑曰：「卿已氣吞之矣。」帝引鍾盡釂，即屬鞬揮弭，躍馬挺身，與其部下百人直犯白馬都，奮檛舞矟，生挾二騎校而迴，飛矢麗帝甲如蝟毛焉。由是三軍增氣，自辰及未，騎軍百戰，帝往來衝擊，執訊獲醜，不可勝計。是日，梁軍大敗。以功授代州刺史。莊宗遣周德威伐幽州，帝分兵略定山後八軍，八軍，原本作「八年」，今據通鑑改正。（影庫本粘籤）與劉守光愛將元行欽戰於廣邊軍，凡八戰，帝控弦發矢七中。行欽酣戰不解，矢亦中帝股，拔矢復戰。行欽窮蹙，面縛乞降，帝酌酒飲之，拊其背曰：「吾子壯士也！」因厚遇之。

十三年二月，莊宗與梁將劉鄩大戰於故元城北，帝以三千騎環之，鼓譟奮擊，內外合勢，鄩軍殆盡。帝徇地磁洺〔四〕。四月，相州張筠遁走，乃以帝爲相州刺史。九月，滄州節度使戴思遠棄城歸汴，滄州，原本作「淐州」，今據薛史梁紀改正。（影庫本粘籤）小將毛璋據州納款，莊宗命率兵慰撫。既入城，以軍府乂安報莊宗〔五〕，書吏誤云：「已至滄州，禮上畢。」莊宗省狀，怒曰：「嗣源反耶！」帝聞之懼，歸罪於書吏，斬之。未幾，承制授邢州節度使。

十四年四月，契丹阿保機率衆三十萬攻幽州〔六〕，周德威間使告急，莊宗召諸將議進取之計，諸將咸言：「敵勢不能持久，持久，原本作「持文」，今據文改正。（影庫本粘籤）野無所掠，食盡自還，然後踵而擊之可也。」帝奏曰：「德威盡忠於家國，孤城被攻，危亡在即，不宜更待敵衰。願假臣突騎五千爲前鋒以援之。」莊宗曰：「公言是也。」即命帝與李存審、閻寶率軍赴援，帝爲前鋒，會軍於易州。帝謂諸將曰：「敵騎以馬上爲生，不須營壘，況彼衆我寡，所宜銜枚箝馬，潛行溪澗，襲其不備也。」

八月，師發上谷，陰晦而雨，帝仰天祈祝，即時晴霽，師循大房嶺，緣澗而進。翌日，敵騎大至，每遇谷口，敵騎扼其前，帝與長子從珂奮命血戰，敵即解去，我軍方得前進。距幽州兩舍，敵騎復當谷口而陣，我軍失色，帝曰：「爲將者受命忘家，臨敵忘身，以身徇國，正在今日。諸君觀吾父子與敵周旋！」因挺身入於敵陣，以邊語諭之曰：「爾輩非吾敵，吾當與天皇較力耳。」案：原本作「人皇」，考遼史太祖稱爲天皇，讓宗追稱人皇。莊宗初年侵幽州者，乃太祖，非讓宗也。今改正。（舊五代史考異）舞檛奮擊，萬衆披靡，俄挾其酋帥而還。我軍呼躍奮擊，敵衆大敗，勢如席捲，委棄鎧仗、羊馬，殆不勝紀。是日，解圍，大軍入幽州，周德威迎帝，執手歔欷。九月，班師於魏州，莊宗親出郊勞，進位檢校太保。

十八年十月，從莊宗大破梁將戴思遠於戚城，斬首二萬級。莊宗以帝爲蕃漢副總管，加同平章事。

二十年，代李存審爲滄州節度使。四月，莊宗即位於鄴宮，帝進位檢校太傅、兼侍中。尋命帝率步騎五千襲鄆州，下之，授天平軍節度使。

五月，梁人陷德勝南城，圍楊劉，以扼出師之路，帝孤守汶陽，四面拒寇，久之，莊宗方解楊劉之圍。九月，梁將王彦章以步騎萬人迫鄆州，自中都渡汶，帝遣長子從珂率騎逆戰於遞坊鎮，獲梁將任釗等三百人，彦章退保中都。莊宗聞其捷，自楊劉引軍至鄆，以帝爲前鋒，大破梁軍於中都，生擒王彦章等。是日，諸將稱賀，莊宗以酒屬帝曰：「昨朕在朝城，諸君多勸朕棄鄆州，以河爲界，賴副總管禦侮於前，崇韜畫謀於內，若信李紹宏輩，大事已掃地矣。」莊宗與諸將議兵所向，諸將多云：「青、齊、徐、兗皆空城耳，王師一臨，不戰自下。」唯帝勸莊宗徑取汴州，語在莊宗紀中，莊宗嘉之。帝即時前進，莊宗繼發中都。十月己卯，遲明，帝先至汴州，攻封丘門，汴將王瓚開門迎降。帝至建國門，建國，原本作「逮固」，今據通鑑改正。（影庫本粘籤）聞梁主已殂，乃號令安撫，迴軍於封禪寺。辰時，莊宗至，帝迎謁路側。莊宗大悅，手引帝衣，以首觸帝曰：「吾有天下，由公之血戰也，當與公共之。」尋進位兼中書令。

二年正月〔七〕，契丹犯塞，帝受命北征。二月，莊宗以郊天禮畢，賜帝鐵券。四月，潞州小將楊立叛，帝受詔討之。五月，擒楊立以獻。六月，進位太尉，移鎮汴州，代李存審爲蕃漢總管。十二月，契丹入塞。

三年正月，帝領兵破契丹於涿州，案歐陽史云：冬，契丹侵漁陽，嗣源敗之于涿州。入寇破敵皆作冬間事，蓋順文併敍之耳。當以薛史爲徵實。（舊五代史考異）移授鎮州節度使。案清異録：明宗在藩不妄費，嘗召幕屬論事，各設法乳湯半盞，蓋甖中粟所煎者。（孔本）先是，帝領兵過鄴，鄴庫素有御甲，帝取五百聯以行。是歲，莊宗幸鄴，知之，怒甚。無何，帝奏請以長子從珂爲北京內衙都指揮使，莊宗愈不悅，曰：「軍政在吾，安得爲子奏請！吾之細鎧，不奉詔旨强取，其意何也？」令留守張憲自往取之，左右説諭，乃止。帝憂恐不自安，上表申理，方解。

十二月，帝朝於洛陽。是時，莊宗失政，四方饑饉，軍士匱乏，有賣兒貼婦者，道路怨咨。帝在京師，頗爲謡言所屬，洎朱友謙、郭崇韜無名被戮，中外大臣皆懷憂懾。諸軍馬步都虞候朱守殷奉密旨伺帝起居，朱守殷，原本作「安殷」，今據歐陽史改正。（影庫本粘籤）守殷陰謂帝曰：「德業振主者身危，功蓋天下者不賞，公可謂振主矣，宜自圖之，無與禍會。」帝曰：「吾心不負天地，禍福之來，吾無所避，付之於天，卿勿多談也。」

四年二月六日，趙在禮據魏州反，莊宗遣元行欽將兵攻之，行欽不利，退保衞州。初，帝善遇樞密使李紹宏，及帝在洛陽，羣小多以飛語謗毁，紹宏每爲庇護。會行欽兵退，河南尹張全義密奏，請委帝北伐，紹宏贊成之，遂遣帝將兵渡河。

三月六日，帝至鄴都，趙在禮等登城謝罪，出牲餼以勞師，帝亦慰納之，營於鄴城之西南，下令以九日攻城。八日夜，軍亂。從馬直軍士有張破敗者，號令諸軍，各殺都將，縱火焚營，讙譟雷動。至五鼓，亂兵逼帝營，親軍搏戰，搏戰，原本作「振戰」，今據文改正。（影庫本粘籤）傷痍者殆半，亂兵益盛。帝叱之，責其狂逆之狀，亂兵對曰：「昨貝州戍兵，主上不垂原宥〔八〕；又聞鄴城平定之後，欲盡坑全軍。某等初無叛志，直畏死耳。已共諸軍商量，與城中合勢，擊退諸道之師，欲主上帝河南，請令公帝河北。」案：原本作「河中」，今據通鑑改正。（舊五代史考異）帝泣而拒之〔九〕，亂兵呼曰：「令公欲何之？ 不帝河北，則爲他人所有。苟不見幾，事當不測！」抽戈露刃，環帝左右。安重誨、霍彥威躡帝足，請詭隨之〔一〇〕，因爲亂兵迫入鄴城。懸橋已發，共扶帝越濠而入，趙在禮等歡泣奉迎。案通鑑：亂兵擁嗣源及李紹真等入城，城中不受外兵。皇甫暉逆擊張破敗，斬之，外兵皆潰。趙在禮等率諸校迎拜嗣源。（舊五代史考異）是日，饗將士於行宮，在禮等不納外兵，軍衆流散，無所歸向。帝登南樓，南樓，通鑑作城樓，考册府元龜引薛史亦作南樓，今仍其舊。（影庫本粘籤）謂在禮曰：「欲建大計，非兵不能集事，吾自於城外招撫諸軍。」帝乃得出。夜至魏縣，部下不滿百人，時霍彥威所將鎮州兵五千人獨不亂，聞帝既出，相率歸帝。詰朝，帝登城掩泣曰：「國家患難，一至於此！來日歸藩上章，徐圖再舉。」安重誨、霍彥威等曰：「此言非便也。國家付以閫外之事，不幸師徒逗橈，爲賊驚奔。元行欽狂妄小人，彼在城南，未聞戰聲，無故棄甲，如朝天之日，信其奏陳，何所不至！若歸藩聽命，便是强據要君，正墮讒慝之口也。正當星行歸闕，面叩玉階，讒間沮謀，庶全功業，無便於此者也。」帝從之。十一日，發魏縣，至相州獲官馬二千匹，案：歐陽史作掠小坊馬三千匹。（舊五代史考異）始得成軍。

元行欽退保衛州，果以飛語上奏，帝上章申理，莊宗遣帝子從審及内官白從訓齎詔諭帝。白從訓，原本作「向從訓」，考通鑑及歐陽史俱作「白」，今改正。（影庫本粘籤）從審至衛州，爲行欽所械，帝奏章亦不達。帝乃趨白皋渡，駐軍於河上，會山東上供綱載絹數船適至，乃取以賞軍，軍士以之增氣。及將濟，以渡船甚少，帝方憂之。忽有木栰數隻，沿流而至，即用以濟師，故無留滯焉。二十六日至汴州，莊宗領兵至滎澤，遣龍驤都校姚彥温爲前鋒。是日，彥温率部下八百騎歸於帝，具言：「主上爲行欽所惑，事勢已離，難與共事。」帝曰：「卿自不忠，言何悖也！」乃奪其兵，仍下令曰：「主上未諒吾心，遂致軍情至此，宜速赴京師。」既而房知温、杜晏球自北面相繼而至。杜晏球，原本作「燕球」，今從通鑑及歐陽史改正。（影庫本粘籤）

四月丁亥朔，案：丁亥朔，與莊宗紀異。據莊宗紀，三月丁未朔，則四月當作丁丑。據此紀下文有己丑、甲午，則當作丁亥。前後參差，未詳孰是。（舊五代史考異）至甖子谷，聞蕭牆釁作，莊宗晏駕，帝慟哭不自勝。詰旦，朱守殷遣人馳報：「京城大亂，燔剽不息，請速至京師。」己丑，案：通鑑作乙丑，疑傳寫之訛，歐陽史從薛史作己丑。（舊五代史考異）帝至洛陽，止於舊宅，分命諸將止其焚掠。百官弊衣旅見，帝謝之，斂衽泣涕。時魏王繼岌征蜀未還，帝謂朱守殷曰：「公善巡撫，以待魏王。吾當奉大行梓宮山陵禮畢，即歸藩矣。」是日，羣臣諸將上牋勸進，帝面諭止之。樞密使李紹宏、張居翰、宰相豆盧革、韋説、六軍馬步都虞候朱守殷、青州節度使符習、徐州節度使霍彥威、宋州節度使杜晏球、兗州節度使房知温等頓首言曰：「帝王應運，蓋有天命，三靈所屬，當協冥符。福之所鍾，福之所鍾，原本脱「福」字，今據册府元龜增入。（影庫本粘籤）不可以謙遜免；道之已喪，不可以智力求。前代因敗爲功，殷憂啓聖，少康重興於有夏，平王再復於宗周，其命惟新，不失舊物。今日廟社無依，人神乏主，天命所屬，人何能爭！光武所謂『使成帝再生，無以讓天下』。願殿下俯徇樂推，時哉無失，軍國大事，望以教令施行。」帝優答不從。

壬辰，文武百僚三拜牋請行監國之儀，以安宗社，答旨從之。既而有司上監國儀注。甲午，幸大内興聖宮，始受百僚班見之儀。所司議即位儀注，霍彥威、孔循等言：「唐之運曆已衰〔一〕，不如自創新號。」因請改國號，不從土德。帝問藩邸侍臣，左右奏曰：「先帝以錫姓宗屬，爲唐雪冤，以繼唐祚。今梁朝舊人，不願殿下稱唐，請更名號。」帝曰：「予年十三事獻祖，以予宗屬，愛幸不異所生。事武皇三十年，排難解紛，櫛風沐雨，冒刃血戰，體無完膚，何艱險之不歷！武皇功業即予功業，先帝天下即予天下也。兄亡弟紹，於義何嫌，且同宗異號，出何典禮？曆之衰隆〔二〕，吾自當之，衆之莠言，吾無取也。」時羣臣集議，依違不定，唯吏部尚書李琪議曰：「殿下宗室勳賢，立大功於三世，一朝雨泣赴難，安定宗社，撫事因心，不失舊物。若別新統制，則先朝便是路人，煢煢梓宮，何所歸往？不唯殿下失追感舊君之義〔三〕，羣臣何安！請以本朝言之，則睿宗、睿宗，原本作「瑞宗」，今據新、舊唐書改正。（影庫本粘籤）文宗、武宗皆以弟兄相繼〔四〕，即位柩前，如儲后之儀可也。」於是羣議始定。河中軍校王舜賢奏，節度使李存霸以今月三日出奔，不知所在。乙未，敕曰〔五〕：「寡人允副羣情，方監國事，外安黎庶，内睦宗親，庶諧敦敍之規，永保隆平之運。昨京師變起，禍難荐臻，至於戚屬之間，不測驚奔之所，慮因藏竄，濫被傷痍，言念於茲，自然流涕。宜令河南府及諸道，應諸王眷屬等，昨因驚擾出奔，所至之處，即時津送赴闕。如不幸物故者，量事收瘞以聞。」案北夢瑣言：莊宗諸弟存紀、存確匿于南山民家，人有以報安重誨者，重誨曰：「主上以下詔尋訪，帝之仁德，必不加害，不如密令殺之。」果併命于民家。後明宗聞之，切讓重誨，傷惜久之。（舊五代史考異）以中門使安重誨爲樞密使，以鎮州別駕張延朗爲樞密副使，以客將范延光爲宣徽使，進奏官馮贇爲内客省使。

丙申，下敕〔六〕：「今年夏苗，委人户自供，通頃畝五家爲保，本州具帳送省，州縣不得差人檢括。如人户隱欺，許人陳告，其田倍徵。」己亥，命石敬瑭權知陝州兵馬留後，皇子從珂權知河中府兵馬留後〔七〕。庚子，淮南楊溥進新茶。以權知汴州軍州事孔循爲樞密副使，以陳州刺史劉仲殷爲鄧州留後，以鄭州防禦使王思同爲同州留後。敕曰：「租庸使孔謙，濫承委寄，專掌重權，重權，原本作「重難」，今據册府元龜改正。（影庫本粘籤）侵剥萬端，姦欺百變。遂使生靈塗炭，軍士飢寒，成天下之瘡痍，極人間之疲弊。載詳衆狀，側聽輿辭，難私降黜之文，合正殛誅之典〔一八〕。宜削奪在身官爵，按軍令處分。雖犯衆怒，特貸全家，所有田宅，並從籍没。」是日，謙伏誅。勑停租庸名額，依舊爲鹽鐵、户部、度支三司，委宰臣豆盧革專判。

中書門下上言：「請停廢諸道監軍使、内勾司、租庸院大程官，出放猪羊柴炭户。括田竿尺，一依朱梁制度〔一九〕，仍委節度、刺史通申三司，不得差使量檢。州使公廨錢物，先被租庸院管繫，今據數卻還州府〔二〇〕，州府不得科率百姓。百姓合散蠶鹽，每年祇二月内一度俵散，依夏税限納錢。夏秋苗税子，除元徵石斗及地頭錢，餘外不得紐配。先遇赦所放逋税，租庸違制徵收，並與除放。今欲曉告河南府及諸道準此施行。」從之。是日，宋州節度使元行欽伏誅。壬寅，以樞密副使孔循爲樞密使。永樂大典卷七千一百六十四。

案：歐陽史作左驍衛大將軍孔循爲樞密使。吴縝纂誤云：孔循傳作左衛大將軍爲樞密使。俱與薛史異。（舊五代史考異）

校勘記

〔一〕三代祖諱教　「教」，册府卷一、卷三一、新五代史卷六唐本紀作「敖」。按本書卷九三鄭雲叟傳、新五代史卷三四鄭遨傳均記雲叟本名遨，因避唐明宗廟諱，以字行，可知明宗曾祖諱敖。

〔二〕皇贈蔚州刺史　「蔚州」，原作「尉州」，據劉本、邵本、彭本、册府卷一、卷三一改。

〔三〕懿皇后生帝於應州之金城縣　「皇」字原闕，據殿本、劉本及本卷上文補。

〔四〕帝徇地磁洺　「磁」，原作「慈」，據殿本、劉本、册府卷二〇、新五代史卷六唐本紀改。按磁、洺地接，慈州在河東，不相屬。

〔五〕以軍府乂安報莊宗　「乂」，原作「人」，據殿本、劉本、彭校改。册府卷一八一敍其事作「遣璋入覲，軍城乂安」。

〔六〕契丹阿保機率衆三十萬攻幽州　「三十萬」三字原闕，據殿本、孔本、通曆卷一三、册府卷二〇補。

〔七〕二年正月　本書卷三一唐莊宗紀五、通鑑卷二七三繫其事於同光二年正月。

〔八〕主上不垂原宥　「原」，原作「厚」，據劉本、新五代史卷四六霍彥威傳、大事記續編卷七三引新舊史實録改。

〔九〕帝泣而拒之　「拒」，册府卷一一、通鑑卷二七四、新五代史卷四六霍彥威傳、大事記續編卷七三引新舊史實録作「論」。

〔一〇〕請詭隨之　「隨」，彭校、册府卷一一作「從」。

〔一一〕唐之運曆已衰　「曆」，原作「數」，據殿本、孔本、册府卷一一、卷五七改。

〔二〕曆之衰隆　「曆」，原作「運」，據殿本、孔本、册府卷一一、卷五七改。

〔三〕不唯殿下失追感舊君之義　「失」字原闕，據册府卷一一補。

〔四〕則睿宗文宗武宗皆以弟兄相繼　「睿宗」，册府卷一一敍其事作「孝和、玄真」，按即指中宗、睿宗。

〔五〕敕曰　「敕」，册府卷三九作「教」。

〔六〕下敕　「敕」，册府卷四八八作「教」。

〔七〕皇子從珂權知河中府兵馬留後　「河中」，原作「河南」，據本書卷三六唐明宗紀二、卷四六唐末帝紀上、通鑑卷二七五改。

〔八〕合正殛誅之典　「殛誅」，殿本、孔本作「誅夷」。

〔九〕一依朱梁制度　「朱梁」，册府卷一六〇、五代會要卷二四作「僞梁」。

〔一〇〕今據數卻還州府　「數」字原闕，據册府卷一六〇補。

舊五代史卷三十六

唐書十二

明宗紀第二

天成元年夏四月丙午，帝自興聖宮赴西宮，文武百僚縞素于位，帝服斬衰，親奉攢塗，設奠，哭盡哀，乃於柩前即皇帝位。百官易吉服班于位，帝御衮冕受册訖，百僚稱賀。丁未，羣官縞素赴西宮臨。以樞密使安重誨爲檢校司空、守左領軍大將軍，依前充樞密使。辛臣豆盧革等三上表請聽政，從之。遣使往諸道及淮南告哀。辛亥，帝始聽政于中興殿。壬子，西南面副招討使、工部尚書任圜率步騎二萬六千人入見。甲寅，帝御文明殿受朝。制改同光四年爲天成元年，大赦天下。後宮內職量留一百人，內官三十人，教坊一百人，鷹坊二十人，御廚五十人，其餘任從所適。諸司使務有名無實者並停。分遣諸軍就食近畿，以減饋送之勞。夏秋稅子稅子，原本作「悅于」，今從五代會要及文獻通考改正。（影庫本粘籤）每斗先有省耗一升〔一〕，今後祇納正數，其省耗宜停。天下節度、防禦使，除正、至、端午、降誕四節量事進奉，達情而已，自於州府圓融，不得科斂百姓；其刺史雖遇四節，不在貢奉。諸州雜稅，宜定合稅物色名目，物色，原本作「恤邑」，今從文獻通考改正。（影庫本粘籤）不得邀難商旅。租庸司先將係省錢物，與人迴圖，宜令盡底收納，以塞倖門云。乙卯，渤海國王大諲譔遣使朝貢。是月，北京副留守、知留守事張憲賜死，以其失守故也。

五月丙辰朔，帝不視朝，臨於西宮。宰相豆盧革進位左僕射，韋說進位門下侍郎兼户部尚書、監修國史，並依舊平章事。兗州節度使、檢校太傅朱守殷加同平章事，充河南尹、判六軍諸衞事；滄州節度使、檢校太傅安元信加同平章事，移鎮徐州；邠州節度使、檢校太保毛璋加同平章事。以太子賓客鄭珏爲中書侍郎兼刑部尚書、同中書門下平章事，以工部尚書任圜爲中書侍郎兼工部尚書、同中書門下平章事、判三司。徐州節度使李紹真、貝州刺史李紹英、齊州防禦使李紹虔、河陽節度使李紹奇、洺州刺史李紹能等上言，前朝寵賜姓名，今乞還舊。内李紹虔上言：「臣本姓王，後移杜氏，蒙前朝賜今姓名，乞復本姓。」詔並可之。李紹真復曰霍彦威，李紹英復曰房知温，李紹虔復曰王晏球，李紹奇復曰夏魯奇，李紹能復曰米君立。青州節度使、檢校太傅、同平章事符習加兼侍中，徐州節度使、檢校太傅霍彦威加兼侍中，移鎮鄆州。丁巳，初詔文武百僚正衙常參外，五日一度内殿起居。案五代會要載天成元年五月三日敕：今後宰臣文武百官〔二〕，除常朝外，每五日一度入内起居。其中書非時有急切公事請開延英，不在此限。麟州奏，指揮使張延寵作亂，焚剽市民，已殺戮訖。

戊午，河陽節度使夏魯奇加檢校太傅，以貝州刺史房知温爲兗州節度使，以齊州防禦使王晏球爲宋州節度使，以洺州刺史米君立爲邢州節度使。己未，賜文武百官各一馬一驢。西都知府張籛案：原本作「張鏐」，今據通鑑改正。（舊五代史考異）進魏王繼岌打毬馬七十二疋。北京馬步都指揮使李從温奏，準詔誅宦官。初，莊宗遇內難，宦者數百人竄匿山谷，落髮爲僧，奔至太原七十餘人，至是盡誅於都亭驛。辛酉，詔華州放散西川宮人各歸骨肉。壬戌，以前相州刺史、北京左右廂都指揮使安金全爲安北都護、振武節度使、同平章事。甲子，前西都留守、京兆尹張筠加檢校太傅，充山南西道節度使；以夔州節度使李紹文爲遂州節度使；李紹文，原本作「昭文」，今從列傳改正。（影庫本粘籤）以前鄧州留後戴思遠爲洋州節度使。丁卯，以金吾將軍張實爲金州防禦使。戊辰，以金紫光禄大夫、檢校司空趙在禮爲滑州節度使，加檢校太保。制下，在禮以軍情不順爲辭，不之任。以許州留後陶玘爲鄧州留後，以諸道馬步副都指揮使安審通爲齊州防禦使。庚午，以權知北京軍府事、汾州刺史符彦超爲晉州留後，以前陳州刺史劉仲殷爲陝州留後。癸酉，以前磁州刺史劉彦琮爲同州留後〔三〕。甲戌，福州節度使、福州，原本脱「州」字，今據册府元龜增入。（影庫本粘籤）檢校太傅王延翰加檢校太尉、同平章事。

乙亥，翰林學士、户部侍郎、知制誥馮道，翰林學士、中書舍人趙鳳，俱以本官充端明殿學士。端明之職，自此始也。案五代會要云：明宗初登位，四方書奏，多令樞密使安重誨讀之，不曉文義。於是孔循獻議，因唐室侍讀之號，即創端明學士之名，命馮道等爲之。丙子，詔：「故西道行營都招討制置等使、守侍中、監修國史、兼樞密使郭崇韜宜許歸葬，其世業田宅並還與骨肉。故萬州司户朱友謙案：原本作「萬州」，今據歐陽史改正。（舊五代史考異）可復護國軍節度使、守太師、兼尚書令、河中尹、西平王，所有田宅財産，並還與骨肉。」丁丑，西都衙内指揮使張籛進納僞蜀主王衍犀玉帶各二條、馬一百五十匹。初，莊宗遣中官向延嗣就長安之殺王衍也，旋屬蕭牆之禍，延嗣藏竄，不知所之，而衍之資裝妓樂並爲籛所有，復懼事泄，故聊有此獻。

戊寅，以樞密使安重誨兼領襄州節度使。制下，重誨之黨謂重誨曰：「襄州地控要津，不可乏帥，無宜兼領。」重誨即自陳退，許之。以左金吾大將軍張遵誨爲西京副留守、知留守事。辛巳，以衛尉卿李懌爲中書舍人，充翰林學士。壬午，以前蔚州刺史張温爲振武留後，以左右廂突陣指揮使康義誠爲汾州刺史，以左右廂馬軍都指揮使索自通爲忻州刺史。尚父、吴越國王錢鏐遣使進金器五百兩、銀萬兩、綾萬疋謝恩，賜玉册、金印。初，同光季年，鏐上疏密求玉册、金印，郭崇韜進議以爲不可，而樞密承旨段徊受其重賂，案：九國志作「段懷」，考歐陽史及通鑑並作段徊，今仍其舊。（舊五代史考異）贊成其事，莊宗即允其請，至是故有貢謝。甲申，幽州節度使、檢校太保李紹斌加檢校太傅、同平章事，復姓名爲趙德鈞。乙酉，詔百官朔望入閤，賜廊下食。自亂離已前，常參官每日朝退賜食於廊下，謂之「廊餐」。乾符之後，百司經費不足，無每日之賜，至是遇入閤即賜之。案五代會要云：明宗初即位，命百官五日一起居，李琪以爲非故事，請罷之，惟每月朔望日合入閤賜食。至是宣旨，朔望入閤外，仍五日一起居，遂爲定式。

六月戊子，前襄州節度使李紹珙起復，依前襄州節度使，仍復本姓名曰劉訓。以皇子河中留後從珂爲河中節度使，百僚表賀。以翰林承旨、兵部尚書、知制誥盧質爲檢校司空，充同州節度使。己丑，以吏部尚書、判太常卿事李琪爲御史大夫，以禮部尚書崔協爲太常卿、判吏部尚書銓事，以御史中丞崔居儉爲兵部侍郎，以太子賓客蕭頃爲禮部尚書。蕭頃，原本作「肅項」，今據歐陽史改正。（影庫本粘籤）中書奏：「請以九月九日皇帝降誕日爲應聖節，休假三日。」從之。故忠武軍節度使、檢校太師、兼尚書令、齊王張全義贈太師。以前尚書右丞崔沂爲尚書左丞。丙申，新州留後張廷裕〔四〕、雲州留後高行珪並正授本軍節度使。丁酉，詔曰：「四夷來王，歷代故事，前後各因强弱，撫制互有典儀。大蕃須示於威容，即於正衙引對；小蕃但推於恩澤，仍於便殿撫懷。憲府奏論，禮院詳酌，皆徵故實，咸有明文。正衙威容，案：原本「正衙」訛「王衞」，今據册府元龜改正。（舊五代史考異）未可全廢；内殿恩澤，且可常行。若遇大蕃入朝，即准舊儀，於正殿排比鋪陳立仗，百官排班，於正門引入對見。」時百僚入閤班退後，卻引對朝貢蕃客，御史大夫李琪奏論之，下禮院檢討，而降是命焉。

戊戌，樞密使安重誨加檢校太保，行兵部尚書事如故。以太子詹事劉岳爲兵部侍郎，以太子右庶子王權爲户部侍郎，以太子左庶子任贊爲工部侍郎。庚子，荆南節度使、檢校太師、兼尚書令、南平王高季興加守太尉、兼尚書令，澤潞節度使、檢校太傅、同平章事孔勍加兼侍中。汴州屯駐控鶴指揮使張諫等謀叛伏誅，以樞密使孔循權知汴州軍州事。甲辰，樞密使孔循加檢校太保、守秘書監，依前充使。己巳〔五〕，以秘書少監姚顗爲左散騎常侍〔六〕，以太子左諭德陸崇爲右散騎常侍，以兵部郎中蕭希甫爲左諫議大夫，前幽州節度判官吕夢奇爲右諫議大夫，以鄴都副留守孫岳爲潁州團練使。詔曰：「古者酌禮以制名，懼廢於物；取其難犯而易避，貴便於時。況『徵』『在』二名，貴便，原本作「貴使」；徵在，原本作「徵彼」，今並從五代會要改正。（影庫本粘籤）抑有前例。以太宗文皇帝自登寶位，不改舊稱，時即臣有世南，官有民部，靡聞曲避，止禁連呼。朕猥以眇躬，託於人上，止遵聖範，非敢自尊。應文書内所有二字，但不連稱，不得迴避。如是臣下之名，不欲與君親同字者，任自改更。」丁未，中書門下奏：「京城潛龍舊宅，望以至德宮爲名。」從之。

戊申，夏州節度使、開府儀同三司、檢校太師、兼中書令、朔方王李仁福加食邑一千户。以延州留後高允韜爲延州節度使，以利州節度觀察留後張敬詢爲利州節度使。劍南西川節度副大使、知節度使事孟知祥加檢校太傅、兼侍中，劍南東川節度副大使、知節度事董璋加檢校太傅。壬子，鳳翔節度使、檢校太尉、兼中書令李從曮加檢校太師、兼中書令。汴州知州孔循奏，召集謀亂指揮使趙虔已下三千人並族誅訖。甲寅，以晉州留後符彦超爲北京留守，以鎮州副使王建立爲鎮州留後，王建立，原本作「建及」，考建及卒於莊宗未即位以前，明宗時爲鎮州留後者，乃建立也，今改正。（影庫本粘籤）以右龍武統軍安崇阮爲晉州留後。荆南節度使高季興上言：「夔、忠、萬三州，舊是當道屬郡，先被西川侵據，今乞卻割隸本管。」詔可之，案通鑑考異引十國紀年荆南史：天成元年二月壬辰，請忠、夔、萬州及雲安監隸本道，莊宗許之。詔命未下，莊宗遇弑。六月壬辰，王表求三州，明宗許之。（舊五代史考異）其夔州，僞蜀先曾建節，宜依舊除刺史。

秋七月乙卯朔，以太原舊宅爲積慶宮。庚申，契丹、渤海國俱遣使朝貢。甲子，詔割韓城、郃陽兩縣屬同州。誅滑州左右崇牙及長劍等軍士數百人，夷其族，作亂故也。其都校于可洪等相次到闕〔七〕，亦斬於都市。丁卯，以僞蜀守司空、門下侍郎、平章事、晉國公王鍇爲檢校司空〔八〕、守陵州刺史，以虢州刺史石潭爲耀州團練使。辛未，詔：「諸道節度、刺史、文武將吏，舊進月旦起居表，今後除節度、留後、團練、防禦使，惟正、至進賀表，其四孟月並且止絶。」甲戌，中書門下上言：「宣旨令進納新授諸道判官、州縣官官告敕牒，祗應宣賜。準往例，除將相外，並不賜官告〔九〕，即因梁氏起例〔一〇〕，凡宣授官，並特恩賜。臣等商量，自兩使判官、令録在京除授者，即於内殿謝恩，便辭赴任，不更進納官誥；判司、主簿〔一一〕，不合更許朝對。敕下後，望準舊例處分。」從之。

乙亥，莊宗皇帝梓宫發引，帝縗服臨送於樓前。是日，葬莊宗於雍陵。案：原本作「永陵」，考徐無黨五代史注，莊宗陵名雍陵，石晉時避諱稱伊陵。原本「永」字誤，今改正。又莊宗葬日，通鑑從哀詔册文作丙子。薛史從實録作乙亥。（舊五代史考異）鎮州留後王建立奏，涿州刺史劉殷肇不受代，謀叛，昨發兵收掩，擒劉殷肇及其黨一十三人，見折足勘詰。己卯，以比部郎中、知制誥楊凝式爲給事中，充史館修撰、判館事；以僞蜀吏部尚書楊玢爲給事中，充集賢殿學士、判院事。升應州爲彰國軍節度〔一二〕，仍以興唐軍爲寰州，隸彰國軍。宰相豆盧革貶辰州刺史，韋説貶漵州刺史〔一三〕，仍令所在馳驛發遣，爲諫議大夫蕭希甫疏奏故也。制略曰：「革則縱田客以殺人，説則侵鄰家而奪井，選元亨之上第，改王參之本名〔一四〕。或主掌三司，委元隨之務局；或陶鎔百里，受長吏之桑田。咸屈塞於平人，互阿私於愛子。任官匪當，黷貨無厭，謀人之國若斯，致主之方安在！既迷理亂，又昧卷舒。而府司案牘爰來，諫署奏章疊至，備彰醜迹，深污明庭。是宜約以三章，投之四裔。其河南府文案及蕭希甫論疏，並宜宣示百僚。」庚辰，賜蕭希甫衣段二十疋、銀器五十兩，賞疏革、說之罪也。宰相鄭珏、任圜再見安重誨，救解革、說，請不復追行後命，又三上表救解，俱留中不報。

辛巳，以捧聖嚴衛左廂馬步軍都指揮使李從璋領饒州刺史〔一五〕，充大内皇城使。中書門下奏：「條制，檢校官各納尚書省禮錢〔一六〕，舊例太師、太尉納四十千，後減落至二十千；太傅、太保元納三十千，減至十五千；司徒、司空元納二十千，減至一十千；僕射、尚書元納一十五千，減至七千；員外、郎中元納一十千，今納三千四百者。」詔曰：「會府華資，皇朝寵秩，凡霑新命，各納禮錢〔一七〕。爰自近年，多隳舊制，遂致紀綱之地，遽成廢墜之司。況累條流，就從減省，方當提舉，宜振規繩。但緣其間翊衛勳庸，藩宣將佐，自軍功而遷陟，示恩澤以獎酬，須議從權，不在其例。其餘自不帶平章事節度使及防禦、團練、刺史、使府副使、行軍已下，三司職掌監院官〔一八〕，州縣官，凡關此例，並可徵納。其檢校官自員外郎至僕射，祇取初轉一任納錢〔一九〕，若不改呼，不在徵納〔二〇〕。仍委尚書省都司專切檢舉〔二一〕，置曆逐月具數申中書門下。」中書門下，原本脫「書」字，今據文增入。（影庫本粘籤）

癸未，詔辰州刺史豆盧革可責授費州司户參軍，漵州刺史韋説可責授夷州司户參軍，皆員外置同正員，仍令馳驛發遣。甲申，又詔曰：「責授費州司户參軍豆盧革、夷州司户參軍韋説等，自居台輔，累换歲華，負先皇倚注之恩，失大國燮調之理。朕自登宸極，常委鈞衡，略無謙遜之辭，但縱貪饕之意。除官受賂，樹黨徇私，每虧敬於朕前，徒自尊於人上。道路之諠騰不已，諫臣之條疏頗多，罪狀顯彰，典刑斯舉，合從極法，以塞羣情。尚緣臨御之初，含弘是務，特軫墜泉之慮，爰施解網之仁，曲示優恩，俯寬後命。革可陵州長流百姓，説可合州長流百姓，合州，原本作「白州」，今從歐陽史改正。（影庫本粘籤）仍委逐處長知所在。同州長春宫判官、朝請大夫、檢校尚書禮部郎中、賜紫金魚袋豆盧昪，將仕郎、守尚書屯田員外郎、崇文館學士、賜緋魚袋韋濤等，各因權勢，驟列班行，無才業以可稱，竊寵榮而斯久。比行貶謫，以塞尤違。朕以纂襲之初，含容是務，父既寬於後命，子宜示於特恩，並停見任。」昪、濤即革、説之子也。永樂大典卷七千一百六十三〔二〕。

校勘記

〔一〕夏秋税子每斗先有省耗一升　「夏秋」，原作「秋夏」，據本書卷一四八食貨志、册府卷九二一、卷四八八、五代會要卷二五乙正。

〔二〕今後宰臣文武百官　「今」，原作「令」，據殿本、孔本、五代會要卷五改。

〔三〕以前磁州刺史劉彥琮爲同州留後　本書卷六一劉彥琮傳：「明宗赴難京師，授華州留後，尋正授節旄。」卷三八唐明宗紀四：「（天成二年）以華州留後劉彥琮爲本州節度使。」朱玉龍方鎮表：「『同州』當爲『華州』之誤。」天成元年鎮同州者爲李存敬、王思同、盧質。

〔四〕張廷裕　原作「張庭裕」，據本書卷三二唐莊宗紀六、卷三九唐明宗紀九、卷六五張廷裕傳改。

〔五〕己巳　按是月丙戌朔，無己巳。此事繫於甲辰、丁未間，疑是乙巳。按本卷下文詔書，通鑑卷二七五即繫於乙巳，乙巳爲二十日。

〔六〕以秘書少監姚顗爲左散騎常侍　「以」字原闕，據殿本、劉本及本卷下文補。

〔七〕其都校于可洪等相次到闕　「闕」，原作「闢」，據劉本、邵本、彭本改。

〔八〕王鍇　原作「王諧」，據通鑑卷二七五改。按通鑑卷二六七：「蜀主以御史中丞王鍇爲中書侍郎、同平章事。」

〔九〕並不賜官告　「官」，原作「誥」，據殿本、劉本、邵本、五代會要卷一四、册府卷六三二改。

〔一〇〕即因梁氏起例　「梁氏起例」，五代會要卷一四、册府卷六三二作「僞朝條流」。

〔一一〕判司主簿　句下册府卷六三二有「已下」二字。

〔一二〕升應州爲彰國軍節度　「彰國軍」，原作「彰德軍」，據邵本校、五代會要卷二四、册府卷一七二、通鑑卷二七五改。按新五代史卷六〇職方考、通鑑卷二七五皆記於應州置彰國軍。

〔一三〕韋説貶漵州刺史　「漵州」，劉本、孔本、本書卷六七韋説傳、新五代史卷六唐本紀作「敘州」。朱孝誠墓碑（拓片刊北京圖書館藏中國歷代石刻拓本匯編第三十册）記：「元和初，張伯靖負固敘州。」錢大昕潛研堂金石文跋尾卷八：「史稱伯靖『漵州蠻』，碑作『敘』，當以碑爲正。」本卷下一處同。

〔一四〕王參　本書卷六七韋説傳、通鑑卷二七五作「王修」，册府卷三三八作「王修」。舊五代史考異卷二：「案王參，疑有舛誤，據册府元龜引薛史亦作『王參』，今無可考，姑仍其舊。」

〔一五〕以捧聖嚴衛左廂馬步軍都指揮使李從璋領饒州刺史　本書卷八八李從璋傳記其時任捧聖左廂都指揮使。張其凡五代禁軍初探以爲本句中「嚴衛」、「步」三字衍。

〔一六〕檢校官各納尚書省禮錢　「各」，五代會要卷一四作「合」。

〔一七〕各納禮錢　「各」，五代會要卷一四作「合」。

〔一八〕三司職掌監院官　「監院官」，原作「監務官」，據五代會要卷一四改。

〔一九〕祇取初轉一任納錢　「取」字原闕，據五代會要卷一四補。

〔二〇〕不在徵納　「在」，五代會要卷一四作「更」。

〔二一〕仍委尚書省都司專切檢舉　「都」，原作「部」，據五代會要卷一四改。

〔二二〕永樂大典卷七千一百六十三　檢永樂大典目録，卷七一六三爲「唐」字韻「莊宗十」，與本則内容不符，恐有誤記。疑出自卷七一六四「唐」字韻「明宗一」。

舊五代史卷三十七　唐書十三

明宗紀第三

天成元年秋八月乙酉朔，日有食之。有司上言：「莊宗廟室酌獻，請奏武成之舞。」從之。鄆州節度使霍彥威移鎮青州。丁亥，莊宗神主祔廟，有司請祧懿祖室，從之。詔：「陵州、合州長流百姓豆盧革、韋説等，可並自長流後，長流，原本作「長沙」，今據文改正。（影庫本粘籤）縱逢恩赦，不在原宥之限。豆盧昇、韋濤仍削除自前所受官秩。」壬辰，以久雨，放百僚朝參，詔天下疏理繫囚。甲午，汴州奏，舊管曹州乞卻歸當道，從之。是日，詔曰：「承前使府奏請判官，率皆隨府除移停罷。近年流例，有異前規，使府雖已除移，判官元安舊職。起今後若是朝廷除授者，即不繫使府除移〔一〕；如是使府奏請，即皆隨府移罷。舊例藩侯帶平章事者，所奏請判官，殿中已上許奏緋，中丞已上許奏紫，今不帶平章事亦許同帶平章事例處分。如防禦、團練使奏請判官，員外郎已下不在奏緋之限。其所奏判官、州縣官，並須將歷任告身隨奏至京。如未曾有官〔二〕，假稱試攝，亦奏狀内分明署出。如藩鎮留後、權知軍州事，並不在奏請判官之限。如刺史要奏州縣官，須申本道，請發表章，不得自奏。近日州使奏請從事，本無官緒，妄結虚銜，不計職位高卑，多是請兼朱紫，不唯紊亂，實啓僥求〔三〕。宜令諸道州府，切準敕命處分。」

丁酉，内出象笏三十四面，案：歐陽史作三十二。（舊五代史考異）賜百官之無笏者。己亥，帝御文明殿，百官入閤，月望如月朔之儀，從新例也。荆南高季興上言，峽内三州，請朝廷不除刺史。幽州奏，契丹寇邊，詔齊州防禦使安審通率師禦之。安審通，原本作「番道」，據通鑑云：安審通，金全之猶子也。今改正。（影庫本粘籤）辛丑，以前青州節度使符習爲鄆州節度使，以前華州節度使史敬鎔爲安州節度使。乙巳，禁鎔錢爲器，仍估定生銅器價斤二百、熟銅器斤四百，如違省價買賣者，以盜鑄錢論。丁未，樞密使院條奏：「諸道節度使、刺史内，有不守詔條，公行科斂，須行止絶。州使所納軍糧，不得更邀加耗。節度使、刺史所置牙隊，許於軍都内抽取，便給省司衣糧，況人數已多，訪聞尚有招致〔四〕。諸色人多有抵罪亡命，便於州府投名爲使下元隨，邀求職務，凌壓平人；及有力户人，於諸處行賂，希求事務。亦有州使妄稱修葺城池廨宇，科賦於人，及營私宅，諸縣鎮所受州使文符，如涉科斂人户，不得禀受。州府不得賒買行人物色，兼行科率。已前條件，州使如敢犯違，許人陳告，勘詰不虛，量行獎賞。宜令三京、諸道州府，準此處分。」

新授青州節度使霍彥威奏，處斬新登州刺史王公儼，登州，原本作「晉州」，今從通鑑改正。（影庫本粘籤）及同謀拒命指揮使李謹、王居厚等八人訖。初，同光中，符習爲青州節度使，宦官楊希望爲監軍，專制軍政。趙在禮之據魏州，習奉詔以本軍進討，俄而帝爲亂軍所劫，習即罷歸。希望遣兵邀之，習懼而還。至滑州，帝遣人招之，習至，乃從帝入汴。希望聞魏軍亂，遣兵圍守習家，欲盡殺之。公儼素受希望獎愛，謂希望曰：「內侍宜分腹心之兵，監四面守陴者，則誰敢異圖。」希望從之。公儼乘其無備，圍希望之第，擒而殺之。公儼遂與州將李謹等謀據州城，以邀符節，即令軍府飛章留己，兼揚言符習在鎮，人不便其政，帝乃除公儼爲登州刺史。公儼不時赴任，不時赴任，當云因其不如期赴任，考册府元龜與薛史同，今姑仍其舊。（影庫本粘籤）即以霍彥威代符習，聚兵淄州，以圖進取。彥威至淄州，會詔使至青州告諭，公儼即赴所任。彥威懲其初心，遣人擒公儼於北海縣，與同黨斬於州東。案通鑑：彥威聚兵淄州，以圖進取，公儼懼。乙未，始之官。丁酉，彥威至青州，追擒之。（舊五代史考異）有司上言：「莊宗祔廟，懿祖祧遷，準例舍故而諱新，懿祖例不諱，忌日不行香。」從之。壬子，襄州節度使劉訓加檢校太傅，以僞蜀右僕射、中書侍郎、平章事、趙國公張格案：原本作「張裕」，考舊唐書張濬傳：濬次子格，仕蜀爲平章事。今改正。（舊五代史考異）爲太子賓客，充三司副使，從任圜請也。

九月乙卯朔，詔汴州扶溝縣復隸許州。以前絳州刺史婁繼英爲冀州刺史，充北面水陸轉運制置使。己未，幸至德宮，遂幸前隰州刺史袁建豐之第。隰州，原本作「顯州」，今據歐陽史袁建豐傳改正。（影庫本粘籤）帝嘗爲太原内牙親將，建豐爲副，至是建豐風疾沈廢，故親幸其第以撫之。庚申，以都官郎中庾傳美充三川搜訪圖籍使〔五〕。傳美爲蜀王衍之舊僚，家在成都，便於歸計，且言成都具有本朝實録，及傳美使迴，所得纔九朝實録及殘缺雜書而已。癸亥，應聖節，百僚於敬愛寺設齋，召緇黄之衆於中興殿講論，從近例也。戊辰，以僞蜀檢校太師、兼中書令、右金吾街使張貽範爲兵部尚書致仕。都官員外郎于鄴奏請指揮不得書契券輒賣良人，從之。癸酉，天策上將軍、湖南節度使、開府儀同三司、守太師、兼尚書令、楚王馬殷可檢校太師、守尚書令。兩浙節度留後、靜海軍節度、嶺南西道觀察處置等使、檢校太尉〔六〕、兼中書令錢元瓘加食邑。中吳建武等軍節度、嶺南東道觀察處置等使、檢校太尉、兼中書令錢元璙加開府階，錢元璙，原本作「遼」，今從十國春秋改正。（影庫本粘籤）進食邑。甲戌，以前代州刺史馬澌爲左衛上將軍致仕。己卯，以光禄卿羅周敬爲右金吾衛大將軍，充街使。辛巳，以前復州刺史袁巖爲唐州刺史。詔曰：「鳳翔節度使李曮，世聯宗屬，任重藩宣，慶善有稱，忠勤顯著。既在維城之列〔七〕，宜新定體之文。

是降寵光，以隆敦敍，俾煥承家之美〔八〕，貴崇猶子之親。宜於本名上加『從』字。」癸未，文武百僚至張全義私第柩前立班辭，以來月二日葬故也。

冬十月甲申朔，詔賜文武百僚冬服緜帛有差。近例，十月初寒之始，天子賜近侍執政大臣冬服。帝顧謂判三司任圜曰：「百僚散未？」圜奏曰：「臣聞本朝給春冬服，偏及百僚，喪亂已來，急於軍旅，人君所賜，未能周給。今止近臣而已，外臣無所賜。」帝曰：「外臣亦吾臣也，卿宜計度。」圜遂與安重誨據品秩之差，以定春冬之賜，其後遂以爲常。右拾遺曹琮上疏〔九〕，内一件：「百僚朔望入閤，及五日内殿起居，請許三署、寺監官輪次轉對奏事。」從之。刑部員外郎孔莊上言：「自兵興以來，法制不一，諸道州縣常行枷杖，多不依格律，請以舊制曉諭，改而正之。」丙戌，吏部侍郎盧文紀上言：「請内外文武臣僚，每歲有司明定考校，將相乞迴御筆，以行黜陟。」疏下中書門下商量，宰臣奏請施行。從之。丁亥，雲南巂州山後兩林百蠻都鬼主、右武衞大將軍李卑晚李卑晚，原本作「卑免」，今從歐陽史及通鑑改正。（影庫本粘籤）遣大鬼主傳能阿花等來朝貢〔一〇〕，帝御文明殿對之，百僚稱賀。庚寅，以客省使李嚴領泗州防禦使，以河中節度副使李鏻爲太子賓客。壬辰，邠州節度使毛璋移鎮潞州。巴州進嘉禾合穗。甲午，以前隰州刺史袁建豐遥領洪州節度使。

庚子，幽州奏，契丹平州守將僞署幽州節度使盧文進案：遼史作盧國用，蓋文進在遼改名國用耳。（舊五代史考異）率户口歸明，百僚稱賀。辛丑，契丹遣使來告哀，言國主阿保機以今年七月二十七日卒。案：遼史太祖紀作七月辛巳，上崩。（舊五代史考異）詔曰：「朕近纘皇圖，恭修帝道，務安夷夏，貴洽雍熙。契丹王世預歡盟，禮交聘問，遽聞凶訃，倍軫悲懷，可輟今月十九日朝參。」案：歐陽史作廢朝三日。（舊五代史考異）丙午，以巂州山後兩林百蠻都鬼主李卑晚爲寧遠將軍，大渡河南山前邛川六姓都鬼主〔一〕、懷安郡王勿鄧摽莎爲定遠將軍。丁未，幽州奏，盧文進所率降户孳畜人口在平州西，首尾約七十里。庚戌，以吏部侍郎盧文紀爲御史中丞，時御史大夫李琪〔二〕上表求解任故也。以兵部侍郎劉岳爲吏部侍郎。以户部侍郎、充端明殿學士馮道爲兵部侍郎，以中書舍人、充端明殿學士趙鳳爲户部侍郎，並依前充職。壬子，靜江軍節度使、桂州管内觀察使、檢校太師、兼中書令、扶風郡王馬賨加食邑實封〔三〕，澧朗觀察使、檢校太傅、兼侍中馬希振加檢校太尉。盧文進至幽州，遣軍吏奉表來上。

十一月戊午，以滄州留後王景戡爲邢州節度使。青州奏，得登州狀申，契丹先攻逼渤海國，自阿保機身死，雖已抽退，尚留兵馬在渤海扶餘城，今渤海王弟領兵馬攻圍扶餘城内契丹次。案：契丹次，蓋言契丹方即次也。薛史前後如攻城次、鎮州次，多單用「次」字，疑即當時案牘之文，今仍其舊，附識于此。（舊五代史考異）己未，以翰林學士、尚書户部郎中、知制誥劉昫爲中書舍人充職。辛酉，以前秘書少監温輦爲太子詹事。壬戌，以前房州刺史朱罕爲潁州團練使。是日，詔曰：「應今日已前修蓋得寺院，無令毀廢，自此已後不得輒有建造。如要願在僧門，並須官壇受戒，不得衷私剃度。」癸亥〔一三〕，日南至，帝御文明殿受朝賀，仗衛如式。禮部侍郎裴皞上言：「諸州刺史經三考方請替移。」詔曰：「有政聲者就加恩澤，無課最者即便替移。」課最，原本作「課再」，今據五代會要改正。（影庫本粘籤）密州獻芝草。庚午，河陽節度使夏魯奇移鎮許州，留後梁漢顒爲邠州節度使〔一四〕。淮南楊溥遣使貢獻，賀登極。乙亥，以前振武留後張温爲利州昭武軍留後，以果州刺史孫鐸爲漢州刺史，果州，原本作「界州」，今據册府元龜改正。（影庫本粘籤）充西川馬步軍都指揮使。壬午，靜海軍節度、安南管内觀察等使、檢校太尉、兼侍中錢元球加開府階，進食邑。癸未，鎮州奏，準詔盧文進所率歸業户口，蠲放租税三年，仍每口給糧五斗。

十二月戊子，盧文進及將吏四百人見，賜鞍馬、玉帶、衣被、器玩、錢帛有差。詔曰：「朕中興寶祚，復正皇綱。萬國駢羅，俱在照臨之内；八紘遼敻，咸居覆載之間。矧彼雲南，素歸正朔，洎平僞蜀，思錫舊恩，於乃睠以雖深，欲霈覃而未暇。百蠻都首領李卑晚、六姓蠻都首領勿鄧摽莎等，天資智勇，世禀忠勤，梯航之道路纔通，琛賮之貢輸已至。率其種落，竭乃悃誠，備傾向化之心，深奬來庭之意。來庭，原本作「果庭」，今據文改正。（影庫本粘籤）今則各頒國寵，別進王封。其巂州刺史李及、大鬼主離吠等，或遥貢表函，或躬趨朝闕，亦宜特授官資，各遷階秩。勉敦信義，無墜册書，示爾金石之堅，保我山河之誓。欽承休命，永保厥終。」壬辰，帝狩於近郊，臘故也〔一五〕。甲午，以契丹盧龍軍節度使盧文進爲檢校太尉、同平章事，充滑州節度使。戊戌，詔嚴禁鑞錢。案洪遵泉志引宋白續通典云：天成元年十二月，敕中外所使銅錢内鐵鑞錢即宜毁棄，不得行使。（舊五代史考異）庚子，皇第二子金紫光禄大夫、檢校司徒從榮可檢校太保、同平章事、天雄軍節度使、鄴都留守。以武安軍馬步軍都指揮使馬希範爲澧州刺史，鐵林都知事馬希杲爲衡州刺史。壬寅，潁州刺史孫岳加檢校太保，孫岳，原本作「孫崇」，今據歐陽史改正。（影庫本粘籤）獎能政也。

丙午，中書門下奏：「故事，藩鎮節度、觀察使帶平章事，於都堂上事，刊石記壁，合納禮錢三千貫〔一六〕，以充中書及兩省公使。今欲各納禮錢五百千，於中書立石亭子，鐫勒宰臣使相官氏、授上年月，餘充修葺中書及兩省公署、都堂什物〔一七〕。」從之。

庚戌，御史臺奏：「京城坊市士庶工商之家，有婢僕自經投井、非理物故者，近年已來〔一八〕，凡是死亡，皆是臺司左右巡舉勘檢驗〔一九〕，施行已久，仍恐所差人吏及街市胥徒，同於民家因事邀頡〔二〇〕。臣詢訪故事，凡京城民庶之家死喪委府縣檢舉，軍家委軍巡，商旅委户部。然諸司檢舉後，具事由申臺，其間或枉濫情故，臺司訪聞，即行舉勘。如是文武兩班官吏之家，即是臺司檢舉。臣請自今已後，並準故事施行者。」詔曰：「今後文武兩班及諸道商旅，凡有喪亡，即準臺司所奏施行。其坊市民庶、軍士之家，凡死喪及婢僕非理物故，依臺司奏，委府縣、軍巡同檢舉，仍不得縱其吏卒，於物故之家妄有邀頡。或恐暑月屍柩難停，若待申聞檢舉，縱無邀頡，亦須經時日。今後仰本家喚四鄰檢察，若無佗故，逐便葬埋。如後別聞枉濫，妄有保證，官中訪知，勘詰不虛，本户、鄰保並行科罪。如聞諸道州府，坊市死喪，取分巡院檢舉，頗致淹停，人多流怨，亦仰約京城事例處分。」永樂大典卷七千一百六十四。

校勘記

〔一〕即不繫使府除移　「繫」，原作「計」，據五代會要卷二五改。

〔二〕如未曾有官　「曾」字原闕，據册府卷六一、五代會要卷二五補。

〔三〕實啓僥求　「僥」，原作「撓」，據彭校、五代會要卷二五改。册府卷六一、五代會要（四庫本）卷二五作「倖」。

〔四〕訪聞尚有招致　「聞」，原作「問」，據册府卷六五改。

〔五〕以都官郎中庾傳美充三川搜訪圖籍使　「三川」，原作「三州」，據御覽卷六一九引後唐史、五代會要卷二四改。

〔六〕檢校太尉　本書卷三二唐莊宗紀六、卷三九唐明宗紀五作「檢校太師」。按本書卷一三三錢元瓘傳：「後唐同光初，加檢校太師。」

〔七〕既在維城之列　「在」，原作「任」，據殿本改。本書卷一三二李從曮傳作「預」。影庫本批校：「『任』字當是『在』字之訛。」

〔八〕俾煥承家之美　「承」，原作「成」，據本書卷一三二李從曮傳改。

〔九〕曹琮　册府卷四七五、卷六六一作「曹琛」，册府卷一〇八作「曹珍」。

〔一〇〕傅能阿花　册府卷九六二、卷九七二、五代會要（四庫本）卷三〇同，殿本作「傅能何華」，孔本、彭本、五代會要卷三〇作「傅能阿花」，新五代史卷六唐本紀、卷七四四夷附録作「傅能何華」。

〔一一〕大渡河南山前邛川六姓都鬼主　「南」字原闕，據册府卷九六五、新五代史卷七四四夷附録、五代會要卷三〇補。「邛」，原作「卭」，據五代會要卷三〇、新五代史卷七四四夷附録改。按蠻書卷一：「瀘水從曲羅南經劍山之西，又南至會同川。邊水左右，總謂之西蠻。邛部東南三百五十里至勿鄧部落，大鬼主夢衝地方闊千里，邛部一姓，白蠻五姓。」

〔一二〕馬賨　原作「馬賓」，據劉本、邵本校、彭校、本書卷三一唐莊宗紀五、册府卷一七八、新五代史卷六六楚世家改。影庫本粘籤：「『馬賨』，原本作『馬實』，今從九國志改正。」今檢九國志無馬賓。

〔一三〕癸亥　原作「癸丑」，據彭校、册府卷一〇八改。按是月甲寅朔，無癸丑，癸亥爲初十。

〔一四〕留後梁漢顒爲邠州節度使　按本書卷八八梁漢顒傳記其「天成初，授許州兵馬留後、檢校太保，尋爲邠州節度使」，梁漢顒墓誌（拓片刊洛陽出土歷代墓誌輯繩）略同。「留後」前疑脱「許州」二字。

〔一五〕臘故也　「臘」，原作「獵」，據殿本、劉本、邵本、册府卷一一五改。

〔一六〕合納禮錢三千貫　「三千」，五代會要卷一三作「一千」。

〔一七〕餘充修葺中書及兩省公署都堂什物　「都堂」，原作「部堂」，據五代會要卷一三及本卷上文改。

〔一八〕近年已來　「年」，原作「者」，據册府卷四七五、卷五一七、五代會要卷八改。

〔一九〕皆是臺司左右巡舉勘檢驗　「驗」字原闕，據册府卷四七五、卷五一七補。

〔二〇〕同於民家因事邀頡　「邀頡」，原作「邀脅」，據册府卷四七五、卷五一七改。本卷下文同。按册府卷九二載同光二年制：「僞朝已來恣爲掊斂……邀頡人户，分外誅求。」「邀頡」謂阻截克扣。影庫本粘籤：「『邀脅』，原本作『邀頡』，今從册府元龜改正。」

舊五代史卷三十八

唐書十四

明宗紀第四

天成二年春正月癸丑朔，帝御明堂殿受朝賀，仗衞如常儀。制曰：「王者祗敬宗祧，統臨寰宇，必順體元之典，特新制義之文。朕以眇躬，獲承丕構，襲三百年之休運，繼二十聖之耿光。馭朽納隍，夕惕之心罔怠；法天師古，日躋之道惟勤。今則載戢干戈，混同書軌〔一〕，荷玄穹之睠祐，契兆庶之樂推。檢玉泥金，非敢期於薄德；耕田鑿井，誠有慕於前王。將陳享謁之儀，即備郊丘之禮，宜更稱謂，永耀簡編。今改名爲亶，凡在中外，宜體朕懷。」宣制訖，百僚稱賀，有司告郊廟社稷。案楊文公談苑云：唐時避諱最重，人君即位多更名，後唐尚沿其例。明宗初名嗣源，後改名亶，於是楊檀改稱光遠，其金壇及檀州諸州縣皆從改更，則并偏旁字而亦改之。當時明宗在御，臣下避諱之嚴如此。今考薛史楊光遠傳云：初名檀，唐天成中，以明宗改御名爲亶，始改名光遠。與談苑合。然閔帝紀尚稱安北都護楊檀〔二〕，是檀在天成中未嘗改名[三]。又明宗紀前後皆稱檀州，則地名亦不改，疑談苑所紀不能無誤。薛史紀、傳異文，亦未畫一。丙辰，詔：「端明殿學士班位宜在翰林學士之上，今後如有轉改，只於翰林學士内選任。」先是，端明殿學士班在翰林學士之下，又如三館例，三館，原本作「玉館」，考新唐書百官志，唐以集賢殿、弘文館、國史館爲三館，今改正。（影庫本粘籤）官在職上，趙鳳轉侍郎日，諷宰相府移之。既而禁林序列有不可之言，安重誨奏行此敕，時論便之。癸亥，宰臣鄭珏加特進、門下侍郎、兼太微宫使、崇文館大學士，任圜加光禄大夫、門下侍郎、監修國史，以端明殿學士、尚書兵部侍郎馮道爲中書侍郎、平章事、集賢殿大學士，以太常卿崔協爲中書侍郎、平章事。戊辰，以前鄧州節度使劉玘卒廢朝。左拾遺李同上言：「天下繫囚，請委長吏逐旬親自引問，質其罪狀真虚，然後論之以法，庶無枉濫。」從之。

辛未，皇子河中節度使從珂加同平章事。河中，原本作「河平」，今據文改正。（影庫本粘籤）以鎮州留後、檢校司徒王建立爲鎮州節度使、檢校太傅。癸酉，第三子金紫光禄大夫、檢校司徒從厚加檢校太保、同平章事、河南尹、判六軍諸衛事。北面副招討房知温奏，營州界奚陁羅支内附。乙亥，以監門衛大將軍傳璉爲右武衛上將軍。丙子，詔曰：「頃自本朝多難，雅道中微，皆尚浮華，罕持廉讓。其有除官蘭省，蘭省，原本作「蘭有」，今據文改正。（影庫本粘籤）命秩柏臺，或以人事相疎，或以私讎見訝，稍乖敬奉，遽至棄捐，蓋司長之振威，處君恩於何地〔四〕。今後應新授官朝謝後，可準例上事，司長不得輒以私事阻滯。其本官亦不得因遭抑挫，託故請假。」

戊寅，皇子從厚領事於河南府，宰相鄭珏已下會送，非例也。己卯，樞密使、光禄大夫、檢校太保、行兵部尚書安重誨加開府儀同三司、檢校太傅、兼侍中，樞密使、檢校太保、守祕書監孔循加檢校太傅、同平章事。詔崇文館依舊爲弘文館。初，同光中，宰相豆盧革以同列郭崇韜父名弘，希其意奏改之，今乃復焉。辛巳，詔曰：「亂離斯久，法制多隳，不有舉明，從何禁止。起今後三京及州使職員名目是押衙、兵馬使、指揮使已上〔五〕，騎馬得有暖坐；諸都軍將、衙官使下係名籍者〔六〕，只得衣紫皂；庶人商旅，只著白衣，此後不得參雜。兼有富户，或投名於勢要，以求影庇；或希假攝，貴免丁徭〔七〕。仰所在禁勘，以肅奸欺。」

二月壬午朔，新羅遣使朝貢。丁亥，以北京皇城使李繼朗爲龍武大將軍，北京都指揮使李從臻爲左衛大將軍，捧聖都指揮使李從璨爲右監門衛大將軍。戊子，以前北面水陸轉運招撫使、守冀州刺史烏震領宣州節度使。庚寅，陝州節度使、檢校司徒石敬瑭加檢校太傅、兼六軍諸衛副使。壬辰，西川節度使孟知祥奏，泗州防禦使、泗州，原本作「瓊州」，考歐陽史及通鑑、十國春秋並作泗州，今改正。（影庫本粘籤）充西川兵馬都監李嚴，扇揺軍衆，尋已處斬。以潁州刺史孫岳爲耀州團練使。丙申，以從馬直指揮使郭從謙爲景州刺史，尋令中使誅之，夷其族，以其首謀大逆以弑莊宗也。以尚書左丞崔沂爲太子少保致仕。壬寅，制曰：荆南節度使、開府儀同三司、守太尉、兼尚書令、南平王高季興可削奪官爵，仍令襄州節度使劉訓充南面招討使、知荆南行府事，許州節度使夏魯奇爲副招討使，統蕃漢馬步四萬人進討，以其叛故也。又命湖南節度使馬殷以湖南全軍會合。以東川節度使董璋充東南面招討使，新授夔州刺史西方鄴爲副招討使〔八〕，共領川軍下峽州，三面齊進。

甲辰，兗州節度使房知温加同平章事，宋州節度使王晏球加檢校太傅。丁未，以禮部尚書蕭頃爲太常卿。戊申，以御史大夫李琪爲右僕射，以太子賓客李鏻爲户部尚書〔九〕，以吏部侍郎李德休爲禮部尚書，以前吏部侍郎崔貽孫爲吏部侍郎。以端明殿學士、户部侍郎趙鳳爲兵部侍郎，依前充職。庚戌，詔諸道節度使男及親嫡骨肉未沾恩命者，特許上聞。河南府新安縣宜陞爲次赤〔一〇〕，以雍陵在其界故也。辛亥，以刑部侍郎歸藹爲户部侍郎。

三月壬子朔，以中書舍人馬縞爲刑部侍郎。幸會節園，宰相、樞密使及在京節度使共進錢絹，請開宴。癸丑，遣供奉官賈俊使淮南。案：九國志作賈進，考册府元龜所引薛史亦作「俊」，今仍其舊。（舊五代史考異）甲寅，以西川節度副使李敬周爲遂州武信軍留後。乙卯，開府儀同三司、司徒致仕趙光逢可太保致仕，仍封齊國公。以武信軍節度使李紹文卒廢朝。丙辰，宰臣判三司任圜奏：「諸道藩府，請依天復三年已前許貢綾絹金銀，隨其土産折進馬之直。又請選孳生馬，分置監牧。」並從之。案五代會要：任圜奏：三京留守、諸道節度觀察、諸州防禦使、刺史，每年應聖節及正、至等節貢奉，或討伐勝捷，各進獻馬。伏見本朝舊事，雖以獻馬爲名，多將綾絹金銀折充馬價，蓋跋涉之際，護養稍難，因此羣方俱爲定制。自今後伏乞除蕃部進駝馬外，諸州所進馬，許依天復三年已前事例，隨其土産折進價直，冀貢輸之稍易，又誠敬之獲申。兼欲于諸處揀孳生馬，準舊制分置監牧，仍委三司使別具制置奏聞。（舊五代史考異）太常丞段顒請國學五經博士各講本經，以申横經齒胄之義，從之。庚申，以前澤潞節度使、檢校太傅、兼侍中孔勍爲河陽節度使。壬戌，幸甘水亭。甲子，青州節度使霍彦威加檢校太尉、兼中書令，以大内皇城使、守饒州刺史李從璋爲應州節度使。丁卯，詔：「所在府縣糾察殺牛賣肉，犯者準條科斷。其自死牛即許貨賣，肉斤不得過五錢。鄉村民家死牛，但報本村所由，準例輸皮入官。」癸酉，以户部郎中、知制誥盧詹爲中書舍人。盧詹，原本作「盧處」，今據列傳改正。（影庫本粘籤）

夏四月辛巳朔，房知温奏：「前月二十一日，盧臺戍軍亂，害副招討寧國軍節度使烏震，尋與安審通斬殺亂兵訖。」案五代春秋：盧臺戍軍亂，房知温討平之。據薛史房知温傳及通鑑，知温初誘戍軍爲亂，繼恐事不濟，乃與安審通謀討亂兵也。五代春秋所書殊非事實。（舊五代史考異）帝聞之，廢朝一日，贈震太傅。新羅國遣使貢方物。丁亥，以華州留後劉彦琮爲本州節度使〔一一〕。是日，幸會節園，宴近臣。己丑，以兵部侍郎崔居儉權知尚書左丞，以户部侍郎王權爲兵部侍郎，以禮部侍郎裴皞爲户部侍郎，以翰林承旨、守中書舍人李愚爲禮部侍郎充職。庚寅，御史臺奏：「今月三日廊下食，百官坐定，兩省官方來，自五品已下輒起〔一二〕。」詔曰：「每赴廊餐，如對御宴，若行私禮，是失朝儀，各罰半月俸。」案五代會要：長興三年三月詔〔一三〕：文武兩班，每遇入閤賜食，從前御史臺官及諸朝官皆在敷政門外兩廊食，惟北省官于敷政門内別坐，既爲隔門，各不相見，致行坐不齊，難于肅整。今後每遇入閤賜食，北省官亦宜于敷政門外東廊下設席，以北首爲上，待班齊一時就坐。（舊五代史考異）

詔：「盧臺亂軍龍晊所部鄴都奉節等九指揮三千五百人龍晊，原本作「龍晵」，今據通鑑改正。（影庫本粘籤）在營家口骨肉，並可全家處斬。」龍晊所部之衆，即梁故魏博節度使楊師厚之所招置也，皆天下雄勇之士，目其都爲銀槍効節，僅八千人。師厚卒，賀德倫不能制。西迎莊宗入魏，從征河上，所向有功。莊宗一統之後，雖數頒賚，而驕縱無厭。同光末，自貝州劫趙在禮，據有魏博。及帝纘位，在禮冀脱其禍，潛奏願赴朝覲，遂除皇子從榮爲帥，乃令北禦契丹。是行也，不支甲冑，惟幟於長竿表隊伍而已〔一四〕，故俛首遄征。在途聞李嚴爲孟知祥所害，以爲劍南阻絕，互相煽動。及屯於盧臺，會烏震代房知溫爲帥，轉增浮說。震與房知溫博於東寨，日亭午，大譟於營外，知溫上馬出門，爲甲士所擁，且曰：「不與兒郎爲主，更何處去？」知溫紿之曰：「馬軍皆在河西，步卒獨何爲也！」遂得躍馬登舟，濟於西岸。安審通戢騎軍不動，知溫與審通謀伺便攻之，令亂兵卷甲南行。騎軍徐進，部伍嚴整。叛者相顧失色，列炬宵行，疲於荒澤。遲明，潛令外州軍別行，知溫等遂擊亂軍，橫尸於野，餘衆復趨舊寨，至則已焚之矣。翌日，盡戮之，脱於叢草溝塍者十無二三，迨夜竄於山谷，稍奔於定州。及王都之敗，乃無噍類矣。癸巳，兖州節度使房知溫加侍中，齊州防禦使安審通加檢校太傅，並賞盧臺之功也。

丁酉，僞吳楊溥遣移署右威衞將軍雷峴貢端午禮幣〔一五〕。辛丑，以前利州節度使張敬詢爲雲州節度使。遣樞密使孔循赴荆南城下，時招討使劉訓有疾故也。甲辰，以户部侍郎韓彦惲爲祕書監。是日，幸石敬瑭、安重誨第。丙午，故振武節度使李嗣恩贈太尉，以司封郎中、充樞密院直學士閻至爲左諫議大夫充職。右諫議大夫梁文矩上言，平蜀已來，軍人剽略到西川人口甚多，骨肉阻隔，恐傷和氣，請許收認。帝仁慈素深，因文矩之奏，詔河南、河北舊因兵火擄隔者，並從識認。是日，鄆州進白鵲。

五月癸丑，以福建留後、檢校太傅、舒州刺史王延鈞爲檢校太師、守中書令，充福建節度使、瑯琊郡王，以太常卿蕭頃爲吏部尚書。是日，懷州進白鵲。戊午，以三司副使、守太子賓客張格卒廢朝。以翰林學士、駕部郎中、知制誥竇夢徵爲中書舍人充職。癸亥，遣宣徽使張延朗調發郡縣糧運赴荊南城下，仍以軍法從事。以右龍武統軍崔公實爲左龍武統軍，以前復州刺史高行周爲右龍武統軍。割果州屬郡。乙丑，僞吳楊溥貢新茶。滄州進白鶻〔一六〕。庚午，詔罷荊南之師，既而令軍士散掠居民而迴。詔：「文武臣僚及諸道節度使、刺史，有父母在者，各與恩澤。」宰臣任圜表辭三司事，乃以樞密院承旨孟鵠充三司副使權判。

六月壬午，華州、邢州進兩岐麥，兗州進三足烏。丙戌，宰相任圜落平章事，守太子少保。丁亥，詔天下除併無名額寺院。以宣徽北院使張延朗爲右武衛大將軍、判三司，宣徽北院使，原本脱「徽」字，今據文增入。（影庫本粘籤）依前宣徽使、檢校司徒。辛卯，大理少卿王鬱上言：「凡決極刑，準敕合三覆奏，近年已來，全隳此法，伏乞今後決、前一日許各一覆奏〔一七〕。」從之。壬辰，南面招討使、知荊南行府事〔一八〕、襄州節度使、檢校太傅劉訓責授檢校右僕射、守檀州刺史。訓南征無功，故有是譴。詔喪葬之家，送終之禮不得過度。乙未，户部尚書李鏻上言：「請朝班自四品已上官各許薦令録兩人，五品、六品官各薦簿尉兩人，案五代會要作五品、六品官各許薦簿尉兩人，原本疑脱「六品」二字。功過賞罰，與舉者同之。」詔從之。其所舉人，仍於官告内標所舉姓名，或有不公，案：原本脱「公」字，今從五代會要增。連坐舉主。仍令三品已上各舉堪任兩使判官者。丙申，以天策上將軍、湖南節度使、開府儀同三司、檢校太師、守尚書令、楚王馬殷爲守太師、尚書令，封楚國王。庚子，幸白司馬陂，祭突厥神，從北俗之禮也。

秋七月庚戌朔，以宋州節度使王晏球充北面行營副招討使。癸丑，以左金吾將軍烏昭遠爲左衛上將軍，充入蠻國信使。中書奏：「馬殷封楚國王，禮文不載國王之制，請約三公之儀，用竹册。」從之。壬戌，西川節度副大使、知節度事孟知祥加檢校太尉、兼侍中，東川董璋加爵邑。以左効義指揮使元習爲資州刺史，右効義指揮使盧密爲雅州刺史。癸亥，幸冷泉宫。甲子，以檢校工部尚書謝洪爲宿州團練使。夔州刺史西方鄴奏，殺敗荆南賊軍，收峽内三州。案通鑑：六月，西方鄴敗荆南水軍于峽中，復取夔、忠、萬三州。薛史繫七月甲子，蓋以奏聞之日爲據。歐陽史與薛史同。（舊五代史考異）丙寅，升夔州爲寧江軍，以鄴爲節度使。戊辰，詔曰：「頃因本朝親王遥領方鎮，遂有副大使知節度事，副大使，原本作「正使」，今據新唐書百官志改正。（影庫本粘籤）年代已深，相沿未改。其東川、西川今後落副大使，只云節度使。」庚午，遂州留後李敬周、鄜州留後劉仲殷並正授本州節度使。壬申，兖州節度使房知温移鎮徐州，徐州節度使安元信移鎮襄州，滄州節度使趙在禮移鎮兖州。以齊州防禦使安審通爲滄州節度使。是日，詔陵州、合州長流百姓豆盧革、韋説等，宜令逐處刺史監賜自盡，案：五代春秋作元年七月，殺豆盧革、韋説。考歐陽史，元年七月，貶豆盧革爲辰州刺史，韋説漵州刺史。甲申，流革于陵州，説于合州。二年七月，殺豆盧革、韋説。與薛史同〔一九〕。五代春秋繫于元年，誤也。（舊五代史考異）其骨肉並放逐便。是日，逐段凝於遼州、劉訓於濮州、温韜於德州。甲戌，太子少保任圜上表乞致仕，仍於外地尋醫，詔從之。丁丑，以左金吾大將軍曹廷隱爲齊州防禦使。

八月己卯朔，日有食之。辛巳，以右諫議大夫孔昭序爲給事中，以祕書少監崔憓爲右諫議大夫。壬午，以右驍衛大將軍劉衡爲左領衛上將軍，以鄴都副留守趙敬怡爲右衛上將軍、判興唐府事。乙酉，昆明大鬼主羅殿王、普露静王九部落各差使隨牂牁清州八郡刺史宋朝化等一百五十三人來朝，進方物，各賜官告、繒綵、銀器，放還蕃。丙戌，以御史中丞盧文紀爲工部尚書，以左諫議大夫梁文矩爲御史中丞〔二〇〕。鄧州留後陶玘貶嵐州司馬，以其爲内鄉縣令盛歸仁所訟，税外科率故也。仍賜歸仁緋袍魚袋。癸巳，幸皇子從榮第，宣禁中伎樂觀宴，從榮進馬及器幣，帝因以伎樂賜之。華州上言，渭河泛濫害稼。丁酉，以吏部郎中、襲文宣公孔邈爲左諫議大夫。史館修撰趙熙上言：「應内中公事及詔書奏對，應不到中書者，請委内臣一人抄録，月終送史館。」詔差樞密直學士録送。青州進芝草。青州，原本作「星州」，今據册府元龜改正。（影庫本粘籤）新州奏，契丹乞置互市。癸卯，汴州節度使朱守殷加兼侍中，鄆州節度使符習加檢校太尉。甲辰，皇子從榮娶鄜州節度使劉仲殷女，是夕禮會，百僚表賀。

九月辛亥，義武軍節度使、檢校太尉、兼中書令王都加食邑實封。幽州節度使趙德鈞加檢校太尉，鎮州節度使王建立加同平章事。僞吴楊溥遣使以應聖節貢獻。己未，以前雲州節度使高行珪爲鄧州節度使。是日，出御札曰：「歷代帝王，以時巡狩，一則遵於禮制，一則按察方區。「按察」下原空一字，今據册府元龜增「方」字。（影庫本粘籤）矧彼夷門，控茲東夏，當先帝戡平之始，爲眇躬殿守之邦，俗尚貞純，兵懷忠勇。自元臣鎮靜，庶事康和，兆民咸樂於有年，闔境彌堅於望幸，事難違衆，議在省方。朕取十月七日親幸汴州。」庚申，以衛尉卿李延光爲大理卿。北京留守李彦超上言：「先父存審，本姓符氏，蒙武皇賜姓，乞卻還本姓。」從之。乙丑，夏州節度使李仁福、鳳翔節度使李從曮、李從曮作「逢曮」，據上文李曮賜名從曮，「逢」字當係「從」字之訛，今改正。（影庫本粘籤）朔方節度使韓洙，並加食邑，改賜功臣。以汝州防禦使趙延壽爲河陽節度使，以比部郎中、知制誥劉贊爲中書舍人，以河陽掌書記程遜爲比部員外郎、知制誥，以代州刺史李德珫爲蔚州刺史。

丙寅，樞密使孔循兼東都留守。襄州夏魯奇上言，荆南高季興遣使持書乞修貢奉，詔魯奇不納。詔諸州録事參軍，不得兼使府賓職。己巳，鄧州節度使史敬鎔加檢校太保，同州節度使盧質加檢校司徒。御史臺奏：「每遇入閣，舊例只一員侍御史在龍墀邊祇候，彈奏公事，或有南班失儀，點檢不及。今欲依常朝例，差殿中侍御史二員押鐘鼓樓位，仍各綴供奉班出入。」從之。以青州節度副使淳于晏爲亳州團練使。契丹遣使梅老没骨已下朝貢〔三二〕。戊寅，西川奏：據黎州狀，雲南使趙和於大渡河南起舍一間〔三三〕，留信物十五籠，并雜牋詩一卷，遞至闕下。

冬十月己卯朔，帝御文明殿視朝。癸未，亳州刺史李鄴貶郴州司户，又貶崖州長流百姓，所在賜自盡。判官樂文紀配祁州，責其違法黷貨也。乙酉，駕發西京，詔留宰相崔協以奉祠祭。丁亥，帝宿於滎陽。汴州朱守殷奏，都指揮使馬彦超謀亂，已處斬訖。戊子，次京水，知朱守殷反，帝親統禁軍倍程前進。翌日，至汴州，攻其城，拔之，守殷伏誅。丙申，磁州刺史藥縱之上言，藥縱之，原本作「縱正」，今據列傳改正。（影庫本粘籤）今月十二日，供奉官王仁鎬至，稱制殺太子少保致仕任圜。案：安重誨害任圜，五代春秋及通鑑俱不書日。歐陽史作乙未，殺太子少保致仕任圜。據薛史作十二日，是年十月爲己卯朔，十二日乃庚寅也，與歐陽史異日。（舊五代史考異）契丹遣使持書求碑石，欲爲其父表其葬所。戊戌，詔曰：「諸道州府，自同光三年已前所欠秋夏税租，并主持務局敗闕課利，并沿河舟船折欠，天成元年殘欠夏稅，並特與除放。」時重誨既搆任圜之禍，恐人非之，思市恩於衆以掩己過〔二三〕，乃奏曰：「三司積欠約二百萬貫，虛繫帳額，請並蠲放。」帝重違其意，故有是詔。時議者以蠲隔年之賦，猶或惠民，場院課利一概除之，得不啓奸倖之門乎？

己亥，詔曰：「太子少保致仕任圜，早推勳舊，曾委重難，既退免於劇權，俾優閑於外地。而乃不遵禮分，潛附守殷，緘題罔避於嫌疑，情旨頗彰於怨望。自收汴壘，備見蹤由〔二四〕，若務含弘，是孤典憲。尚全大體，止罪一身，已令本州私第自盡，其骨肉親情僕使等並皆放罪。」辛丑，詔曰：「后來其蘇，動必從於人欲；天監厥德，靜宜布於國恩。近者言幸浚郊，暫離洛邑，蓋逢歲稔，共樂時康。不謂奸臣，遽彰逆狀，爲厲之階既甚，覆宗之禍自貽。以致近輔生靈，遘此多端紛擾〔二五〕，永言軫惻，無輟寐興。宜覃雨露之恩，式表雲雷之澤，應汴州城内百姓，既經驚劫，宜放二年屋稅。諸處有曾受逆人文字者，隨處焚毀。應天下見禁囚徒，除十惡五逆、殺人放火、劫盜、合造毒藥、官典犯贓、僞行印信、屠牛外，罪無輕重，並從釋放。應有民年八十已上及家長有廢疾者〔二六〕，免一丁差役」云。以山南西道節度使張筠爲西京留守、張筠，原本作「張漢筠」，今考張筠傳，筠未嘗名漢筠，當係傳寫衍文，今删去。（影庫本粘籤）行京兆尹。青州節度使霍彥威差人走馬進箭一對，賀誅朱守殷，帝卻賜彥威箭一對。傳箭，蕃家之符信也，起軍令衆則使之，彥威本非蕃將，以臣傳箭於君，非禮也。癸卯，以權知汴州事、陜州節度使石敬瑭爲汴州節度使、兼六軍諸衛副使、侍衛親軍馬步都指揮使。鳳翔奏，地震。丙午，威武軍節度副使、檢校太尉、守建州刺史王延禀可同平章事〔二七〕、守建州刺史，充奉國軍節度使〔二八〕、兼威武軍節度副使。詔割施州卻屬黔南。

十一月己酉，帝祭蕃神於郊外。庚戌，以皇城使、行袁州刺史李從敏爲陜州節度使。乙卯，青州霍彦威、鄆州符習來朝。以太子詹事温輦爲吏部侍郎。徐州房知温來朝。戊午，黔南節度使李紹義加檢校太保。庚申，皇子河中節度使、檢校太保、同平章事從珂，鄴都留守、檢校太保、同平章事從榮，河南尹、判六軍諸衛事、檢校太保、同平章事從厚，並加檢校太傅，進爵邑。貝州刺史竇廷琬上言：請制置慶州青白兩池，逐年出絹十萬匹、米萬石〔二九〕。詔升慶州爲防禦所〔三〇〕，以廷琬爲使。壬申，詔霍彦威等歸藩。詔太宗朝左僕射李靖可册贈太保，鄭州僕射陂可改爲太保陂。時議者以僕射陂者，後魏孝文帝賜僕射李沖，李沖，原本作「李种」，今據魏書改正。（影庫本粘籤）故因以爲名，及是命之降以爲李靖，蓋誤也。契丹遣使梅老等來乞通和〔三一〕。

十二月戊寅朔，以前鳳翔留後高允貞爲右監門上將軍。詔以施州爲夔州屬郡，以其便近故也。遣飛勝指揮使安念德使於契丹〔三二〕，賜契丹王錦綺、銀器等，兼賜其母繡被纓絡。己卯，蔚州刺史周令武得代歸闕，帝問北州事，令武奏曰：「山北甚安，諸蕃不相侵擾。鴈門已北，東西數千里，斗粟不過十錢。」帝悅，顧謂左右曰：「須行善事，以副天道。」居數日，帝延宰臣於玄德殿，言及民事，馮道奏曰：「莊宗末年，不撫軍民，惑於聲樂，遂致人怨國亂。陛下自膺人望，歲時豐稔，亦淳化所致也。更願居安思危。」帝然之。許州地震。庚辰，皇子鄴都留守從榮移鎮太原。以北京留守符彥超爲潞州節度使。乙酉，以彰國軍節度使李從璋昧於政理，詔歸闕。敕新及第進士有聞喜宴〔三三〕，逐年賜錢四十萬。己丑，兗州節度使趙在禮來朝。詔出潛龍宅米以賑百官。壬辰，以太傅致仕齊國公趙光逢卒輟朝。丙申，許州節度使夏魯奇移鎮遂州。庚子，幸石敬瑭公署及康義誠私第。甲辰，狩於東郊，臘也〔三四〕。丙午，追尊四廟，以應州舊宅爲廟。永樂大典卷七千一百六十四。

校勘記

〔一〕混同書軌　「混同」，原作「渾同」，據冊府卷三改。影庫本粘籤：「渾同，原本作『温同』，今據冊府元龜改正。」

〔二〕然閔帝紀尚稱安北都護楊檀　「安」字原闕，據孔本、本書卷四五唐閔帝紀補。

〔三〕是檀在天成中未嘗改名　「是檀」二字原闕，據孔本補。

〔四〕處君恩於何地　「於」，原作「而」，據册府卷六五改。

〔五〕起今後三京及州使職員名目是押衙兵馬使指揮使已上　「指揮使」三字原闕，據册府卷六一、五代會要卷六補。「已上」二字原闕，據五代會要卷六補。

〔六〕諸都軍將衙官使下係名籍者　「籍」，原作「糧」，據册府卷六一改。

〔七〕或希假攝貴免丁徭　原作「或希假于攝貴以免丁徭」，據册府卷六一改。五代會要（四庫本）卷六作「或希假攝，貴兒丁徭」，「兒」係「免」之訛。影庫本粘籤：「攝貴，原本脱『攝』字，今從册府元龜增入。」

〔八〕以東川節度使董璋充東南面招討使新授夔州刺史西方鄴爲副招討使　「東南面」，原作「南面」，據殿本、劉本、通鑑卷二七五改。舊五代史考異卷二：「通鑑考異：按梓、夔皆在荆南之西南，而云東南面者，蓋據夔、梓所向言之耳。」按西方鄴墓誌（拓片刊千唐誌齋藏誌）記鄴時爲東南面招討副使。

〔九〕李鏻　原作「李璘」，據彭校、本書卷三七唐明宗紀三改。按本書卷一〇八、新五代史卷五七有李鏻傳。本卷下一處同。

〔一〇〕河南府新安縣宜陞爲次赤　「陞」字原闕，據册府卷三一補。按五代會要卷二〇河南府新安縣注：「後唐天成二年二月升爲次赤縣，以奉莊宗雍陵。」

〔一一〕以華州留後劉彦琮爲本州節度使　「劉」字原闕，據殿本、劉本、本書卷六一劉彦琮傳、册府卷三八七補。

〔三〕自五品已下輒起　「已」字原闕，據殿本、册府卷五一七、五代會要卷六補。孔本作「以」。「起」，原作「取」，據殿本、劉本、孔本、邵本、五代會要卷六改。

〔三〕長興三年三月詔　「三月」，原作「五月」，據五代會要卷六改。

〔四〕惟幟於長竿表隊伍而已　「長竿」，原作「長行」，據新五代史卷四六房知温傳、通鑑卷二七五改。

〔五〕雷峴　原作「雷現」，據册府卷一六九、卷二三二改。影庫本粘籤：「雷現，九國志作『雷覸』，十國春秋仍作『現』，今仍其舊。」按今檢十國春秋卷三亦作「雷峴」。

〔六〕滄州進白鶴　「白鶴」，册府卷二五作「白鵲」。

〔七〕伏乞今後決前一日許各一覆奏　「各」字原闕，據本書卷一四七刑法志、五代會要卷一〇、册府卷六一三、文獻通考卷一六六補。

〔八〕知荆南行府事　「荆南」，原作「荆州南」，據本書卷六一劉訓傳、册府卷四三八、卷四五〇及本卷上文改。

〔九〕與薛史同　「同」，原作「異」，據殿本考證改。

〔一〇〕以左諫議大夫梁文矩爲御史中丞　「左」，本書卷九二梁文矩傳及本卷上文作「右」。

〔二〕梅老没骨　原作「摩琳孟衮」。注云：「舊作『梅老没骨』，今改正。」按此係輯録舊五代史時所改，今恢復原文。

〔二二〕雲南使趙和於大渡河南起舍一間　「雲南」，原作「雲州」，據劉本、邵本、彭本、五代會要卷三〇、冊府卷九八〇改。

〔二三〕思市恩於衆以掩己過　「市」，原作「沛」，據冊府卷三三九、卷四九二改。

〔二四〕備見蹤由　「蹤」，原作「綜」，據殿本、劉本、彭校、本書卷六七任圜傳改。

〔二五〕以致近輔生靈遘此多端紛擾　殿本、孔本、冊府卷九二、卷四九二作「俾我生靈遘茲紛擾」。

〔二六〕應有民年八十已上及家長有廢疾者　「長」下原有「者」字，據彭校、冊府卷五五、卷九二、卷四九二刪。

〔二七〕王延稟　原作「王延亶」，據本書卷四〇唐明宗紀六、卷四一唐明宗紀七、卷四二唐明宗紀八、通鑑卷二七六改。

〔二八〕充奉國軍節度使　「節度使」，原作「節度副使」，據本書卷四〇唐明宗紀六、卷四一唐明宗紀七、通鑑卷二七六改。

〔二九〕米萬石　「萬石」，本書卷七四竇廷琬傳作「十萬石」，冊府卷四九四作「五萬石」。

〔三〇〕詔升慶州爲防禦所　「所」，冊府卷四九四作「使」。

〔三一〕契丹遣使梅老等來乞通和　「梅老」，原作「摩琳」，注云：「舊作『梅老』，今改正。」按此係輯録舊五代史時所改，今恢復原文。「等」下殿本有「率其屬」三字。按冊府卷九八〇敍其事作

「契丹使梅老等三十餘人見傳本土願和好之意」。

〔三〕遣飛勝指揮使安念德使於契丹　「安念德使」四字原闕，據册府卷九七六補。按孔本校：「『飛勝指揮』下似脱人名。」五代會要卷二九、新五代史卷七二四夷附録亦記飛勝指揮使安念德使契丹事。

〔三〕敕新及第進士有聞喜宴　句下册府（宋本）卷六四一有「關宴」二字。

〔㗊〕臘也　「臘」，原作「獵」，據殿本、邵本、册府卷一一五改。

舊五代史卷三十九

唐書十五

明宗紀第五

天成三年春正月戊申朔，帝御崇元殿受朝賀，仗衞如式。辛亥，前河陽節度使、檢校太傅、兼侍中孔勍以太子太師致仕。癸丑，詔取今月十七日幸鄴都。甲寅，以國子祭酒朱守素卒廢朝。丙辰，以鎮南軍節度使袁建豐卒廢朝。鎮南，原本作「鎮方」，今據歐陽史改正。（影庫本粘籤）詔贈太尉。

丁巳，詔曰：「朕聞堯舜有恤刑之典，貴務好生；禹湯申罪己之言，庶明知過。今月七日〔一〕，據巡檢軍使渾公兒口奏稱，有百姓二人，以竹竿習戰鬬之事。朕初聞奏報，實所不容，率爾傳宣，令付石敬瑭處置。今日安重誨敷奏〔二〕，今日重誨敷奏，原本作「今旦」，今從册府元龜改正。（影庫本粘籤）方知悉是幼童爲戲，載聆讜議，方覺失刑，循揣再三，愧惕非一。亦以渾公兒誑誣頗甚，石敬瑭詳覆稍乖，致人枉法而殂，處朕有過之地。今減常膳十日，以謝幽冤。其石敬瑭是朕懿親，合施極諫，既茲錯誤，宜示省循，可罰一月俸。渾公兒決脊杖二十，仍削在身職銜〔三〕，配流登州。小兒骨肉，賜絹五十匹、粟麥各百石，便令如法埋葬。兼此後在朝及諸道州府，凡有極刑，並須子細裁遣，不得因循。」百僚進表稱賀。

己未，中書門下奏，國子祭酒望令宰相兼判。案五代會要載原奏云：祭酒之資，歷朝所貴，爰從近代，不重此官。況屬聖朝，方勤庶政，須弘雅道，以振時風。望令宰臣一員，兼判國子祭酒。（舊五代史考異）乃詔崔協判之。辛酉，以前潞州節度使毛璋爲右金吾上將軍，以左驍衞上將軍華温琪爲右金吾大將軍，以春州刺史張虔釗爲鄭州防禦使。契丹陷平州。案：契丹陷平州，歐陽史作丁巳，通鑑不書日。考平州自梁開平中劉守光以賂契丹，天成元年盧文進舉其地以歸於唐，至三年復爲遼人所取，自是平州遂屬於遼。宋人論石晉賂遼故地，兼及平州，蓋未詳考，今附識于此。（舊五代史考異）癸亥〔四〕，詔應廟諱文字，只避正文，其偏旁文字，不用虧缺點畫。契丹遣使秃衲悲梅老等貢獻〔五〕，帝遣散指揮使奔托山押國信賜契丹王妻〔六〕。奔托山，原本作「賁托山」，考通鑑作「奔」，胡三省云：奔，姓也。今改正。（影庫本粘籤）戊辰，以隨駕馬軍都指揮使、富州刺史康義誠兼領鎮南軍節度使，以隨駕步軍都指揮使、潮州刺史楊漢章遥領寧國軍節度使。中書上言：「舊制遇二月十五日玄元皇帝降聖節，休假三日。準會昌元年二月敕，休假一日，請準近敕。」從之。吐蕃野利延孫等六人、迴鶻米里都督等四人，並授歸德、懷遠將軍，放還蕃。庚午，册贈故瀛州刺史李嗣顒爲太尉。壬申，册贈故皇子檢校司空從譓爲太保。甲戌，制以楚國夫人曹氏爲淑妃，以韓國夫人王氏爲德妃，仍令所司擇日册命。

二月丁丑朔，有司上言，太陽合虧，既而有雲不見，羣官表賀。詔巡幸鄴都事宜停〔七〕。庚辰，僞吴楊溥遣使貢獻，賀誅朱守殷。帝以荆南拒命，通連淮夷，不納其使，遣還。壬午，以光禄卿韋寂卒廢朝，贈禮部尚書。癸未，工部尚書盧文紀貶石州司馬，員外安置。文紀私諱「業」，文紀私諱「業」，原本作「諱葉」，今從册府元龜改正。（影庫本粘籤）時新除于鄴爲工部郎中，舊例，僚屬名與長官諱同，或改其任。文紀素與宰相崔協有隙，故中書未議改官。于鄴授官之後，文紀自請連假。鄴尋就位，及差延州官告使副，未行，文紀參告，且言候鄴迴日終請換曹，鄴其夕自經而死，故文紀貶官。以倉部郎中何澤爲吏部郎中〔八〕，奬伏閤諫巡幸鄴都也。丁亥，天德軍節度使郭承豐加檢校司徒〔九〕。辛卯，以山南西道節度使張筠爲左驍衛上將軍。案：通鑑作左衛上將軍，歐陽史從薛史作左驍衛。（舊五代史考異）詔中外羣臣父母亡没者，並與追封贈。癸巳，以禮部尚書崔貽孫卒輟朝。甲午，以吐渾寧朔、奉化兩府都知兵馬使李紹魯爲吐渾寧朔府都督。乙未，以樞密使、兼東都留守孔循爲許州節度使、兼東都留守，鄧州節度使高行珪移鎮安州，應州節度使李從璋移鎮滑州，滑州節度使盧文進移鎮鄧州。鄧州，原本作「鄧州」，今據歐陽史盧文進傳改正。（影庫本粘籤）丁酉，以責授檀州刺史劉訓爲右龍武大將軍。己亥，迴鶻可汗仁喻遣都督李阿山等貢獻。案：歐陽史作戊戌。（舊五代史考異）壬寅，以左金吾大將軍羅周敬爲同州節度使。甲辰，以威塞軍節度使張廷裕卒廢朝，詔贈太保。以耀州團練使孫岳爲閬州團練使，以左監門上將軍高允貞爲右金吾衞大將軍，以右金吾衞大將軍華温琪爲左金吾衞大將軍。

三月丁未朔，以久雨，詔文武百辟極言時政得失。丁巳，以邢州節度使王景戡爲華州節度使，邢州，原本作「汧州」，今從册府元龜改正。（影庫本粘籤）以前北京副留守李從温爲邢州節度使。己未，以宰臣鄭珏爲開府儀同三司、左僕射致仕，加食邑五百户。庚辰〔一〇〕，以前復州刺史翟璋爲新州威塞軍留後〔一一〕。中書奏：「孟夏薦饗，合宰相行事，在朝只有宰相二員，今東都留守孔循帶平章事，宜令攝太尉行事。」孔循稱：「使相有戎機，不當司祠祭重事〔一二〕。」癸亥，以前鎮州節度使王建立爲右僕射兼中書侍郎、平章事、集賢殿大學士、判三司。西方鄴上言，收復歸州。以前鄭州刺史楊漢賓爲洋州武定軍留後。戊辰，以前彰國軍節度副使陳皋爲鳳州武興軍留後，以前蔡州刺史孫漢韶爲應州彰國軍留後。以宣徽南院使范延光爲樞密使，以宣徽北院使、判三司張延朗爲宣徽南院使。以前冀州刺史婁繼英爲耀州團練使，以懷州刺史張廷蘊爲金州防禦使。己巳，命范延光權知鎮州軍府事。西方鄴奏，於歸州殺敗荊南賊軍〔一三〕。太白山道士解元龜自西川至，對於便殿，稱年一百一歲。既而上表乞西都留守兼西川制置使，要修西京宮闕。帝謂侍臣曰：「此人老耄，自遠來朝，方期別有異見，反爲身名，甚可笑也。」賜號知白先生，賜紫，放歸山。甲戌，册迴鶻可汗仁喻爲順化可汗。

夏四月戊寅，以汴州節度使石敬瑭爲鄴都留守、充天雄軍節度使，加同平章事；以樞密使、權知鎮州軍府事、檢校太保范延光爲鎮州節度使、兼北面水陸轉運使。范延光，原本作「廷光」，今據歐陽史改正。（影庫本粘籤）以司農卿鄭續爲太僕卿。壬午，夔州節度使、東南面副招討使西方鄴加檢校太保。甲申，皇第三女石氏封永寧公主，永寧，原本作「求寧」，今從五代會要改正。（影庫本粘籤）第十三女趙氏封興平公主，仍令所司擇日册命。幽州上言，契丹有書求樂器。乙酉，達靼遣使朝貢。以隨駕馬軍都指揮使康義誠爲侍衛親軍馬步軍都指揮使。丙戌，樞密使安重誨兼河南尹；以皇子河南尹、判六軍諸衞事從厚爲汴州節度使，判六軍如故。丁亥，復州奏，湖南大破淮賊於道人磯。以西川馬步軍都指揮使趙廷隱兼漢州刺史，從孟知祥之請也。案九國志趙廷隱傳：知祥至蜀，康延孝陷漢州，遣廷隱率兵擊破之，擒延孝，檻送闕下。知祥奏加檢校司空、漢州刺史，遂留屯成都。（舊五代史考異）洋州上言，重開入蜀舊路三百餘里，比今官路較二十五程而近。癸巳，殿中少監石知訥貶憲州司户〔一四〕，坐扇惑軍鎮也。北面副招討、宋州節度使王晏球以定州節度使王都反狀聞。案：遼史作三月，王都以定州來歸。五代春秋及通鑑並從薛史作四月。庚子，制義武軍節度使、檢校太尉、兼中書令、太原王王都削奪官爵。壬寅，以王晏球爲北面行營招討使、知定州行軍州事，以滄州節度使兼北面行營馬軍都指揮使安審通爲副招討使兼諸道馬軍都指揮使。以左散騎常侍蕭希甫兼判大理卿事。西京奏，前樞密使張居翰卒。

五月乙巳朔，迴鶻可汗仁喻封順化可汗〔一五〕。丁未，鄴都留守、天雄軍節度使石敬瑭，河陽節度使趙延壽，並加駙馬都尉。以右僕射李琪爲太子少傅。辛亥，沙州節度使曹義金加爵邑。王晏球上言，收奪得定州北西二關城。北西二關，原本作「比三關」，今從通鑑增改。（影庫本粘籤）癸丑，湖南馬殷奏，二月中，大破淮寇二萬，生擒將士五百餘人〔一六〕。中書上言：「諸道薦人，宜酌定員數〔一七〕。今後節度使每年許薦二人，帶使相者許薦三人，團練、防禦使各一人，節度觀察判官並聽旨授，書記已下即許隨府。」從之。以六軍判官、尚書司封郎中史圭爲右諫議大夫，充樞密直學士。詔州縣官以三十月爲考限，刺史以二十五月爲限，以到任日爲始。己未，幽州奏，契丹禿餒領二千騎西南趨定州〔一八〕。以前同州節度使盧質行兵部尚書、判太常卿事。辛酉，以天雄軍節度副使、判興唐府事趙敬怡爲樞密使。詔曰：「上柱國，勳之極也。近代已來，文臣官階稍高，便授柱國，歲月未深，便轉上柱國。武資初官，便授上柱國。今後凡加勳，先自武騎尉，十二轉方授上柱國，十二轉，原本作「二輔」，今據新唐書百官志改正。（影庫本粘籤）永作成規，不令踰越。」丁卯，鎮州奏，今月十八日，王師不利於新樂。壬申，王晏球奏，今月二十一日，大破定州賊軍及契丹於曲陽，斬獲數千人，王都與禿餒以數十騎復入於定州。

六月己卯，以右金吾上將軍毛璋爲左金吾上將軍，以前安州節度使史敬鎔爲右金吾上將軍，以前華州節度使劉彥琮爲左武衞上將軍。壬午，放內園鹿七頭於深山。乙酉，皇子故金槍指揮使、檢校左僕射從璟贈太保。己丑，幽州趙德鈞奏，殺契丹千餘人於幽州東，獲馬六百匹。壬辰，宰臣馮道率百僚上表，請上尊號曰聖明神武文德恭孝皇帝，詔報不允。丙申，馮道等再上尊號，不允。戊戌，以西京副留守、知留守事張遵誨行京兆尹。

秋七月乙巳，詔故僞蜀主王衍追封順正公，以諸侯禮葬。丙午，以前武信軍節度使李敬周爲邠州節度使。丁未，以滄州節度使安審通卒於師輟朝。壬子，以朔方節度使韓洙卒廢朝。甲寅，王晏球奏，六月二十二日進攻逆城，將士傷者三千人。時晏球知城中有備，未欲急攻，朱弘昭、張虔釗切於立功，促攻賊壘，晏球不得已而進兵，遂致傷痍者衆。乙卯，以太子少保李茂勳卒輟朝。己未，己未，原本作「丁未」。考通鑑云：東都民有犯私麴者，留守孔循族之。或請聽民造麴，而于秋稅畝收五錢。己未，敕從之。今改正。（影庫本粘籤）詔弛麴禁，許民間自造，於秋苗上徵納麴價〔一九〕，畝出五錢。時孔循以麴法殺一家於洛陽，或獻此議，以爲愛其人，便於國，故行之。宗正卿李紓除名，刑部侍郎馬縞貶綏州司馬，刑部員外郎李慎儀貶階州司户。初，李紓差攝陵臺令張保嗣等各虚稱試銜，爲奉先令王延朗所訟，大理寺斷以詐假官論，刑部詳覆，稱非詐假。大理執之，召兩司廷議，刑部理屈，故有是貶。紓續敕配隴州，徒一年。未幾，詔曰：「天下州府，例是攝官，皆結試銜，試銜，原本作「私銜」，今據五代會要改正。（影庫本粘籤）或因勘窮，便關詐假。已前或有稱試銜，一切不問，此後並宜禁止。」曹州刺史成景弘貶綏州司户參軍，續敕長流宥州，尋賜自盡，坐受本州倉吏錢百緡也。壬戌，齊州防禦使曹廷隱以奏舉失實，配流永州，續敕賜自盡。案：歐陽史作己未，殺齊州防禦使曹廷隱。己未在壬戌前三日，不應發配在後，賜死轉在前也，歐陽史疑訛。（舊五代史考異）甲子，王晏球奏，今月十九日契丹七千騎來援定州，王師逆戰於唐河北，唐河，原本作「康河」，今據通鑑改正。（影庫本粘籤）大破之。追至滿城，又破之，斬二千級，獲馬千匹〔二〇〕。案通鑑：壬戌，王晏球破契丹于唐河北。甲子，追至易州。所推長曆與薛史合。戊辰，福建節度使王延鈞可依前檢校太師、守中書令，進封閩王。己巳，王晏球奏，此月二十一日，追契丹至易州，掩殺四十里，擒獲甚衆。故朔方節度使韓洙贈太尉。以兵部侍郎王權、御史中丞梁文矩並爲吏部侍郎，以左諫議大夫呂夢奇爲御史中丞。

八月癸酉朔，以翰林學士守中書舍人李懌、劉昫並爲户部侍郎充職，以吏部侍郎劉岳守祕書監，以吏部侍郎韓彦惲守禮部尚書，以户部侍郎歸藹守太子賓客，以户部侍郎裴皞守兵部侍郎，以中書舍人張文寶守刑部侍郎。詔凡有姓犯廟諱者，以本望爲姓。丁丑，以檢校尚書右僕射、守右龍武大將軍劉訓爲晉州節度使〔二一〕、檢校太傅。壬午，幽州趙德鈞奏，於府西邀殺契丹敗黨數千人，生擒首領惕隱等五十餘人〔二二〕。是時，官軍襲殺契丹，屬秋雨繼降，泥濘莫進，人饑馬乏，散投村落，所在村民持白梃毆殺之。德鈞出兵接於要路，惟奇峰嶺北有馬潛遁脱者數十，餘無噍類〔二三〕。帝致書喻其本國。案：通鑑作八月壬戌，趙德鈞邀擊契丹。據薛史，八月係癸酉朔，不得有壬戌，疑通鑑誤。辛卯，以朔方軍留後韓璞爲朔方軍節度使、靈武雄警甘肅等州觀察使、檢校司徒。雄警，疑當作「雄邠」。考五代會要及册府元龜俱作警。又通鑑注云：警州在涇原西。今仍其舊。（影庫本粘籤）帝聞隨、鄧、復、郢、均、房之民，父母骨肉有疾，以長竿遥致粥食而餉之，出嫁女，夫家不遣來省疾，乃下詔委長吏嚴加禁察。房州奏，新開山路四百里，南通夔州，畫圖以獻。以前洋州節度使戴思遠爲太子少保致仕〔二四〕。庚子，詔：「今後翰林學士入院，以先後爲班次，承旨一員，不計官資先後，在學士之上。」

閏月丁未，兩浙節度觀察留後、清海軍節度使、檢校太師、兼中書令錢元瓘可杭州越州大都督府長史，充鎮東鎮海等軍節度使。戊申，趙德鈞獻戎俘於闕下，其蕃將惕隱等五十人留於親衛，餘契丹六百人皆斬之。乙卯，升楚州爲順化軍。以明州刺史錢元珦爲本州節度使，以吏部尚書蕭頃爲太子少保。契丹遣使來貢獻。契丹平州刺史張希崇上表歸順。乙丑，陝州節度使李從敏移鎮滄州。以宣徽南院使張延朗爲陝州節度使。詔：「在京遇行極法日，宜不舉樂，兼減常膳。諸州遇行極法日，禁聲樂。」己巳，滑州掌書記孟昇匿母服，大理寺斷處流，特敕孟昇賜自盡。觀察使、觀察判官、録事參軍失其糾察，各行殿罰。襄邑縣民聞威〔二五〕，父爲人所殺，不雪父冤，有狀和解，特敕處死。是月二十七，大水，河水溢。絳州地震。

九月乙亥，以捧聖左右廂副都指揮使索自通爲雲州節度使。丁丑，以太府卿、判四方館事李郁爲宗正卿。壬午，以晉州節度使安崇阮爲左驍衛上將軍。甲申，吐蕃、迴紇各遣使貢獻。壬辰，宰臣王建立進玉杯，上有文曰「傳國萬歲盃」。乙未，詔德州流人温韜、遼州流人段凝、嵐州司户陶玘、憲州司户石知訥、原州司馬聶嶼，並宜賜死於本處，暴其宿惡而誅之也。丙申，以邠州節度使梁漢顒爲右威衛上將軍。威衛，原本作「威武」，今從五代會要改正。（影庫本粘籤）丁酉，河陽節度使、駙馬都尉趙延壽爲檢校司徒。己亥，詔徐州節度使房知温兼荆南行營招討使、知荆南行府事。

冬十月甲辰，制瓊華長公主孟氏可册爲福慶長公主。丙午，以滄州節度使李從敏兼北面行營副招討使〔二六〕。戊申，帝臨軒，命禮部尚書韓彥惲、工部侍郎任贊往應州奉册四廟。詔邠州節度使李敬周攻慶州，案：通鑑作李敬通，薛史前後並作敬周，歐陽史亦作敬周，疑通鑑傳刻之訛。（舊五代史考異）以刺史竇廷琬拒命故也。案：竇廷琬反，通鑑從薛史作十月，歐陽史繫于十月以前，與薛史異。（舊五代史考異）戊午，契丹平州刺史張希崇已下八十餘人見於玄德殿，頒賜有差。突厥首領張慕進等來朝貢。案：歐陽史作慕晉。（舊五代史考異）　案：張慕進來朝，歐陽史作丁巳。（孔本）甲子，安州節度使高行珪奏，屯駐左神捷、左懷順軍士作亂，已逐殺出城。詔升壽州爲忠正軍。戊辰，以雲州節度使索自通領壽州節度使，以前雲州節度使張温復爲雲州節度使〔二七〕。庚午夜，西南有彗星長丈餘，在牛星五度。

十一月癸酉，日南至，帝御崇元殿受朝賀。甲戌，捧聖指揮使何福進招收到安州作亂兵士五百人，自指揮使已下至節級四十餘人並斬，餘衆釋之。壬午，房知温奏，荆南高季興卒。案：高季興卒，通鑑作十二月丙辰，詳見通鑑考異。（舊五代史考異）中書舍人劉贊奏：「請節度使及文班三品已上謝、見通喚〔二八〕。」從之。是日，以契丹所署平州刺史、光禄大夫、檢校太保張希崇爲汝州刺史，案：歐陽史作汝州防禦使，通鑑從薛史作刺史。（舊五代史考異）加檢校太傅。己丑，中書奏：「今後或有封册，請御正衙。」從之。青州奏，節度使霍彥威卒，輟朝三日。詔宰臣王建立權知青州軍州事。庚寅，禮部員外郎和凝奏：「應補齋郎並須引驗正身，以防僞濫。舊例，使蔭一任官補一人，今後改官須轉品即可，如無子，許以親姪繼限〔二九〕，念書十卷，試可則補。」從之。甲午，以尚書左僕射〔三〇〕、同平章事、集賢殿大學士、判三司王建立爲青州節度使、檢校太尉、同平章事。丙申，帝謂侍臣曰：「古鐵券如何？」趙鳳對曰：「帝王誓文，許其子子孫孫長享爵禄。」帝曰：「先朝所賜，唯朕與郭崇韜、李繼麟三人爾，崇韜、繼麟尋已族滅，朕之危疑，慮在旦夕。」於是嗟嘆久之。趙鳳曰：「帝王執信，故不必銘金鏤石矣。」吏部郎中何澤奏：「流外官請不試書判之類。」何澤，原本作「何譯」，今據歐陽史改正。（影庫本粘籤）從之。吐蕃遣使朝貢。戊戌，前安州節度副使范延策并男皆斬於軍巡獄〔三一〕，爲高行珪誣奏故也。

十二月壬寅朔，詔真定府屬縣宜準河中、鳳翔例升爲次畿，真定縣升爲次赤。甲辰，邠州節度使李敬周奏，收下慶州，刺史竇廷琬族誅。永樂大典卷七千一百六十四。

校勘記

〔一〕今月七日　「七日」，原作「十七日」，據册府卷一五一、卷一七五改。按是月戊申朔，丁巳下詔，爲初十，詔敍已發生之事，不應爲十七日。

〔二〕今旦安重誨敷奏　「安」字原闕，據彭校、册府卷一五一、卷一七五、容齋三筆卷七引舊五代史補。

〔三〕仍削在身職銜　「削」，原作「銷」，據册府卷一五一、卷一七五改。

〔四〕癸亥　以上二字原闕，據殿本補。按册府卷三繫其事於正月十六日，是月戊申朔，癸亥爲十六日。

〔五〕禿汭悲梅老　原作「特蘇巴摩琳」。注云：「舊作『禿汭悲梅老』，今改正。」按此係輯録舊五代史時所改，今恢復原文。

〔六〕帝遣散指揮使奔托山押國信賜契丹王妻　「散指揮使」，原作「指揮使」，據册府卷九七六改。

〔七〕詔巡幸鄴都事宜停　「鄴都」，原作「汴京」，據殿本、孔本、邵本校、册府卷一一四、通鑑卷二七六改。

〔八〕以倉部郎中何澤爲吏部郎中　通鑑卷二七三胡注引薛史：「何澤，廣州人，梁貞明中清海節度使劉陟薦其才，以進士擢第。」按此則係舊五代史何澤傳佚文，清人未輯何澤傳，姑附於此。

〔九〕郭承豐　劉本作「郭彦豐」。

〔一〇〕庚辰　按是月丁未朔，無庚辰，本卷繫其事於己未、癸亥間，疑爲庚申。

〔一一〕翟璋　原作「翟章」，據本書卷四〇唐明宗紀六改。按本書卷九五有翟璋傳。

〔一二〕不當司祠祭重事　「當」字原闕，據殿本、孔本補。册府卷三三六敍其事作「不合當祠祭重事」。

〔三〕於歸州殺敗荆南賊軍　句下殿本有「數千人」三字。

〔四〕石知訥　原作「石知納」，據殿本、册府卷九三八、卷九四二及本卷下文改。

〔五〕五月乙巳朔迴鶻可汗仁喻封順化可汗　按本卷上文「（三月甲戌）册迴鶻可汗仁喻爲順化可汗」，兩者疑有一誤。本書卷一三八回鶻傳、册府卷九六五、五代會要卷二八皆繫其事於三月，新五代史卷六唐本紀繫於五月。

〔六〕生擒將士五百餘人　「餘」字原闕，據殿本、册府卷四三五補。

〔七〕宜酌定員數　殿本、孔本、册府卷六三二作「總與不可，全阻又難」。

〔八〕秃餒　原作「塔納」，注云：「舊作『秃餒』，今改正。」按此係輯録舊五代史時所改，今恢復原文。

〔九〕於秋苗上徵納麴價　「徵納」，原作「紉徵」，據殿本、劉本、通曆卷一三改。

〔一〇〕追至滿城又破之斬二千級獲馬千匹　以上十五字原闕，據殿本、孔本補。册府卷四三五作「襲至蒲城，又掩殺二千級，捉馬千匹」，「蒲城」係「滿城」之訛。新五代史卷四六王晏球傳作「追擊至滿城，斬首二千級，獲馬千匹」。

〔一一〕右龍武大將軍　「右」字原闕，據册府卷一四九及本卷上文補。

〔一二〕生擒首領惕隱等五十餘人　「惕隱」，原作「特哩袞」，注云：「舊作『惕隱』，今改正。」按此係輯録舊五代史時所改，今恢復原文。「等五十餘人」，殿本作「及其屬凡五十餘人」。

〔三三〕惟奇峰嶺北有馬潛遁脱者數十餘無噍類　原作「幾無噍類」，據殿本、孔本改。册府卷四三五、卷九八七略同，惟「有馬」作「有棄馬」。

〔三四〕以前洋州節度使戴思遠爲太子少保致仕　「太子少保」，原作「太子太保」，據本書卷四七唐末帝紀中、卷六四戴思遠傳、戴思遠墓誌（拓片刊洛陽新獲墓誌）改。

〔三五〕聞威　册府卷一五四作「周威」。

〔三六〕以滄州節度使李從敏兼北面行營副招討使　「行營副」三字原闕，據本書卷四〇唐明宗紀六、册府卷一二〇、通鑑卷二七六補。

〔三七〕以前雲州節度使張温復爲雲州節度使　朱玉龍方鎮表：「按莊宗、明宗本紀及通鑑，皆無同光、天成年間張温鎮雲州的記載，據舊史卷五九張温傳云『天成初，歷振武、昭武留後，尋授利州節度使，入爲右衛上將軍。無幾，授洋州節度使、右龍武統軍，改雲州節制。清泰初，屯兵雁門……』據此，張温節制雲州則當在長興末、清泰初。又卷六一張敬詢傳云，天成二年，詔還京師，復授大同節度使；四年，徵爲左驍衛上將軍。因疑『張温』爲『張敬詢』之誤。」

〔三八〕請節度使及文班三品已上謝見通喚　「文班三品已上」下五代會要卷六有「武班二品已上官」七字。册府卷一〇八略同。

〔三九〕如無子許以親姪繼限　册府卷六三二作「如無嫡子，即許以親姪繼院」。五代會要卷一六載和凝奏：「以姪繼院者，即初補時狀內言某無子，今以姪某繼院爲子使蔭。」

〔三〇〕尚書左僕射　「左」，本書卷九一王建立傳、光緒榆社縣志卷九載韓王王建立墓銘及本卷上文作「右」。

〔三一〕范延策　原作「范延榮」，據本書卷六五高行珪傳、册府卷九三一、新五代史卷四八高行珪傳改。

舊五代史卷四十

唐書十六

明宗紀第六

天成四年春正月壬申朔，帝御崇元殿受朝賀，仗衞如儀。幽州節度使趙德鈞奏：「臣孫贇〔一〕，年五歲，默念何論〔二〕、孝經，案：宋史作贊七歲，誦書二十七卷。（舊五代史考異）舉童子，於汴州取解就試。」詔曰：「都尉之子，太尉之孫，能念儒書，備彰家訓，不勞就試，特與成名。宜賜別敕及第，附今年春牓。」案宋史云：特賜童子及第，附長興三年禮部春牓。薛史作天成四年春牓，與宋史異。（舊五代史考異）戊子，放元年應欠秋稅。以左衞上將軍安崇阮爲黔南節度使〔三〕。壬辰，迴鶻入朝使掣撥等五人各授懷化司戈放還。以北京副留守馮贇爲宣徽使、判三司。戊戌，禁天下虛稱試攝銜。西川孟知祥奏：「支屬刺史乞臣本道自署。」

二月乙巳，王晏球奏，此月三日收復定州，案：歐陽史作二月癸卯，王晏球克定州，與薛史合〔四〕。通鑑作癸丑，考癸丑非二月三日也，疑傳寫之訛。（舊五代史考異）獲王都首級，生擒契丹禿餒等二千餘人。百僚稱賀。詔取今月二十四日車駕還東京。辛亥，以北面行營招討使、宋州節度使王晏球爲鄆州節度使，加兼侍中；以北面行營副招討使、滄州節度使李從敏爲定州節度使；以北面行營兵馬都監、鄭州防禦使張虔釗爲滄州節度使；幽州節度使趙德鈞加兼侍中。乙卯，以樞密使趙敬怡權知汴州軍州事。趙敬怡，原本作「敬貽」，今從歐陽史改正。（影庫本粘籤）丙辰，邢州奏，定州送到僞太子李繼陶，已處置訖。辛酉，帝御咸安樓受定州俘馘，百官就列，宣露布於樓前，禮畢，以王都首級獻於太社。王都男四人、弟一人，禿餒父子二人，並磔於市。案五代會要：尚書兵部宣露布于樓前，宣訖，尚書刑部侍郎張文寶奏曰：「逆賊王都首級請付所司。」大理卿蕭希甫受之以出，獻于郊社，其王都男并蕃將等磔于開封橋。（舊五代史考異）時露布之文，類制敕之體，蓋執筆者悞，頗爲識者所嗤。樞密使趙敬怡卒，贈太傅。以端明殿學士趙鳳權知汴州軍州事。甲子，車駕發汴州。丙寅，至鄭州。賜左僕射致仕鄭珏錢二十萬。丁卯，宰相崔協卒，詔贈尚書右僕射。東都留守、太子少傅李琪等奏，至偃師縣奉迎。時琪奏章中有「敗契丹之凶黨，破真定之逆城」之言。詔曰：「契丹即爲凶黨，真定不是逆城，李琪罰一月俸。」庚午，車駕至自汴州。

三月甲戌，馮道進表乞命相。丙戌，詔皇城使李從璨貶授房州司户參軍，仍令盡命。

從璨，帝之諸子也。先是，帝巡幸汴州，留從璨以警大內，從璨因遊會節園，會節，原本作「曾䈐」，考通鑑注云：會節園在洛陽城中，張全義鎮洛歲久，私第在會節坊，室宇園池，爲一時巨麗，輸之官，以爲會節園。今改正。（影庫本粘籤）酒酣，戲登御榻。安重誨奏之，故置於法焉。壬辰，中書奏：「今後羣臣内有乞假覲省者，請量賜茶藥。」從之。乙未，以前鄆州節度使符習爲汴州節度使。丙申，詔鄴都、幽、鎮、滄、邢、易、定等州管内百姓，除正税外，放免諸色差配，以討王都之役，有輓運之勞也。

夏四月庚子朔，禁鐵鑞錢。案：通鑑作鐵錫錢。胡三省注云：馬殷得湖南，鑄錫爲錢，本用之境内，其後遂流入中國。疑原本「鑞」字誤。考册府元龜亦作鐵鑞錢，今仍其舊。（舊五代史考異）壬寅，重修廣壽殿成，有司請以丹漆金碧飾之，帝曰：「此殿經焚，不可不修，但務宏壯，不勞華侈。」湖南奏，敗荆南賊軍於石首鎮。詔沿邊置場買馬，不許蕃部直至闕下。先是，党項諸蕃凡將到馬，無駑良並云上進，國家雖約其價以給之，及計其館穀錫賚，所費不可勝紀。計司以爲耗蠹中華，遂止之。壬子，以皇子北京留守、河東節度使從榮爲河南尹、判六軍諸衛事，以皇子河南尹、判六軍諸衛事從厚爲北京留守，以河陽節度使趙延壽爲宋州節度使，以侍衛親軍都指揮使、鎮南軍節度使康義誠爲河陽節度使。契丹寇雲州。癸丑，契丹遣捺括梅里等來朝貢〔五〕，稱取禿餒等骸骨，並斬於北市。甲寅，以端明殿學士趙鳳爲門下侍郎兼工部尚書、平章事。案：歐陽史本紀作端明殿學士、尚書兵部侍郎趙鳳爲門下侍郎兼工部尚書、同平章事，趙鳳傳作禮部侍郎，與本紀異，見吴縝纂誤。（舊五代史考異）丙辰，諫議大夫致仕、襲文宣公孔邈卒。庚申，以王建立、孔循帶中書直省吏歸藩，並追迴。壬戌，幽州節度使趙德鈞兼北面行營招討使，鎮州節度使范延光加檢校太傅。戊辰，中書奏：「五月一日，應在京九品已上官，及諸道進奉使，請準貞元七年敕，就位起居，永爲恒式。」從之。

五月己巳朔，帝御文明殿受朝。丙子，以夔州節度使西方鄴卒輟朝。丁丑，大理卿李保殷卒。己卯，以忠武軍節度使索自通爲京兆尹〔六〕、充西京留守，以左威衛上將軍朱漢賓爲潞州節度使。乙酉，以黔州節度使安崇阮爲夔州節度使，以左驍衛上將軍張温爲洋州節度使，以黔州留後楊漢賓爲本州節度使。中書奏：「太常寺定少帝謚昭宣光烈孝皇帝，廟號景宗。伏以少帝今不入廟，難以言宗，只云昭宣光烈孝皇帝。」從之。案舊唐書哀帝紀云：中書奏，少帝行事，不合稱宗。今考五代會要，天成三年〔七〕，博士吕朋龜議〔八〕，引「君不逾年，不入宗廟」之禮，請别立廟於園陵，故不稱景宗，非議其行事有失也。舊唐書誤。丁亥，以鳳州武興軍留後陳皋爲武興軍節度使，以新州威塞軍留後翟璋爲威塞軍節度使。壬辰，以權知尚書右丞崔居儉爲尚書右丞。詔葺天下廨宇。丙申，襄州奏，荆南高從誨乞歸順。雲州奏，契丹犯塞。

六月辛丑，以左散騎常侍姚顗爲兵部侍郎。壬寅，夔州節度使楊漢章移鎮雲州〔九〕，以北京馬步軍都指揮使兼欽州刺史張敬達爲鳳州節度使〔一〇〕。癸卯，以前西京副留守事張遵誨行衞尉事〔一一〕，充客省使。國子博士田敏請葺四郊祠祭齋室。丙午，以沂州刺史張萬進爲安北都護，充振武軍節度使。戊申，以宿州團練使康思立爲利州節度使。登州刺史孫元停任，坐在任無名科率故也。詔鄴都仍舊爲魏府。鄴都仍舊爲魏府，考通鑑注云：莊宗同光元年即位于魏州，以魏州爲興唐府，建東京。既遷洛，同光三年復唐之舊，以洛陽爲東都，改魏州之東京爲鄴都，至是復以爲魏州。今附識于此。（影庫本粘籤）應魏府、汴州、益州宮殿悉去鴟尾，賜節度使爲衙署。辛亥，以權知朔方軍留後、定難軍都知兵馬使韓澄爲朔方留後。癸丑，以前潞州節度使符彥超爲左驍衞上將軍。詔：「諸道節度使行軍司馬，名位雖高，或帥臣不在，其軍州事宜委節度副使權知〔一二〕。」又詔：「藩郡所請賓幕及主事親從者，悉以名聞。」丙辰，案：通鑑作庚申〔一三〕。（舊五代史考異）權知荊南軍府事高從誨上章首罪，乞修職貢，仍進銀三千兩贖罪。案通鑑：庚申，高從誨自稱前荊南行軍司馬、歸州刺史，上表求內附。薛史作丙辰，與通鑑異。（孔本）壬戌，幸至德宮。詔：「京城空地，課人蓋造。如無力者，許人請射營構。」

秋七月庚午，以前西京留守判官張鑄爲司農卿。壬申，貶前左金吾上將軍毛璋爲儒州長流百姓，尋賜自盡，以其在藩鎮陰蓄奸謀故也。甲戌，御史中丞呂夢奇責授太子右贊善大夫，坐曾借毛璋馬故也。己卯，以工部侍郎任贊爲左散騎常侍，以樞密直學士、左諫議大夫、充匭使閻至爲工部侍郎充職。遂州進嘉禾，一莖九穗。壬午，以給事中、判大理卿事許光義爲御史中丞。史館上言：「所編修莊宗一朝事迹，欲名爲實録，太祖、獻祖、懿祖名爲紀年録。」紀年録，原本作「繫年録」，考通鑑注、玉海、文獻通考並作紀年録，今改正。（影庫本粘籤）從之。案五代會要：天成三年十二月，史館奏：「據左補闕張昭遠狀：『嘗讀國書，伏見懿祖昭烈皇帝自元和之初，獻祖文皇帝于大和之際，立功王室，陳力國朝。太祖武皇帝自咸通後來，勤王戮力，翦平多難，頻立大功，三換節旄，再安京國。莊宗皇帝終平大憝，奄有中原，倘闕編修，遂成湮墜。伏請與當館修撰，參序條綱，撰太祖、莊宗實録者。』伏見前代史館，歸于著作，國初分撰五代史，方委大臣監修。自大曆後來，始奏兩員修撰，當時選任，皆取良能，一代之書，便成于手。其後源流失緒，波蕩不還，冒當修撰之名，曷揚褒貶之職。及乎編修大典，即云别訪通才，况當館職在編修，合行撰述。」敕：「宜依〔一四〕。」四年七月，監修國史趙鳳奏：「奉敕修懿祖、獻祖、太祖、莊宗四帝實録，自今年六月一日起手，旋具進呈。伏以凡闕纂述，務合品題。承乾御宇之君，行事方云實録；追尊册號之帝，約文祇可紀年。所修前件史書，今欲自莊宗一朝名爲實録，其太祖以上並目爲紀年録。」從之。考當時史館能審名實如此。薛史列武皇于本紀，識者譏之，歐陽史始改莊宗紀〔一五〕。（舊五代史考異）甲申，以前荆南行軍司馬、檢校太傅高從誨起復，授檢校太傅、兼侍中，充荆南節度使。丙戌，涇州節度使李從昶移鎮華州，以冀州刺史李金全爲涇州節度使。戊子，中書奏：「今後新及第舉人，有曾授正官及御署者，仍約前任資序〔一六〕，與除一官。」從之。壬辰，詔取來年二月二十一日有事於南郊。

八月丁酉朔，大理正路阮奏：「切見春秋釋奠於文宣王，而武成王廟久曠時祭，請復常祀。」常祀，原本作「嘗祈」，今據五代會要改正。（影庫本粘籤）從之。戊戌，中書奏：「太子少傅李琪所撰進霍彦威神道碑文，不分真僞，是混功名，望令改撰。」從之。琪，梁之故相，私懷感遇，敍彦威在梁歷任，不欲言僞梁故也。辛丑，詔：「亂離已來，天下諸軍所掠生口，有主識認，即勒還之。」以二王後〔一七〕、前清河縣令、襲酅國公、食邑三千户楊仁矩爲祕書丞。御史臺奏：「主簿朱穎是前中丞奏請，合隨廳罷任。」詔曰：「主簿既爲正秩，况入選門，顯自朝恩，合終考限，宜令仍舊守官。」甲辰，以宰臣馮道爲南郊大禮使，兵部尚書盧質爲禮儀使，御史中丞許光義爲儀仗使，兵部侍郎姚顗爲鹵簿使，河南尹從榮爲橋道頓遞使，客省使、衛尉卿張遵誨爲修裝法物使。乙巳，黑水朝貢使骨至來朝〔一八〕，授歸德司戈，放還蕃。丁未，以翰林學士承旨、禮部侍郎、知制誥李愚爲兵部侍郎，職如故。以中書舍人盧詹爲禮部侍郎，以兵部侍郎裴皞爲太子賓客。吐渾首領念公山來朝貢。戊申，帝服衮冕，御文明殿，追册昭宣光烈孝皇帝。庚戌，以宰臣、監修國史趙鳳兼判集賢院事，以左散騎常侍任贊判大理卿事。己未，高麗王王建遣使貢方物。辛酉，詔：「準往例〔一九〕，節度使帶平章事、侍中、中書令，並列銜於敕牒，側書『使』字。今錢鏐是元帥、尚父，與使相名殊，馬殷守太師、尚書令，是南省官資，不合署敕尾，今後敕牒内並落下。」乙卯〔二〇〕，党項首領朝貢。甲子，幸金真觀，改賜建法大師賜紫尼智願爲圓惠大師，即武皇夫人陳氏也。丙寅〔二一〕，達靼來朝貢。京城内有南州、北州，乃張全義光啓中所築。案：洛陽縉紳舊聞記引薛史此文而辨之云：言光啓中築，乃再葺而已，非始築也，其城壕今尚有遺跡焉。（舊五代史考異）至是，詔許人依街巷請射城濠，任使平填，蓋造屋宇。

九月丁卯〔二二〕，中書奏：「據宗正寺申，懿祖永興陵、獻祖長寧陵、太祖建極陵並在代州鴈門縣，長寧，原本作「去寧」。建極，原本作「述極」，今據五代會要改正。（影庫本粘籤）皇帝追尊四廟在應州金城縣。」詔：「應州升爲望州，金城、鴈門並升爲望縣。」辛酉〔二三〕，太常博士段顒奏：「切見大祠則差宰相行事，中祠則卿監行事，小祠則委太祝、奉禮，並不差官，今後小祠請差五品官行事〔二四〕。」從之。癸巳，制天下兵馬元帥、尚父、吴越國王錢鏐可落元帥、尚父、吴越國王，授太師致仕，責無禮也。先是，上將軍烏昭遇使於兩浙，以朝廷事私於吴人，仍目鏐爲殿下，自稱臣，謁鏐行拜蹈之禮。及迴，使副韓玫具述其事〔二五〕，故停削繆官爵，令致仕。烏昭遇下御史臺，尋賜自盡。後有自浙中使還者，言昭遇無臣繆之事，爲攻所誣，人頗以爲冤。乙未，詔諸道通勘兩浙綱運進奉使〔二六〕，並下巡獄。

冬十月丙申朔，併吏部三銓爲一銓，宜令本司官員同商量注擬，連署申奏，仍不得於私第注官。戊戌，以襄州兵馬都監、守磁州刺史康福爲朔方河西等軍節度使〔二七〕、朔方，原本作「翔方」，今據通鑑改正。（影庫本粘籤）靈威雄警涼等州觀察使。時朔方將吏請帥於朝廷，故命福往鎮之。庚子，以右金吾上將軍史敬鎔爲左金吾上將軍，以左驍衛上將軍符彥超爲右金吾上將軍，以前黔州節度使李承約爲左驍衛上將軍〔二八〕，以雲州節度使張敬詢爲左驍衛上將軍〔二九〕，以前華州節度使王景戡爲右驍衛上將軍。癸卯，太常少卿蕭愿責授太子洗馬，奪緋。愿南郊行事，與祠官同飲，詰旦猶醉不能行禮，爲御史所劾也。詔新授朔方節度使康福將兵萬人赴鎮。己酉，制復故荆南節度使高季興官爵。辛亥，升閬州爲保寧軍。壬子，以內客省使〔三〇〕、左衛大將軍李仁矩爲閬州節度使。幸七星亭。丙辰，夏州進白鷹，重誨奏曰：「夏州違詔進貢，臣已止約。」帝曰：「善。」朝退，帝密令左右進焉。是日，幸龍門。

十一月丁卯，洛州水暴漲，壞居人垣舍。戊辰，以刑部侍郎張文寶爲右散騎常侍。己巳，以尚書右丞李光序爲刑部侍郎。癸酉，升曹州濟陰縣爲次赤，以昭宣光烈孝皇帝温陵所在故也。甲戌，奉國軍節度使王延稟加兼侍中，從福建節度使王延鈞請也。車駕出近郊，試夏州所進白鷹，戒左右勿令重誨知。己卯，日南至，帝御文明殿受朝賀。癸未，祕書少監于嶠配振武長流百姓，永不齒任，爲宰臣趙鳳誣奏也。史官張昭遠等以新修懿祖、獻祖〔三〕、太祖紀年録共二十卷、懿祖，原本脱「懿」字，今從五代會要改正。（影庫本粘籤）莊宗實録三十卷上之，賜器帛有差。案五代會要：監修趙鳳、修撰張昭遠、吕咸休各賜繒綵、銀器等。（舊五代史考異）

十二月丁酉，靈武康福奏：「破野利、大蟲兩族三百餘帳於方渠，獲牛羊三萬。」戊戌，詔：「應授官及封贈官誥、舉人冬集等所費用物，一切官破。」壬戌，中書奏：「今後宰臣致齋内，不押班，不知印，不赴内殿起居。或遇國忌，行事官已受誓戒，宜不赴行香，并不奏刑殺公事。大祠致齋内，請不開宴。每遇大忌前一日，請不坐朝。」從之。永樂大典卷七千一百六十五。

校勘記

〔一〕臣孫贊　「贊」，册府卷一三一、卷七七五作「美」。宋史卷二五四趙贊傳云其「本名美，後改焉」。

〔二〕默念何論　「何論」，原作「論語」，據册府卷一三一、卷七七五改。按舊唐書卷四六經籍志上有論語十卷，何晏集解。影庫本粘籤：「『論語』，原作『何論』，今從册府元龜改正。」

〔三〕以左衛上將軍安崇阮爲黔南節度使　「左衛上將軍」，本書卷三九唐明宗紀五作「左驍衛上將軍」。

〔四〕與薛史合　「合」，原作「異」，據孔本、殿本考證改。按是月辛丑朔，癸卯爲初三。

〔五〕契丹遣捺括梅里等來朝貢　「捺括梅里」，原作「紐赫美稜」，注云：「舊作『捺括梅里』，今改正。」按此係輯録舊五代史時所改，今恢復原文。「來朝貢」上殿本有「復率其屬」四字。

〔六〕以忠武軍節度使索自通爲京兆尹　郭武雄證補：「同紀上文，天成三年十月戊辰索自通領壽州忠正軍節度使。紀『忠武』當係『忠正』之誤。」據朱玉龍方鎮表，天成四年忠武軍節度使乃孔循，非索自通。

〔七〕天成三年　「三年」，原作「二年」，據五代會要卷三改。

〔八〕吕朋龜　原作「吕明龜」，據孔本、五代會要卷三改。

〔九〕夔州節度使楊漢章移鎮雲州　本卷上文：「（五月乙酉）以黔州節度使安崇阮爲夔州節度使」，據本卷上文，五月丙子夔州節度使西方鄴卒，以崇阮繼之，至長興二年皆在鎮。本書卷三九唐明宗紀五：「（天成三年正月戊辰）以隨駕步軍都指揮使、潮州刺史楊漢章遥領寧國軍節度使。」册府卷九九四：「（天成）四年四月丙辰，宣步軍指揮使楊漢章將步騎五千往雲朔巡邊」，知漢章天成三年遥領宣州寧國軍，四年四月往雲朔巡邊，同年六月即爲雲州節度使。此處「夔州」疑當作「宣州」。

〔一〇〕以北京馬步軍都指揮使兼欽州刺史張敬達爲鳳州節度使　郭武雄證補：「據同紀下文，長興元年十一月庚午張敬達自應州移雲州，而不言其任鳳州之去代。另據同書張敬達傳云：『敬達以河東（北京）馬步軍都指揮使、檢校司徒領欽州刺史，加檢校太保、應州節度使，遷雲州。』紀『鳳州』蓋『應州』之誤。」按朱玉龍方鎮表，天成四年鳳州節度使乃陳皐，非張敬達。

〔一一〕以前西京副留守事張遵誨行衛尉事　「西京副留守事」，本書卷三九唐明宗紀五作「西京副留守知留守事」。

〔一二〕其軍州事宜委節度副使權知　「軍」字原闕，據職官分紀卷三九引五代史、册府卷六五、五代會要卷二五補。

〔一三〕通鑑作庚申　「庚申」，原作「庚戌」，據殿本考證、通鑑卷二七六改。

〔一四〕者伏見前代史館……及乎編修大典……敕宜依　以上九十九字原闕，據孔本補。「大典」，孔本原作「六典」，據五代會要卷一八改。

〔一五〕考當時史館……歐陽史始改莊宗紀　以上三十一字原闕，據孔本補。

〔一六〕仍約前任資序　「仍」，原作「欲」，據五代會要卷二三、册府卷六四一改。

〔一七〕二王後　以上三字原闕，據册府卷一七三補。按本書卷四一唐明宗紀七：「（長興元年十二月）以二王後、祕書丞、襲酅國公楊仁矩卒輟朝。」

〔一八〕黑水朝貢使骨至來朝　「來朝」上殿本有「等率屬」三字。

〔一九〕準往例　「往」，原作「待」，據殿本、劉本、本書卷一四九職官志、五代會要卷一三改。

〔二〇〕乙卯　郭武雄證補：「丁酉朔，庚戌十四日，己未二十三日，辛酉二十五日，乙卯十九日。乙卯當置庚戌之後，己未之前。歐陽史唐本紀不誤。」

〔二一〕丙寅　原作「丙戌」，據殿本、劉本改。按是月丁酉朔，無丙戌，丙寅爲三十日。

〔二二〕九月丁卯　「丁卯」，原作「丁亥」，據殿本改。影庫本粘籤：「以長曆推之，當作丁卯。」影庫本批校：「丁亥，應作丁卯。」按是月丁卯朔。

〔二三〕辛酉　殿本作「辛未」。影庫本粘籤：「辛酉，以長曆推之，當作辛巳。」影庫本批校：「辛酉，應作辛未。」按是月丁卯朔，無辛酉，辛未爲初五，辛巳爲十五日。

〔二四〕今後小祠請差五品官行事　「小祠」二字原闕，據本書卷一四三禮志下、五代會要卷四、冊府（宋本）卷五九三補。

〔二五〕韓玫　原作「劉玫」，據本書卷一三三錢鏐傳、冊府卷六六四、卷九三三、通鑑卷二七六改。舊五代史考異卷二：「案通鑑作『韓玫』。」

〔二六〕詔諸道通勘兩浙綱運進奉使　「通勘」，劉本、邵本作「承勘」。

〔二七〕守磁州刺史康福爲朔方河西等軍節度使　「軍」字原闕，據本書卷九一康福傳、冊府卷一二〇補。

〔二八〕以前黔州節度使李承約爲左驍衞上將軍　「左驍衞上將軍」，本書卷九〇李承約傳、新五代史卷四七李承約傳作「左衞上將軍」。冊府卷四九七：「（天成四年十二月）脩洛河北岸，宣差左衞上將軍李承約祭之。」

〔二九〕以雲州節度使張敬詢爲左驍衞上將軍　「雲州節度使」，朱玉龍方鎮表：「據明宗紀，本年六月敬詢已被楊漢章代歸；至十月，不得復作『雲州節度使』，疑『雲州』上脱『前』字。」「左」，原作「右」，據殿本、本書卷六一張敬詢傳改。

〔三〇〕內客省使　「客」字原闕，據殿本、孔本、通鑑卷二七六補。

〔三一〕懿祖獻祖　原作「獻祖懿祖」，據五代會要卷一八、冊府卷五五四、卷五五七乙正。

舊五代史卷四十一

唐書十七

明宗紀第七

長興元年春正月丙寅朔，帝御明堂殿受朝賀，仗衞如常儀。乙亥，國子監請以監學生束脩及光學錢備監中修葺公用，光學錢，原本作「充學」，今從册府元龜、五代會要改正。（影庫本粘籤）從之。丙子，帝謂宰臣曰：「時雪未降，如何？」馮道曰：「陛下恭行儉德，憂及烝民，上合天心，必有春澤。」是夜降雪。其夕，右散騎常侍蕭希甫封狀申樞密，稱得河堰衙官狀，告本都將校二十餘人欲謀不軌，至旦追問無狀，斬所告人。是日，幸至德宮。辛卯，中書奏，郊天有日，合差大內留守。詔以宣徽南院使朱弘昭充。

二月戊戌，幸稻田莊。己亥，黑水國主兀兒遣使貢方物。翰林學士劉昫奏：「新學士入院，舊試五題，請今後停試詩賦，祇試麻制、答蕃書、批答共三道。仍請內賜題目，定字數，付本院召試。」從之。案五代會要載劉昫原奏云：「舊例，學士入院，除中書舍人不試，餘官皆先試麻制、答蕃(一)、批答各一道，詩、賦各一道，號曰五題，並于當日呈納。從前每遇召試，多預出五題，潛令宿搆，其無黨援者，即日起草，罕能成功。今請權停詩賦，祇試三道，仍内賜題目，兼定字數。」從之。有司奏：「皇帝致齋於明堂，按舊服通天冠、絳紗袍，文武五品已上著袴褶，近例祇著朝服。」從之。乙巳，中書奏：「皇帝朝獻太微宮、太廟，祭天地於圜丘，準禮例親王爲亞獻行事，受誓戒。」從之。以天雄軍節度使石敬瑭爲御營使。壬子，帝宿齋於明堂殿。癸丑，朝獻太微宮。是日，宿齋於太廟，詰旦請行饗禮。甲寅，赴南郊齋宮。是夜微雨，三鼓後晴明如畫。乙卯，祀昊天上帝於圜丘，柴燎禮畢，郊宮受賀。是日，御五鳳樓，宣制：改天成五年爲長興元年，長興元年，原本脱「年」字，今據文增入。（影庫本粘籤）大赦天下，除十惡五逆、放火劫舍、屠牛、官典犯贓、僞行印信、合造毒藥外，罪無輕重，咸赦除之。天成四年終諸道所欠殘税及場院欠折，並特放免。羣臣職位帶平章事、侍中、中書令，並與改鄉名里號。朝臣及藩侯郡守亡父母，及父母在并妻室未沾恩命者，並與恩澤。應私債出利已經倍者，祇許徵本；已經兩倍者，本利並放。河陽管内人户，每畝舊徵橋道錢五文，今後不徵。諸道州府每畝先徵麴錢五文，今特放二文云。商州吏民以刺史郭知瓊善政聞，詔褒之。

三月丁卯，幸會節園，遂幸河南府。靈武奏，殺戮蕃賊二千人。壬申，鳳翔節度使李從曮進封岐國公，移鎮汴州。李從曮移鎮汴州，據通鑑云：從曮因入朝陪祀，徙爲宣武節度使。薛史未及詳載，今附識于此。（影庫本粘籤）甲戌，延州節度使高允韜移鎮邢州。丙子，以宣徽使朱弘昭爲鳳翔節度使；潞州節度使朱漢賓加檢校太傅〔二〕，移鎮晉州；徐州節度使房知温移鎮鄆州；鄆州節度使王晏球移鎮青州。宰臣馮道率百僚拜表，請上尊號曰聖明神武文德恭孝皇帝，詔報不允。壬午，許州節度使孔循移鎮滄州；陝州節度使張延朗移鎮許州，加檢校太傅；滄州節度使張虔釗移鎮徐州，加檢校太保。癸未，詔貶右散騎常侍、集賢殿學士、判院事蕭希甫爲嵐州司户參軍，仍馳驛發遣，坐誣告之罪也。辛巳，宰臣馮道等再請上尊號，詔允之。丙戌，以侍衛親軍馬步軍都指揮使、河陽節度使康義誠爲襄州節度使、檢校太傅，以左武衛上將軍劉彦琮爲陝州節度使、檢校太保。庚寅，制淑妃曹氏可立爲皇后，仍令擇日册命。

夏四月甲午朔，國子司業張溥奏，請復八館，以廣生徒。按六典，監有六學，國子、太學、四門、律學、書學、算學是也，書學，原本作「署學」，今據新唐書百官志改正。（影庫本粘籤）而溥云八館，謬矣。丁酉，前汴州節度使、檢校太尉、兼侍中符習可太子太師致仕，進封衛國公。戊戌，遂州節度使夏魯奇加同平章事。皇子河中節度使從珂進位檢校太尉，封開國公。自是諸道節鎮皆次第加恩，以郊禋覃慶澤故也。己亥，幸會節園。壬寅，以樞密使安重誨爲留守、太尉、兼中書令，使如故。青州節度使王建立加侍中，移鎮潞州。皇子河中節度使從珂奏：「臣今月五日，閲馬於黄龍莊，衙内指揮使楊彦温據城叛，臣尋時詰問，稱奉宣命。案胡三省通鑑注云：樞密院用宣，三省用堂帖。（舊五代史考異）臣見在虞鄉縣。」帝遣西京留守索自通、侍衛步軍都指揮使藥彦稠等攻之，仍授彦温絳州刺史，冀誘而擒之也。詔從珂赴闕。丁未，以户部尚書李鏻爲兗州行軍司馬，坐引淮南覘人貽安重誨寶帶也。戊申，宰臣馮道加右僕射，趙鳳加吏部尚書。乙酉〔三〕，以左龍武統軍劉君鐸卒廢朝。

癸丑，索自通、藥彦稠等奏，收復河中，斬楊彦温，傳首來獻。案：通鑑作辛亥，索自通拔河中，斬楊彦温。癸丑，傳首來獻。歐陽史亦作辛亥，自通執彦温殺之。較薛史爲詳審。（舊五代史考異）初，彦稠出師，帝戒之曰：「與朕生致彦温，吾將自訊之。」及收城，斬首傳送，帝怒彦稠等。時議皆以爲安重誨方弄國權，從榮諸王敬事不暇，獨忌從珂威名，每於帝前屢言其短，巧作窺圖，冀能傾陷。彦温既誅，從珂歸清化里第。重誨謂馮道等曰：「蒲帥失守，責帥之義，法當如何？」翌日，道等奏：「合行朝典。」帝不悦，趙鳳堅奏：「故事有責帥之義，所以激勵藩守。」帝曰：「皆非公等意也。」後數日，帝於中興殿見宰臣，趙鳳承重誨意，又再論列，帝默然。翌日，重誨復自論奏，帝極言以拒之，語在末帝紀中。帝又曰：「卿欲如何制置？」重誨曰：「於陛下父子之間，臣不合言，一禀聖旨。」帝曰：「從佗私第閑坐，何煩奏也！」乃止。以前邢州節度使、檢校司徒李從溫爲左武衞上將軍。邢州，原本作「涇州」，今從歐陽史家人傳改正。（影庫本粘籤）丙辰，以西京留守、檢校司徒索自通爲河中節度使。丁巳，雲州奏，掩襲契丹，獲頭口萬計。

戊午，帝御文明殿受册徽號，册曰：

維長興元年歲次庚寅四月甲午朔二十五日戊午，金紫光禄大夫、守尚書左僕射兼門下侍郎、同中書門下平章事、充太微宫使、弘文館大學士、上柱國、始平郡開國侯、始平，原本作「始興」，今據册府元龜改正。（影庫本粘籤）食邑一千五百户、食實封一百户臣馮道，銀青光禄大夫、門下侍郎兼吏部尚書、同中書門下平章事、監修國史、判集賢院事、上柱國、天水郡開國伯、食邑七百户臣趙鳳，及文武百官特進、太子少傅、上柱國、酒泉郡開國侯、食邑一千户臣李琪等五千八百九十七人言：

臣聞天不稱高而體尊，地不矜厚而形大，厚無不載，高無不覆。四時行於内，萬物生其間，總神祇之靈，叶帝王之運。日出而星辰自戢，龍飛而雷雨皆行，元氣和而天下和，庶事正而天下正。

伏惟皇帝陛下，天授一德，時歷多艱。翊太祖以興邦，佐先皇而定難，拯嗣昭於潞困，救德威於燕危，遏思遠而全鄴都，誅彦章而下梁苑。成再造之業，由四征之功。

洎纂鴻圖，每敷皇化。去内庫而省庖膳，出宫人而減伶官，輕寶玉之珍，却鷹鸇之貢。淳風既洽，嘉瑞自臻。故登極之前，人皆不足；改元之後，時便有年。遐荒旋𩰚於戎王，重譯徑來於蠻子，東巡而守殷殪，北討而王都殲，破契丹而燕趙無虞，控靈武而瓜沙並復。瓜沙，原本作「爪分」，考通鑑：天成四年，康福大破吐蕃，進至靈州，自是朔方始受代。「分」字當係「沙」字之誤，今改正。（影庫本粘籤）

近以饗上元而薦太廟，就吉土而配昊天，輅已降而雨霑，事欲行而月見。燔柴禮畢，作解恩覃，帝命咸均，人情普悦。非陛下有道有德，至聖至明，動不疑人，静惟恭己，常敦孝禮，每納忠言，則何以臨御五年，澄清四海！時久纏於災害，民驟見於和平。休徵備載於簡編，徽號過持於謙讓。三年不允，衆志皆堅。天不以上帝自崇，日不以大明自貴，於烝民有惠，於元后同符，列聖皆然，舊章斯在。今以明庭百辟，列土諸侯，中外同辭，再三瀝懇。臣等不勝大願，謹奉玉寶玉册，上號曰聖明神武文德恭孝皇帝。

伏惟皇帝陛下，體堯舜之至道，法日月於太虚，威於夷狄，恩及蟲魚。奉國者繼加榮寵，違天者咸就誅鋤。典禮當告成之後，夙夜思即位之初，千秋萬歲，永混車書。

宰臣馮道之辭也。庚申，以左金吾上將軍史敬鎔爲鄧州節度使，以右金吾上將軍符彦超爲兖州節度使，以左驍衞上將軍張敬詢爲滑州節度使〔四〕，以閬州防禦使孫岳爲鳳州節度使〔五〕。詔改鳳翔管内應州爲匡州、匡州，原本「匡」字分注「御名」二字，蓋薛史原書之體，今改正。（影庫本粘籤）信州爲晏州，改新州管内武州爲毅州。

五月乙丑，鄭州防禦使張進、副使咸繼威並停任，以盜掠城中居人故也。丙寅，以少府監韋肅爲洺州刺史，以潞州節度使王建立爲太傅致仕。建立素與安重誨不協，因其入朝，乃言建立自鎮歸朝過鄴都，日有扇摇之言，扇摇，通鑑作「摇衆」，考册府元龜亦作「扇摇」，今仍其舊。（影庫本粘籤）以是罪之，故令致仕。丁卯，以前興元節度使劉仲殷權知潞州軍州事。戊辰，以安州節度使高行珪卒輟朝。有司上言：「皇后受册，内外命婦並合奉賀。今未有命婦準例上表稱賀。」中書門下奏〔六〕：「諸道節度使但進表上言皇帝，外命婦上皇后賀牋表，進呈訖，無報。應皇親或有慶賀及起居章表，内中進呈後，祗宣示來使，並不合答復。」從之。壬申，以權知昭義軍軍州事劉仲殷爲潞州節度使、檢校太傅。丁丑，帝臨軒，命使册淑妃曹氏爲皇后。禮院上言，百官上疏於皇后曰「皇后殿下」，及六宫及率土婦人慶賀祗呼「殿下」，不言「皇后」。中書覆奏，若祗呼「殿下」，恐與皇太子無所分别，凡上中宫表章呼「皇后殿下」，若不形文字，尋常祗呼「皇后」。從之。癸未，太子少傅蕭頃卒，廢朝。甲申，迴鶻可汗仁裕遣使貢方物。辛卯，以翰林承旨、兵部侍郎李愚爲太常卿。壬辰，以前滑州節度使李從璋爲右驍衞上將軍。

六月丁酉，以護駕馬軍都指揮使、貴州刺史安從進爲宣州節度使，充護駕馬軍都指揮使；以護駕步軍都指揮使、澄州刺史藥彦稠爲壽州節度使兼護駕步軍都指揮使〔七〕。甲辰，以皇城使安崇緒爲河陽留後，重誨子也。鳳翔奏：「所管良、晏、匡三州並無屬縣，請却改爲縣。」從之，仍舊爲軍鎮。前振武節度使安金全卒。壬子，中書門下奏：「詳覆到禮部院今年及第進士李飛、樊吉、夏侯珙、吴洄、王德柔、李穀等六人，望放及第。其盧價等七人及賓貢鄭朴，望許令將來就試。知貢舉張文寶試士不得精當，張文寶，原本作「人寶」，今據五代會要改正。（影庫本粘籤）望罰一季俸。」從之。丁巳，皇子北京留守、河東節度使從厚移領鎮州，以左武衞上將軍李從温爲許州節度使。

秋七月甲子，以宣徽南院使〔八〕、行右衞上將軍、判三司馮贇爲北京留守、太原尹。己巳，以鄧州節度使史敬鎔卒廢朝。甲戌，以左威衞上將軍梁漢顒爲鄧州節度使〔九〕，前兖州節度使趙在禮爲左驍衞上將軍。庚辰〔一〇〕，奉國軍節度使兼威武軍節度副使、檢校太尉、兼侍中王延稟加兼中書令。詔：「諸州得替防禦、團練使、刺史並宜於班行比擬，如未有員闕，可隨常參官逐日立班。」新例也。辛巳，詔揀年少宫人及西川宫人並還其家，無家可歸者，任從所適。甲申，以前齊州防禦使孫璋爲鄜州節度使。戊子，以右散騎常侍陸崇卒廢朝。崇爲福建册使，卒於明州，贈兵部尚書。宿州進白兔，安重誨謂其使曰：「豐年爲上瑞，豐年，原本作「豐止」，今據歐陽史改正。（影庫本粘籤）兔懷狡性，雖白何爲！」命退歸。

八月甲午，以前鄧州節度使盧文進爲左衛上將軍。北京奏，吐渾千餘帳内附，於天池川安置。禁在京百司影射州縣税户。乙未，捧聖軍使李行德、捧聖軍使，原本作「章使」，考歐陽史作捧聖都軍使，通鑑作軍使，今從通鑑改正。（影庫本粘籤）十將張儉、告密人邊彦温並族誅，案：李行德等族誅，歐陽史作壬寅，與薛史異。（舊五代史考異）以其誣告安重誨私市兵仗故也。以前許州節度使張延朗爲檢校太傅、行兵部尚書〔一〕，充三司使。三司之有使額，自延朗始也。初，中書覆奏，授延朗諸道鹽鐵轉運等使，兼判户部度支事。奏入，宣旨曰：「會計之司，國朝重事，將總成其事額，俾專委於近臣，貴便一時，何循往例，兼移内職，可示新規。張延朗可充三司使，班在宣徽使下。」案宋史職官志：三司使在宣徽使後，蓋仍後唐之制。（舊五代史考異）癸卯，北京奏，生吐渾内附，欲於嵐州安族帳。都官員外郎、知制誥張昭遠奏：「請依國朝舊例，選郎官、御史分行天下，宣問風俗，興利除害。」不報。壬寅，皇子河南尹、判六軍諸衛事從榮封秦王，仍令所司擇日册命。案五代會要：長興元年九月，太常禮院奏，草定册秦王儀注〔一二〕。博士段顒議曰：據開元禮，臨軒册命諸王大臣〔一三〕，其日，受册者朝服從第鹵簿，與百官俱集朝堂，就次受册訖，通事舍人引出〔一四〕，不載謁廟還第之儀〔一五〕。自開元以後，册拜諸王皆正衙命使，詣延英進册，皇帝御内殿，高品引王入立于位，高品宣制讀册，王受册訖，歸院，亦無乘輅謁廟之禮〔一六〕。臣按五禮精義云：「古者皆因禘嘗而班爵禄，所以示無自專，稟之于祖宗也。」今雖册命，不在禘嘗〔一七〕，然拜大官、封大邑，必至殿廷，敬慎之道也。今當司欲準開元禮，其日秦王服朝服，自理所乘輅車、備鹵簿，與羣臣俱集朝堂，就次受册訖，至應天門外，奉册置于載册之車，秦王升輅，出謁太廟訖，歸理所，儀仗鹵簿如來時之儀。從之。（舊五代史考異）戊申，兖州奏：「淮南海州都指揮使王傳拯案：歐陽史作「傳極」，考薛史列傳及通鑑並作傳拯，疑歐陽史傳刻之訛。（舊五代史考異）殺本州刺史陳宣，焚燒州城，以所部兵士及家口五千人歸國，至沂州。」帝遣使慰納之。庚戌，正衙命使册福慶長公主孟氏。以前雄武軍節度使王思同爲右武衛上將軍〔一八〕，以前鳳州節度使陳皋爲右威衛上將軍。壬子，正衙命使赴太原，册永寧公主石氏。乙卯，以左監門衛上將軍陳延福卒廢朝。丙辰，皇子鎮州節度使從厚封宋王，仍令擇日册命。

九月乙丑，階州刺史王弘贊上言：「一州主客户纔及千數，並無縣局，臣今檢括得新舊主客已及三千一百，欲依舊額立將利、福津二縣，請置令佐。」從之。丁丑，詔天下諸州府，不得奏薦著紫衣官員爲州縣官。戊寅，升尚書右丞爲正四品。癸未，利、閬、遂三州奏，利、閬、遂三州，通鑑作三鎮，考利帥爲李彦琦，閬帥爲李仁矩，遂州爲夏魯奇，今附識于此。（影庫本粘籤）東川節度使董璋謀叛，結連西川孟知祥。甲申，以鎮州節度使范延光爲檢校太傅、守刑部尚書，充樞密使。利州、閬州進納東川檄書，言將兵擊利、閬，責以間諜朝廷爲名。乙酉，以左驍衛上將軍趙在禮爲同州節度使兼西南行營馬步軍都指揮使〔一九〕。樞密院直學士、守工部侍郎閻至，樞密院直學士、守尚書右丞史圭，並轉户部侍郎，依前充職。以翰林學士、守户部侍郎李懌爲尚書右丞，以翰林學士、户部侍郎劉昫爲兵部侍郎，以翰林學士、中書舍人竇夢徵爲工部侍郎：依前充職。以中書舍人劉贊爲御史中丞，以御史中丞許光義爲兵部侍郎，以兵部侍郎姚顗爲吏部侍郎。丙戌，詔東川節度使董璋可削奪在身官爵，仍徵兵進討。丁亥，以西川節度使孟知祥兼西南面供饋使，天雄軍節度使石敬瑭兼東川行營都招討使，以遂州節度使夏魯奇兼東川行營招討副使。庚寅，以右武衛上將軍王思同爲京兆尹〔二〇〕，充西京留守、兼西南行營馬步都虞候。

冬十月壬辰，以太子少傅李琪卒廢朝。癸巳，以鄜州節度使米君立卒廢朝。詔：「凡賻贈布帛，言段不言端匹，段者二丈也，宜令三司依此給付。」甲午，正衙命使册興平公主於宋州節度使、駙馬都尉趙延壽之私第。己亥，以左驍衛上將軍李從璋爲陝州節度使〔二一〕，陝州節度使劉彦琮移鎮邠州。尚書博士田敏請依舊典藏冰、頒冰，考歐陽史作十月丁酉始藏冰，薛史繫于己亥之後，與歐陽史先後殊異，今附識于此。（影庫本粘籤）以銷陰陽沴伏之沴，詔從之。案五代會要載原敕云：藏冰之制，載在前經；獻廟之儀，廢于近代。既朝臣之特舉，案典禮以宜行。田敏所奏祭司寒獻羔事宜依。其桃弧棘矢，事久不行，理難備創。其諸侯亦宜準往制藏冰。（舊五代史考異）乙巳，供奉官張仁暉自利州迴，奏董璋攻陷閬州，案：董璋陷閬州，通鑑作九月庚辰，歐陽史作十月乙巳，蓋以奏聞之日爲據也。（舊五代史考異）節度使李仁矩舉家遇害。丁未，宮苑使董光業并妻子並斬於都市，璋之子也。辛亥，以武安軍節度副使、洪鄂道行營副都統、檢校太尉馬希聲爲武安軍節度使，加兼侍中。時湖南馬殷奏，久病不任軍政，乞以男希聲爲帥，故有是命。中書奏：「吏部流内銓諸色選人，所試判兩節〔三〕，欲委定其等第，文優者超一資，其次者次資，又次者以同類，道理全疏者於同類中少人户處注擬。」從之。

十一月庚申朔，帝御文明殿，册皇子秦王，仗衛樂懸如儀。甲子，正衙命使册皇子宋王於鎮州。是日，幸龍門。翌日，馮道奏曰：「陛下宫中無事，遊幸近郊則可矣，若涉歷山險，萬一馬足蹉跌，則貽臣下之憂。臣聞千金之子，坐不垂堂；百金之子，立不倚衡。況貴爲天子，豈可自輕哉！」帝斂容謝之。退令小黄門至中書問道垂堂、倚衡之義，道因注解以聞，帝深納之。己巳，故太子少保致仕封舜卿贈太子少傅。庚午，應州節度使張敬達移雲州，以捧聖都指揮使、守恩州刺史沙彥珣爲應州節度使〔一三〕；以潁州團練使高行周爲安北都護，充振武節度使。壬申，黔南節度使楊漢賓棄城奔忠州〔一四〕，爲董璋所攻也。乙亥，制西川節度使孟知祥削奪官爵，以其同董璋叛也。丙子，以前同州節度使羅周敬爲左監門上將軍。丁丑，故兵部侍郎許光義贈禮部尚書。辛巳，西面軍前奏，今月十三日，階州刺史王弘贇、瀘州刺史馮暉，自利州取山路出劍門關外倒下，殺敗董璋守關兵士三千人，收復劍州。案：通鑑考異引唐實録作今月十三日，大軍進攻入劍門次。十七日，收下劍州。薛史統繫于十三日，疑有舛誤。（舊五代史考異） 據通鑑考異引唐實録云：軍前奏：「今月十三日，王弘贇、馮暉自利州入山路出劍門關外倒下，殺董璋把關兵士約三千人，獲都指揮使齊彥溫，大軍進攻入劍門次。」又丙戌奏：「今月十七日，收下劍州，破賊千餘人，獲指揮使劉太。」是進攻劍門，收復劍州，先後殊日。薛史統繫於十三日，疑有舛誤，今附識于此。（影庫本粘籤）甲申，日南至，帝御文明殿受朝賀。丙戌，以給事中鄭韜光爲左散騎常侍。青州奏，得登州狀，契丹阿保機男東丹王突欲越海來歸國〔一五〕。案遼史太宗紀：十一月戊寅，東丹奏：「人皇王浮海適唐。」又義宗傳：「太宗既立，見疑。唐明宗聞之，遣人跨海持書密召倍，倍因畋海上。使再至，倍立木海上，刻詩曰：『小山壓大山，大山全無力。羞見故鄉人，從此投外國。』攜高美人載書浮海而去。」薛史不載明宗密召之事，當日人皇王自以見疑出奔，當不待明宗之召也。（舊五代史考異） 契丹國志：時東丹王失職怨望，

因率其部四十餘人越海歸唐。（殿本）

十二月乙未，荆南奏，湖南節度使、楚國王馬殷薨，案五代春秋：十二月，楚王殷薨。據通鑑，殷卒于十一月己巳，至十二月始奏聞耳。（舊五代史考異）廢朝三日。庚子，以前襄州節度使安元信爲宋州節度使。辛丑，幸苑中。丁未，以二王後、祕書丞、襲酅國公楊仁矩卒輟朝，贈工部郎中。庚戌，湖南節度使馬希聲起復，加兼中書令。壬子，以樞密院直學士、户部侍郎閻至爲澤州刺史，樞密院直學士、户部侍郎史圭爲貝州刺史。甲寅，遣樞密使安重誨赴西面軍前。時帝以蜀路險阻，進兵艱難，潼關已西，物價甚賤，百姓輓運至利州，率一斛不得一斗，謂侍臣曰：「關西勞擾，未有成功，誰能辨吾事者〔二六〕！朕須自行。」安重誨曰：「此臣之責也，臣請行。」帝許之。言訖而辭，翌日遂行。甲寅〔二七〕，故西川兵馬都監、泗州防禦使李嚴贈太傅。丙辰，車駕畋於西山，臘也〔二八〕。丁巳，迴鶻遣使來朝貢。戊午，故荆南節度使、檢校太尉、兼尚書令、南平王高季興贈太尉。永樂大典卷七千一百六十五。

校勘記

〔一〕答蕃　「答」，原作「各」，據五代會要卷一三改。

〔二〕潞州節度使朱漢賓加檢校太傅　「潞州節度使」五字原闕，據殿本、孔本補。

〔三〕乙酉　按是月甲午朔，無乙酉。此事繫於戊申、癸丑之間，疑是己酉。

〔四〕以左驍衛上將軍張敬詢爲滑州節度使　「左」字原闕，據本書卷四〇唐明宗紀六、卷六一張敬詢傳補。

〔五〕以閬州防禦使孫岳爲鳳州節度使　「閬州」，原作「閬中」，據殿本改。按舊唐書卷四一地理志四，閬中係閬州屬縣，不設防禦使。

〔六〕中書門下奏　「門下奏」三字原闕，據五代會要卷四補。

〔七〕護駕步軍都指揮使　「駕」字原闕，據殿本及本卷上文補。

〔八〕宣徽南院使　通鑑卷二七七作「宣徽北院使」。按新五代史卷二七馮贇傳：「明宗即位，即爲客省使、宣徽北院使。」

〔九〕以左威衛上將軍梁漢顒爲鄧州節度使　「左」，本書卷三九唐明宗紀五、梁漢顒墓誌（拓片刊洛陽出土歷代墓誌輯繩）作「右」。

〔一〇〕庚辰　原作「庚寅」，據殿本、劉本改。影庫本粘籤：「庚寅，以長曆推之，當作庚辰。」按是月壬戌朔，此事繫於甲戌、辛巳間，當是庚辰。

〔一一〕行兵部尚書　「兵部」，職官分紀卷一三引五代史同，本書卷四二唐明宗紀八、卷六九張延朗傳、卷一四九職官志、新五代史卷二六張延朗傳、通鑑卷二七七作「工部」。

〔一二〕草定册秦王儀注　「册」字原闕，據五代會要卷二補。

〔一三〕臨軒册命諸王大臣　「册」下原有「禮」字，據五代會要卷二、大唐開元禮卷一〇八删。

〔一四〕通事舍人引出　「出」字原闕，據册府卷五九三、大唐開元禮卷一〇八補。

〔一五〕不載謁廟還第之儀　「廟」，原作「朝」，據五代會要卷二改。

〔一六〕亦無乘輅謁廟之禮　「廟」，原作「朝」，據五代會要卷二改。

〔一七〕不在禘嘗　「禘」，原作「烝」，據五代會要卷二改。

〔一八〕以前雄武軍節度使王思同爲右武衛上將軍　「右」，原作「左」，據本書卷六五王思同傳、新五代史卷三三王思同傳、册府卷三六〇及本卷下文改。

〔一九〕西南行營馬步軍都指揮使　「西南」，原作「四面」，據彭校、册府卷一二三改。

〔二〇〕以右武衛上將軍王思同爲京兆尹　「武」字原闕，據本書卷六五王思同傳、新五代史卷三三王思同傳、通鑑卷二七七及本卷上文補。

〔二一〕以左驍衛上將軍李從璋爲陝州節度使　「左」，本書卷八八李從璋傳、新五代史卷一五唐明宗家人傳作「右」。按本卷上文：「（長興元年五月）以前滑州節度使李從璋爲右驍衛上將軍。」

〔二二〕所試判兩節　「節」下原有「度」字，據本書卷一四八選舉志、五代會要卷二二、册府卷六三三删。

〔二三〕沙彦珣　原作「沙彦詢」，據本書卷四七唐末帝紀中、卷四八唐末帝紀下、卷九四吴巒傳改。按正德大同府志卷四載明正德六年出土沙彦珣墓碣作「沙彦珣」。

〔二四〕楊漢賓　原作「楊漢章」，據邵本校、册府卷四五〇、通鑑卷二七七改。按本書卷四〇唐明宗紀六：「（天成四年五月）以黔州留後楊漢賓爲本州節度使。」影庫本粘籤：「楊漢章，原本脱『章』字，今據通鑑增入。」

〔二五〕突欲　原作「托允」，注云：「舊作『突欲』，今改正。」按此係輯録舊五代史時所改，今恢復原文。

〔二六〕誰能辨吾事者　「誰」字原闕，據殿本、劉本、孔本、通鑑卷二七七補。册府卷一二三、卷三八九敍其事作「孰能辨吾事者」。

〔二七〕甲寅　按本卷上文已有十二月甲寅，此處不當復見。

〔二八〕臘也　「臘」，原作「獵」，據殿本、邵本校、册府卷一一五改。

舊五代史卷四十二

唐書十八

明宗紀第八

長興二年春正月庚申朔，帝御明堂殿受朝賀，仗衛如儀。乙丑，詔曰：「故天策上將軍、守太師、尚書令、楚國王馬殷，品位俱高，封崇已極，無官可贈，宜賜謚及神道碑文，仍以王禮葬。」壬申，契丹東丹王突欲自渤海國率衆到闕〔一〕，案：托雲歸唐，五代春秋作二年正月，蓋以到闕之日爲據；歐陽史作四年十一月丙戌〔二〕，蓋以奏聞之日爲據。（舊五代史考異）帝慰勞久之，錫賚加等，百僚稱賀。丙子，以沙州節度使曹義金兼中書令。案：原本作「汝州」，今據通鑑改正。（舊五代史考異）丁丑，東丹王突欲進本國印三紐。庚辰，以靜江軍節度使馬賓卒廢朝〔三〕，贈尚書令。丙戌，荊南節度使高從誨落起復，加兼中書令。

二月己丑朔，以宋州節度使趙延壽爲左武衛上將軍，充宣徽北院使。癸巳，詔貢院舊例夜試進士，今後晝試，排門齊入，即日試畢。丁酉，幸至德宮，又幸安元信、東丹王突欲之第。辛丑，以鴻臚卿致仕賈馥卒廢朝。以樞密院使、守太尉、兼中書令安重誨爲檢校太師、兼中書令，充河中節度使，進封沂國公。己酉[四]，以右威衛上將軍陳皋爲洋州節度使。詔諸府少尹、上佐[五]，以二十五月爲限[六]。諸州刺史、諸道行軍司馬、副使、兩使判官已下賓職，團防軍事判官、推官、府縣官等，並以三十月爲限[七]。幕職隨府者不在此例。癸丑，邠州節度使李敬周移鎮徐州。詔禁天下開發無主墳墓。

三月辛酉，詔渤海國人皇王突欲宜賜姓東丹，名慕華，仍授檢校太保、安東都護，充懷化軍節度、瑞愼等州觀察等使[八]。其從慕華歸國部校，各授懷化、歸德將軍中郎將。先於定州擒獲蕃將，惕隱宜賜姓狄，名懷惠，則骨宜賜姓列[九]，名知恩，並授檢校右散騎常侍。舍利則剌宜賜姓原[一〇]，名知感，棫骨宜賜姓服[一一]，名懷造，奚王副使竭失訖宜賜姓乙，名懷宥，三人並授檢校太子賓客。甲子，以前鴻臚卿王瓊爲太僕卿。丙寅，以皇子從珂爲左衛大將軍。從珂自河中失守，歸清化里第，清化，原本作「情化」，今從通鑑注所引薛史改正。（影庫本粘籤）至是安重誨出鎮河中，帝召見，泣而謂之曰：「如重誨意，爾安得更相見耶！」因有是命。壬申，以滄州節度使孔循卒廢朝。乙亥，以西京留守、權知興元軍府事王思同爲山南西道節度使，充西面行營馬步軍都虞候。庚辰，以少府監聶延祚爲殿中監，以前雲州節度使楊漢章爲安州節度使。楊漢章，原本作「漢童」，今從通鑑改正。（影庫本粘籖）乙酉，太師致仕錢鏐復授天下兵馬都元帥、尚父、吴越國王，以其子兩浙節度使元瓘等上表首罪，故有是命。丁亥，以太常卿李愚爲中書侍郎、平章事、集賢殿大學士。

夏四月辛卯，制德妃王氏進位淑妃。詔錢鏐依舊賜不名。誅内官安希倫，以其受安重誨密指，令於内中伺帝起居故也。丁酉，幸會節園宴羣臣，因幸河南府。詔罷州縣官到任後率斂爲地圖。又禁人毁廢所在碑碣，恐名賢遺行失所考也〔一二〕。戊戌，詔今年四月禘饗太廟。故昭義節度使李嗣昭、故幽州節度使周德威、故汴州節度使符存審，並配饗莊宗廟庭。己亥，以前徐州節度使張虔釗爲鳳翔節度使。癸卯，以汴州節度副使藥縱之爲户部侍郎，前宗正卿李諧爲將作監。甲辰，以宣徽北院使、左衞上將軍趙延壽爲檢校太傅〔一三〕、行禮部尚書，充樞密使。乙巳，潞州節度使劉仲殷移鎮秦州。帝幸龍門佛寺祈雨。己酉〔一四〕，天雄軍節度使石敬瑭兼六軍諸衞副使。辛亥〔一五〕，以前鳳翔節度使朱弘昭爲左武衞上將軍，充宣徽南院使。壬子，以兵部尚書盧質爲河陽節度使。甲寅，以遂州節度使夏魯奇没於王事廢朝。案通鑑：正月庚午，李仁罕陷遂州，夏魯奇自殺。歐陽史作四月甲寅，董璋陷遂州，武信軍節度使夏魯奇死之，與通鑑異。以薛史考之，歐陽史蓋誤以奏聞之日爲城陷之日〔一六〕，宜從薛史。乙卯〔一七〕，詔曰：「久憋時雨，深疚予心。宜委諸州府長吏親問刑獄，省察冤濫，見禁囚徒，除死罪外，並放〔一八〕。」

五月戊午朔，帝御文明殿受朝。庚申，以三司使、行工部尚書張延朗爲兗州節度使。辛酉，詔：「近聞百執事等，或親居内職，或貴列廷臣，或宣達君恩，或勾當公事，經由列鎮，干撓諸侯，指射職員，安排親昵，或潛示意旨，或顯發書題。自今後一切止絶，有所犯者，發薦人貶官，求薦人流配。如逐處長吏自徇人情，只仰被替人詣闕上訴，被替，原本作「被贊」，今從五代會要改正。（影庫本粘籤）長吏罰兩月俸，發薦人更加一等，被替人却令依舊。」甲子，都官郎中、知制誥崔棁上言，請搜訪宣宗已來野史，以備編修。從之。丁卯，詔：「諸州府城郭内依舊禁麴，其麴官中自造，減舊價之半貨賣。應田畝上所徵麴錢並放，鄉村人户一任私造。」時甚便之。戊辰，中書奏，應朝臣丁憂者，望加頒賚。從之。丁丑，以祕書監劉岳爲太常卿。己卯，以武德使孟漢瓊爲右衛大將軍、知内侍省，充宣徽北院使。辛巳，以前相州刺史孟鵠爲左驍衛大將軍，相州刺史，原本脱「刺史」二字，今從册府元龜增入。（影庫本粘籤）充三司使。甲申，以權知朗州軍州事、守永州刺史馬希範爲洪州節度使、檢校太傅，以權知桂州軍府事、富州刺史馬希彝爲鄂州節度使、檢校司徒。乙酉，以左金吾大將軍薄文爲晉州留後。鴻臚卿柳膺將齋郎文書賣與同姓人柳居則，伏罪，大理寺斷當大辟，緣經赦減死，追奪見任官，終身不齒。詔：「應見任前資守選官等，所有本朝及梁朝出身歷任告身，並仰送納，委所在磨勘，換給公憑，只以中興已來官告，及近受文書敍理。其諸色蔭補子孫，如非虛假，不計庶嫡，並宜敍録；如實無子孫，別立人繼嗣，已補得身名者，只許敍蔭一人。敍蔭，原本作「緒蔭」，今從五代會要改正。（影庫本粘籤）其不合敍使文書，限百日内焚毁須絶。此後更敢將合焚文書參選求仕，其所犯之人並傳者，並當極法。應合得資蔭出身人，並須依格依令施行。」

閏月庚寅，制河中節度使、檢校太師、兼中書令安重誨可太子太師致仕。是日，重誨男崇緒等潛歸河中。崇緒，原本作「宗諸」，今從通鑑改正。又下文兼言崇贊、崇緒，疑此處有脱文，考册府元龜所引薛史亦作崇緒等，今仍其舊。（影庫本粘籤）以右散騎常侍張文寶爲兵部侍郎。夔州節度使安崇阮棄城歸闕，待罪於閤門，詔釋之。時董璋寇峽内諸州，崇阮望風遁走。壬辰，陝州節度使李從璋移鎮河中。癸丑〔一九〕，升廬州爲昭順軍〔二〇〕。甲午，以衡州刺史姚彦章爲昭順軍節度使〔二一〕。丁酉，安重誨奏：「男崇贊、崇緒等到州，臣已拘送赴闕。」崇緒至陝州，詔令下獄。己亥，詔安重誨宜削奪在身官爵，並妻阿張、男崇贊崇緒等並賜死，案：五代春秋作五月，誅安重誨，歐陽史作閏五月丁酉，與薛史異。（舊五代史考異）其餘親不問。壬寅，以尚書左丞崔居儉爲工部尚書，以吏部侍郎王權爲尚書左丞。丙午，以隨駕馬軍都指揮使、宣州節度使安從進爲陝州節度使。丁未，以前中書舍人楊凝式爲右散騎常侍〔二二〕。戊申，以右龍武統軍王景戡爲新州節度使。己酉，以右領軍上將軍李肅爲左金吾大將軍。壬子，以隨駕步軍都指揮使藥彦稠爲邠州節度使。癸丑，以邠州節度使劉彦琮卒廢朝〔二三〕，贈太傅。詔有司及天下州縣，於律令格式、六典中録本局公事，書於廳壁，令其遵行。

六月丁巳朔，復置明法科，同開元禮。乙丑，以皇子左衛大將軍從珂依前檢校太傅，加同平章事、行京兆尹，充西都留守。庚午，以邠州節度使張温爲右龍武統軍〔二四〕。甲戌，以魏徵八代孫韶爲安定縣主簿。乙亥，以鎮州節度使、宋王從厚爲興唐尹，以石敬瑭爲河陽天雄軍節度使，以天雄軍節度使石敬班爲河陽節度使〔二五〕，依前六軍諸衛副使。丙子，詔諸道觀察使均補苗税，將有力人户出剩田苗，補貧下不迨頃畝，有詞者排段檢括〔二六〕，自今年起爲定額。乙卯〔二七〕，定州節度使李從敏移鎮州節度使，盧質爲滄州節度使〔二八〕。庚辰，皇孫太子舍人重美授司勳員外郎，重真已下六人並授同正將軍及檢校官。壬午，以前秦州節度使李德珫爲定州節度使兼北面行營副招討使。太原地震。詔天下州府斷獄，先於案牘之上坐所該律令格式及新敕，然後區分。乙酉，以前黔州節度使楊漢賓爲羽林統軍。案：原本作「漢章」，考上文有雲州節度使楊漢章，不應黔州節度使與之同名，今據通鑑改正。（舊五代史考異）詔止絶請射係省店宅莊園〔二九〕。

秋七月庚寅，以權侍衛馬軍都指揮使、登州刺史張從賓爲壽州節度使兼侍衛步軍都指揮使〔三〇〕。壬辰，福建王延鈞上言：「當境廟七所，乞封王號。」敕：「無諸史傳有名〔三一〕，宜封爲閩越富義王，其餘任自於境内祭享。」乙未，詔：「諸道奏薦州縣官，使相先許一年薦三人，今許薦五人；不帶使相先許薦二人，今許薦三人；直屬京防禦、團練使先許薦一人，今許薦二人。」詔：「應州縣官内，有曾在朝行及曾佐幕府，罷任後，準前資朝官賓從例處分〔三二〕。其帶省銜，并内供奉、裏行及諸已出選門者，或降授令録，罷任日，並依出選門例處分，便與除官，更不在赴常調。州縣官其間書得十六考者，準格敍加朝散階，亦準出選門例處分。」三司奏：「先許百姓造麴，不來官場收買。伏恐課額不逮，請復已前麴法，鄉户與在城條法一例指揮，仍據已造到麴納官，量支還麥本。」從之。甲辰，前晉州節度使朱漢賓授太子少保致仕。庚戌，大理正劇可久責授登州司户，刑部員外郎裴選責授衛尉寺丞，刑部侍郎李光序、判大理卿事任贊各降一官，罰一季俸，坐斷罪失入也。

八月丙寅〔三三〕，詔天下州府商税務，並委逐處差人依省司年額勾當納官。以故鎮州節度使、趙王王鎔男昭誨爲朝議大夫、司農少卿，賜紫金魚袋，繼絶也。辛丑〔三四〕，升虔州爲昭信軍。癸亥，以太常少卿盧文紀爲祕書監，以祕書監馬縞爲太子賓客，左監門上將軍羅周敬爲右領軍上將軍〔三五〕，前懷州刺史婁繼英爲左監門上將軍。乙丑，詔：「今後大理寺官員〔三六〕，宜同臺省官例升進，法直官比禮直官任使。仍於諸道贓罰錢内，每月支錢一百貫文，賜刑部、大理兩司，其刑部於所賜錢三分與一分。」丙寅，以武平軍節度使馬希振依前檢校太尉、兼侍中，充虔州昭信軍節度使。詔：「百官職吏，應選授外官者，考滿日，並委本州申奏，追還本司，依舊執行公事。」己巳，太傅致仕王建立、太子少保致仕朱漢賓皆上章求歸鄉里。詔內外致仕官，凡要出入，不在拘束之限。辛未，以翰林學士、兵部侍郎劉昫守本官，充端明殿學士；以左拾遺、直樞密院李崧充樞密直學士。壬申，以左龍武統軍李承約爲潞州節度使。統軍，原本作「統車」；承約，原本作「丞約」，今從薛史列傳改正。（影庫本粘籤）癸酉，詔：「文武百官，五日內殿起居仍舊，其輪次轉對宜停〔三七〕。若有封事，許非時上表，朔望入閤，待制候對，一依舊制。」乙亥，翰林學士、工部侍郎竇夢徵卒。丁丑，以前西京副留守梁文矩爲兵部尚書。己卯〔三八〕，詔不得薦銀青階爲州縣官。壬午，詔應有朝臣、藩侯、郡守，凡欲營葬，未曾封贈，許追封贈。禮部尚書致仕李德休卒。

九月丙戌，以前兗州節度使符彥超爲左龍武統軍。己亥，懷化軍節度使東丹慕華賜姓名李贊華，改封隴西縣開國公〔三九〕。應有先配諸軍契丹並賜姓名。詔天下營田務，只許耕無主荒田及召浮客〔四〇〕，不得留占屬縣編户。辛丑，樞密使、檢校太傅、刑部尚書范延光加同平章事，使如故。壬寅，以中書舍人封翹爲禮部侍郎，禮部侍郎盧澹爲户部侍郎〔四一〕。癸卯，許州節度使李從温移鎮河東。詔天下州縣官不得與部内富民於公廳同坐。辛亥，詔五坊見在鷹隼之類並可就山林解放，案：歐陽史作丁亥，通鑑從薛史。（舊五代史考異）今後不許進獻。

冬十月戊午，以前北京留守、太原尹馮贇爲許州節度使。辛酉，左補闕李詳上疏：「以北京地震多日，請遣使臣往彼慰撫，察問疾苦，祭祀山川。」從之。先是，太原留後密奏，無敢言者，及詳有是奏，帝甚嘉之，改賜章服。丙寅，詔：「應在朝臣僚、藩侯、郡守，準例合得追贈者，新授命後，便於所司投狀，旋與施行。封妻蔭子，準格合得者，亦與施行。外官曾任朝班，據在朝品秩格例，合得封贈敍封者，並與施行。其補蔭，據資蔭合得者，先受官者先與收補，後受官者據月日次第施行。」從之。

十一月甲申朔，日有蝕之。己丑，日南至，帝御文明殿受賀。丁酉，以翰林學士、起居郎張礪爲兵部員外郎、知制誥充職，以汝州防禦使張希崇爲靈州兩使留後。庚子，以左威衞上將軍華温琪爲華州節度使。福州節度使王延鈞奏，誅建州節度使王延禀及其子繼雄。壬寅，詔今後諸道兩使判官罷任一年與比擬，書記、支使、防禦團練判官二年，推巡、軍事判官並三年後與比擬。仍每遇除授，量與改轉官資或階勳、職次云。以御史中丞劉贊爲刑部侍郎，以鳳州節度使孫岳充西面閣道使。壬子，鄆州奏，黄河暴漲，漂溺四千餘户。癸丑，以給事中崔衍爲御史中丞。

十二月甲寅朔，詔開鐵禁，許百姓自鑄農器、什器之屬，於秋夏田畝上，每畝輸農器錢一文五分。乙卯，畋於西郊。丁巳，以彰武軍節度使劉訓卒廢朝。庚午，以前利州節度使康思立爲陝州節度使。秦州地震。丁丑，詔三司，隔過西川兵士家屬〔四二〕，常令贍給。永樂大典卷七千一百六十五。

校勘記

〔一〕契丹東丹王突欲自渤海國率衆到闕　「王」字原闕，據殿本、五代會要卷二九、冊府卷一七〇、通鑑卷二七七補。本卷下文同。

〔二〕歐陽史作四年十一月丙戌　新五代史卷六唐本紀繫其事於長興元年十一月丙戌。

〔三〕馬賨　原作「馬賓」，據彭校、本書卷三一唐莊宗紀五、冊府卷一七八、新五代史卷六六楚世家改。

〔四〕己酉　原作「己丑」，據殿本、劉本改。影庫本粘籤：「己丑，以長曆推之，當作己酉。」按是月己丑朔，此事繫於辛丑、癸丑間，當是己酉。

〔五〕上佐　原作「上任」，據五代會要卷二五、冊府卷六三三改。影庫本粘籤：「上任，原作『尚佐』，今從五代會要改正。」

〔六〕以二十五月爲限　「月」，原作「日」，據五代會要卷二五、冊府卷六三三改。

〔七〕並以三十月爲限　「月」，原作「日」，據五代會要卷二五、册府卷六三三改。

〔八〕瑞愼等州觀察等使　「愼」，原作「鎮」，據五代會要卷二九、册府卷一七〇、新五代史卷七二四夷附録、通鑑卷二七七改。按通鑑卷二七七胡注：「時置懷化軍於愼州。瑞州領遠來一縣，愼州領逢龍一縣，蓋皆後唐所置。」薛史：「瑞、愼二州本遼東之地，唐末爲懷化節度。」

〔九〕則骨　原作「哲爾格」，殿本作「札古」。殿本考證：「『扎古』舊作『則骨』。」按此係輯録舊五代史時所改，今恢復原文。

〔一〇〕舍利則剌　原作「錫里扎拉」，殿本考證：「『錫里扎拉』舊作『舍利則剌』。」按此係輯録舊五代史時所改，今恢復原文。

〔一一〕械骨　原作「英格」，殿本作「裕勒古」。殿本考證：「『裕勒古』舊作『械骨』。」按此係輯録舊五代史時所改，今恢復原文。

〔一二〕恐名賢遺行失所考也　以上九字原闕，據殿本補。

〔一三〕左衛上將軍趙延壽爲檢校太傅　「左衛上將軍」，本卷上文作「左武衛上將軍」。

〔一四〕己酉　原作「乙酉」，據殿本、劉本、孔本改。影庫本粘籤：「以長曆推之，乙酉當作己酉。」按是月己丑朔，無乙酉，己酉爲二十一日。

〔一五〕辛亥　原作「己亥」，據殿本、劉本改。影庫本粘籤：「以長曆推之，己亥當作辛亥。」按是月己丑朔，此事繫於己酉、壬子間，當是辛亥。

〔一六〕歐陽史蓋誤以奏聞之日爲城陷之日　下一「日」字，原作「月」，據彭校改。

〔一七〕乙卯　以上二字原闕，據册府卷九三、卷一四五、新五代史卷六唐本紀補。舊五代史考異卷二：「案歐陽史作乙卯，以早赦流罪以下囚。與薛史作壬子異。」

〔一八〕詔曰久愆時雨……並放　以上三十五字原闕，據殿本、孔本補。

〔一九〕癸丑　按本卷下文是月復見「癸丑」，「壬辰」、「甲午」之間僅「癸巳」一日。通鑑卷二九三胡注引薛史作「己丑」。是月戊子朔，己丑爲初二。

〔二〇〕升盧州爲昭順軍　「盧州」，原作「盧州」，據邵本校改。按本書卷四四唐明宗紀十：「以盧州節度使兼武安軍副使姚彦章爲檢校太尉、同平章事。」太平寰宇記卷一二六：「盧州，後唐爲昭順軍節度。」

〔二一〕以衡州刺史姚彦章爲昭順軍節度使　「衡州」，通鑑卷二六七、九國志卷一一作「横州」。

〔二二〕以前中書舍人楊凝式爲右散騎常侍　「右」，原作「左」，據本書卷四三唐明宗紀九、卷一二八楊凝式傳改。按長興三年正月李德休墓誌（拓片刊隋唐五代墓誌匯編洛陽卷第十五册）署「朝散大夫守右散騎常侍柱國賜紫金魚袋楊凝式撰」。

〔二三〕劉彦琮　原作「劉行琮」，據本書卷六一劉彦琮傳改。按本書卷四一唐明宗紀七：「（長興元年十月）陜州節度使劉彦琮移鎮邠州。」劉行琮係後梁時人。

〔二四〕以邠州節度使張温爲右龍武統軍　按本卷上文，時任邠州節度使者爲藥彦稠，據本書卷四〇唐明宗紀六、卷五九張溫傳，張溫自洋州節度使入爲右龍武統軍。郤州疑爲洋州之誤。

〔二五〕以石敬瑭爲河陽天雄軍節度使以天雄軍節度使石敬班爲河陽節度使　邵本校作「以天雄軍節度使石敬瑭爲河陽節度使」。按本書卷七五晉高祖紀一及册府卷八載敬瑭本月自天雄軍節度使移鎮河陽。五代史無石敬班其人，「以石敬瑭爲河陽天雄軍節度使」一句疑爲衍文，「石敬班」當是「石敬瑭」之訛。影庫本粘籤：「以天雄軍節度使石敬班爲河陽節度使，與上文複互，疑有舛錯。考册府元龜所引薛史與永樂大典同，今姑仍其舊，附識于此。」今檢册府未記此事。

〔二六〕有詞者排段檢括　「有詞」，原作「有嗣」，據册府卷四八八、卷四九五（宋本）、五代會要卷二五改。影庫本粘籤：「有嗣，原本作『有祠』，今從五代會要改正。」「段」，原作「改」，據册府卷四八八、卷四九五、五代會要卷二五改。

〔二七〕乙卯　按是月丁巳朔，無乙卯。此事繫於丙子、庚辰之間，疑是己卯。

〔二八〕盧質爲滄州節度使　句上邵本校有「河陽節度使」五字。按本卷上文：「（長興二年四月）以兵部尚書盧質爲河陽節度使。」本書卷九三盧質傳：「長興二年，授檢校太保、河陽節度使，未幾，移鎮滄州。」

〔二九〕詔止絶請射係省店宅莊園　「請」，原作「諸」，據册府卷六六改。

〔三〇〕登州刺史張從賓爲壽州節度使兼侍衛步軍都指揮使　「登州」，本書卷九七張從賓傳作「澄州」。「張從賓」，原作「張從實」，據本書卷九七張從賓傳改。

〔二一〕無諸史傳有名　「無諸」，原作「如諸」，據册府卷三四、五代會要卷一一改。按無諸事見史記卷一一四東越列傳。

〔二二〕準前資朝官賓從例處分　「例」，原作「别」，據册府卷六三三、五代會要卷二二改。

〔二三〕八月丙寅　「丙寅」，本卷下文是月復見「丙寅」，兩者或有一誤，按丙寅不當在癸亥、乙丑前，是月丙辰朔，「丙寅」疑爲「丙辰」之訛。

〔二四〕辛丑　按是月丙辰朔，無辛丑。此事繫於癸亥前，疑爲「辛酉」。

〔二五〕右領軍上將軍　「右」，羅周敬墓誌（拓片刊北京圖書館藏中國歷代石刻拓本匯編第三十六册）作「左」。

〔二六〕今後大理寺官員　「今後」二字原闕，據本書卷一四九職官志、御覽卷二三一引五代史後唐書、五代會要卷一六補。册府卷五〇八作「此後」。

〔二七〕其輪次轉對宜停　「宜停」二字原闕，據五代會要卷五、册府卷一〇八補。

〔二八〕己卯　原作「乙卯」，據殿本改。影庫本粘籤：「乙卯，以前後干支推之，當作己卯。」按是月丙辰朔，無乙卯，己卯爲二十四日。

〔二九〕改封隴西縣開國公　「縣」，册府卷一七〇作「郡」。

〔四〇〕只許耕無主荒田及召浮客　「及」，原作「各」，據五代會要卷一五、册府卷四九五改。

〔四二〕盧澹　本書卷四〇唐明宗紀六：「以中書舍人盧詹爲禮部侍郎。」

〔四三〕隔過西川兵士家屬　「隔過」，原作「所過」，據孔本改。按本書卷四三唐明宗紀九：「兩川隔過朝廷兵士不下三萬人。」

舊五代史卷四十三

唐書十九

明宗紀第九

長興三年春正月癸未朔，帝御明堂殿受朝賀，仗衛如式。丁亥，陝州節度使安從進移鎮延州。延州，原本作「逮州」，今據通鑑改正。（影庫本粘籤）己丑，遣邠州節度使藥彥稠、案：歐陽史作靜難軍。（舊五代史考異）靈武節度使康福率步騎七千往方渠討党項之叛者〔一〕。庚寅，以前北京副留守呂夢奇爲户部侍郎。辛卯，以前彰國軍留後孫漢韶爲利州節度使，充西面行營副都部署兼步軍都指揮使〔二〕。庚子，契丹遣使朝貢。辛丑，秦王從榮加開府儀同三司、兼中書令。戊申，詔選人文解不合式樣，罪在發解官吏；舉人落第，次年免取文解。中書門下奏：「請親王官至兼侍中、中書令，則與見任宰臣分班定位，宰臣居左，諸親王居右。如親王及諸使守侍中、中書令，亦分行居右，其餘使相依舊。」從之。渤海、迴鶻、吐蕃遣使朝貢。大理正張居琭上言：「所頒諸州新定格式律令，請委逐處各差法直官一人，專掌檢討。」從之。

二月乙卯，制晉國夫人夏氏追册爲皇后。丙辰，幸龍門。詔故皇城使李從璨可贈太保。詔出選門官，罷任後周年方許擬議〔三〕，自於所司投狀磨勘送中書。又詔罷城南稻田務，以其所費多而所收少，欲復其水利，資於民間碾磑故也。秦州奏：「州界三縣之外，別有一十一鎮人户，係鎮將徵科，欲隨其便，宜復置隴城、天水二縣以隸之。」詔從之。甲子，幸至德宫。以右衛大將軍高居貞爲右監門衛上將軍。庚午，以前華州節度使李從昶爲左驍衛上將軍〔四〕，以前夔州節度使安崇阮爲右驍衛上將軍，原本脱「夔州」二字，今據册府元龜增入。（影庫本粘籤）以前新州節度使翟璋爲右領軍上將軍，以右領軍上將軍羅周敬爲右威衛上將軍。辛未，中書奏：「請依石經文字刻九經印板。」從之。案五代會要：長興三年二月，中書門下奏：「請依石經文字刻九經印板，敕令國子監集博士儒徒，將西京石經本，各以所業本經，廣爲抄寫，仔細看讀，然後僱召能雕字匠人，各部隨帙刻印板，廣頒天下。如諸色人要寫經書，並請依所印刻本，不得更使雜本交錯。」蓋刻板之流行，實始於此。愛日齋叢鈔云：通鑑載：「後唐長興三年二月辛未，初令國子監校定九經，雕印賣之。」又曰：「自唐末以來，所在學校廢絶，蜀毋昭裔出私財百萬營學館，且請板刻九經，蜀主從之。由是蜀中文學復盛。」又曰：「唐明宗之世，宰相馮道、李愚請令判國子監田敏校定九經，刻板印賣，從之。後周廣順三年六月丁巳，板成，獻之。由是雖亂世，九經傳布甚廣。」王仲言揮麈録云：「毋昭裔貧賤時，嘗借文選于交遊間，其人有難色，發憤，異日若貴，當板以鏤之遺學者。後仕王蜀爲宰相，遂踐其言，刊之，印行書籍，創見于此。事載陶岳五代史補。後唐平蜀，明宗命太學博士李鍔書五經，仿其製作，刊板于國子監，爲監中刻書之始。」猗覺寮雜記云：「雕印文字，唐以前無之，唐末，益州始有墨板，後唐方鏤九經，悉收人間所有經史，以鏤板爲正。見兩朝國史。」此則印書已始自唐末矣。案柳氏家訓序：「中和三年癸卯夏，鑾輿在蜀之三年也，余爲中書舍人，旬休，閱書于重城之東南，其書多陰陽雜記、占夢相宅、九宮五緯之流。又有字書小學，率雕板，印紙浸染，不可盡曉。」葉氏燕語正以此證刻書不始于馮道，而沈存中又謂板印書籍：「唐人尚未盛行爲之，自馮瀛王始印五經，自後典籍皆爲板本。」大概唐末漸有印書，特未盛行，後人遂以爲始于蜀也。當五季亂離之際，經籍方有託而流布于四方，天之不絕斯文，信矣。（舊五代史考異）甲戌，靈武奏，都指揮使許審環等謀亂伏誅。藥彥稠奏，誅党項阿埋等十族，案歐陽史：二月己卯，靜難軍節度使藥彥稠及党項戰于牛兒谷，敗之。據薛史則甲戌已奏捷，非己卯也。（舊五代史考異）與康福入白魚谷追襲叛黨〔五〕，獲大首領六人、諸羌二千餘人、孳畜數千，及先劫掠到迴鶻物貨。詔彥稠軍士，所獲並令自收，勿得箕斂。己卯，以前河中節度使索自通爲鄜州節度使。懷化軍節度使李贊華進契丹地圖。詔司天臺，除密奏留中外，應奏曆象、雲物、水旱，及十曜細行〔六〕、諸州災祥，一一並報史館〔七〕，以備編修。壬午，藥彥稠進迴鶻可汗先送秦王金裝胡簶，爲者。党項所掠，至是得之以獻。帝曰：「先詔所獲令軍士自收，今何進也？」令彥稠却與獲者。

三月甲申，契丹遣使朝貢。靈武軍將裴昭隱等二人與進奏官阮順之隱官馬一匹〔八〕，有司論罪合抵法，帝曰：「不可以一馬殺三人命。」笞而釋之。丙申，西京奏，百姓侯可洪於楊廣城内掘得宿藏玉四團進納。賜可洪二百緡、絹二百匹。庚子，以前鄜州節度使孫璋卒廢朝。癸卯，帝顧謂宰臣曰：「春雨稍多，久未晴霽，何也？」馮道對曰：「水旱作沴，雖是天之常道，然季春行秋令，臣之罪也。更望陛下廣敷恩宥，久雨無妨於聖政也。」丁未，以神捷、神威、雄威〔九〕、廣捷已下指揮改爲左右羽林軍，置四十指揮，每十指揮立爲一軍，軍置都指揮使一人。庚戌，帝觀稼於近郊。民有父子三人同挽犂耕者，帝閔之，賜耕牛三頭。高麗國遣使朝貢。以右領軍上將軍翟璋爲右羽林統軍〔一〇〕，以前安州留後周知裕爲左神武統軍〔一一〕。

夏四月甲寅，詔諸道節度使未帶使相及防禦、團練使、刺史，班位居檢校官高者爲上；如檢校官同〔一二〕，以先授者爲上；前資在見任之下。新羅王金溥遣使貢方物。戊午，中書奏：「準敕重定三京、諸道州府地望次第者〔一三〕。舊制以王者所都之地爲上，今都洛陽，請以河南道爲上，河南，原本作「河内」，今從五代會要改正。（影庫本粘籤）關内道爲第二，河東道爲第三，餘依舊制。其五府，按十道圖，以鳳翔爲首，河中、成都、江陵、興元爲次。中興初，升魏州爲興唐府，鎮州爲真定府，望升二府在五府之上，合爲七府〔一四〕，餘依舊制。又天下舊有八大都督府，以靈州爲首，陝、幽、魏、揚、潞、鎮、徐爲次，其魏、鎮已升爲七府，兼具員内相次升越、杭、福、潭等州爲都督，望以十大都督府爲額，仍據升降次第，以陝爲首，餘依舊制。十道圖有大都護，請以安東大都護爲首。防禦、團練等使，自來升降極多，今具見在，其員依新定十道圖以次第爲定。」從之。契丹累遣使求歸則剌、惕隱等〔一五〕，幽州趙德鈞奏請不俞允。帝顧問侍臣，亦以爲不可與。帝意欲歸之，會冀州刺史楊檀罷郡至闕〔一六〕，帝問其事，奏曰：「此輩來援王都，謀危社稷，陛下寬慈，貸其生命。苟若歸之，必復向南放箭，既知中國事情，爲患深矣。」帝然之。既而只遣則骨舍利隨來使歸蕃〔一七〕，不欲全拒其請也。詔贈皇后曹氏曾祖父母已下爲太傅、太尉、太師、國夫人〔一八〕，淑妃王氏曾祖父母已下爲太子太保、太傅、太師、國夫人〔一九〕。壬戌，前樞密使、驃騎大將軍馬紹宏卒。癸亥，以懷化軍節度使李贊華爲滑州節度使。初，帝欲以贊華爲藩鎮，范延光等奏，以爲不可。帝曰：「吾與其先人約爲兄弟，故贊華來附。吾老矣，儻後世有守文之主，則此輩招之亦不來矣。」由是近臣不能抗議。甲子，以太子賓客蕭蘧爲户部尚書致仕。乙丑，以天雄軍節度使、宋王從厚兼中書令。辛未，以幽州節度使趙德鈞兼中書令。

五月壬午朔，帝御文明殿受朝。詔禁網羅、彈射、弋獵。丁亥，以二王後、前詹事府司直楊延紹爲右贊善大夫，仍襲封酅國公，食邑三千户〔一〇〕。丁酉，以太子太師致仕孔勍卒廢朝。興元奏，東、西兩川各舉兵相持。甲辰，以文宣王四十三代孫曲阜縣主簿孔仁玉爲兖州龔丘令，襲文宣公。戊申，襄州奏，漢江大漲，水入州城，壞民廬舍。樞密使奏：「近知兩川交惡，如令一賊兼有兩川，撫衆守險，恐難討除，欲令王思同以興元之師伺便進取。」詔從之。

六月壬子朔，幽州趙德鈞奏：「新開東南河，自王馬口至淤口，長一百六十五里，闊六十五步，深一丈二尺，以通漕運，舟勝千石，畫圖以獻。」甲寅，以權知高麗國事王建爲檢校太保，封高麗國王。丁巳，衞州奏，河水壞堤，東北流入御河。戊午，荆南奏：「東川董璋領兵至漢州，西川孟知祥出兵逆戰，璋大敗，案通鑑：孟知祥克東川在五月，五代春秋、歐陽史俱作六月，蓋以薛史奏聞之日爲據。（舊五代史考異）得部下人二十餘，走入東川城，尋爲前陵州刺史王暉所殺，孟知祥已入梓州。」辛酉，范延光奏曰：「孟知祥兼有兩川，彼之軍衆皆我之將士，料其外假朝廷形勢以制之，然陛下苟不能屈意招攜，彼亦無由革面。」帝曰：「知祥，予故人也，以賊臣間諜，故兹阻隔，今因而撫之，何屈意之有！」由是遣供奉官李瓌案：通鑑作李存瓌，唐人避莊宗諱，故去「存」字。（舊五代史考異）使西川，齎詔以賜知祥。詔以霖雨積旬，久未晴霽，京城諸司繫囚，並宜釋放。甲子，以大雨未止，放朝參兩日。洛水漲泛二丈，廬舍居民有溺死者。以前濮州刺史武延翰爲右領軍上將軍〔二一〕，前階州刺史王弘贄爲左千牛上將軍。金、徐、安、潁等州大水，鎮州旱。詔應水旱州郡，各遣使人存問。

秋七月辛巳朔，以天下兵馬元帥〔二二〕、尚父、吴越國王錢鏐薨廢朝三日。案五代春秋：七月，吴越王錢鏐薨，蓋祇以薛史廢朝之日爲據也。通鑑作三月庚戌，與九國志同〔二三〕。（舊五代史考異）丙戌，詔賜諸軍救接錢有差。案：「救接錢」，疑有舛誤，考册府元龜亦作「救接」，今仍其舊。（舊五代史考異）戊子，正衙命使册高麗國王王建。靈武奏，夏州界党項七百騎侵擾，當道出師擊破之，生擒五十騎，追至賀蘭山下。賀蘭，原本作「駕蘭」，今從歐陽史改正。（影庫本粘籤）己丑，兩浙節度使錢元瓘起復，加守中書令〔二四〕。青州節度使王晏球加兼中書令。秦、鳳、兗、宋、亳、潁、鄧大水，漂邑屋，損苗稼。夔州赤甲山崩。壬辰，以前太僕卿鄭續爲鴻臚卿，以前兗州行軍司馬李鏻爲户部尚書。乙未，福建節度使王延鈞進絹表云：「吴越王錢鏐薨，乞封臣爲吴越王。湖南馬殷官是尚書令，殷薨，請授臣尚書令。」不報。戊戌，太子賓客李光憲以禮部尚書致仕。己亥〔二五〕，以前靈武節度使康福爲涇州節度使。幽州衙將潘杲上言，知故使劉仁恭於大安山藏錢之所，樞密院差人監往發之，竟無所得。以皇子西京留守、京兆尹從珂爲鳳翔節度使。廢鳳州武興軍節制爲防禦使，并所管興、文二州並依舊隸興元府。丁未，以門下侍郎兼吏部尚書、同平章事、監修國史趙鳳爲檢校太傅、同平章事，充邢州節度使。詔諸州府遭水人户各支借麥種及等第賑貸。

八月辛亥，青州節度使王晏球卒，廢朝二日。以利州節度使孫漢韶兼西面行營招討使。甲寅，以前振武節度使張萬進爲鄧州節度使。己未，以鄆州節度使房知溫兼中書令，移鎮青州。丙寅，以宰臣李愚爲門下侍郎、平章事、監修國史。乙亥，以湖南節度使馬希聲卒廢朝。案通鑑：馬希聲卒在七月辛卯，五代春秋從薛史作八月。（舊五代史考異）己卯〔二六〕，吐蕃遣使朝貢。

九月壬午，以鎮南軍節度使、檢校太傅馬希範爲湖南節度使、檢校太尉、兼侍中。甲申，荊南節度使、檢校太傅、兼中書令高從誨加檢校太尉、兼中書令。壬辰，供奉官李環自西川迴，節度使孟知祥附表陳敍隔絕之由，并進物，先賜金器等。環，知祥甥也，母在蜀，故令環往焉。環至蜀，具述朝廷厚待之意，知祥稱藩如初，奏福慶長公主以今年正月十二日薨〔二七〕。又奏五月三日，大破東川董璋之衆於漢州，收下東川。又表立功將校趙季良等五人，乞授節鉞；部内刺史令録已下官，乞許墨制補授。帝遣閤門使劉政恩充西川宣諭使。乙巳，契丹遣使自幽州進馬。秦州地震。

冬十月己酉朔，再遣供奉官李環使西川，兼押賜故福慶長公主祭贈絹三千匹，并賜知祥玉帶。先是，兩川隔過朝廷兵士不下三萬人，至是，知祥上表乞發遣兵士家屬入川，詔報不允。知祥所奏兩川部内文武將吏，乞許權行墨制除補訖奏，詔許之。知祥所奏立功大將趙季良等五人正授節鉞，續有處分。襄州奏，漢水溢，壞民廬舍。癸丑，以太常卿劉岳卒廢朝。己未〔二八〕，以兵部侍郎張文寶爲吏部侍郎，以户部侍郎藥縱之爲兵部侍郎。庚申，幸至德宫，因幸石敬瑭、李從昶、李從敏之第。壬申，大理少卿康澄上疏曰：「臣聞安危得失，治亂興亡，誠不繫於天時，固非由於地利，童謡非禍福之本，妖祥豈隆替之源。故雊雉昇鼎而桑穀生朝，不能止殷宗之盛；神馬長嘶而玉龜告兆，不能延晉祚之長。是知國家有不足懼者五，有深可畏者六。陰陽不調不足懼，三辰失行不足懼，小人訛言不足懼，山崩川涸不足懼，蟊賊傷稼不足懼，此不足懼者五也。賢人藏匿深可畏，四民遷業深可畏，上下相狗深可畏，廉恥道消深可畏，毁譽亂真深可畏，直言蔑聞深可畏，此深可畏者六也。伏惟陛下尊臨萬國，奄有八紘，蕩三季之澆風，振百王之舊典，設四科而羅俊彦，提二柄而御英雄。所以不軌不物之徒，咸思革面；無禮無儀之輩，相率悛心。然而不足懼者，願陛下存而勿論；深可畏者，願陛下修而靡忒。加以崇三綱五常之教，敷六府三事之歌，則鴻基與五岳爭高，盛業共磐石永固。」優詔獎之。澄言可畏六事，實中當時之病，識者許之。癸酉，湖南馬希範、荆南高從誨並進銀及茶〔二九〕，乞賜戰馬，帝還其直，各賜馬有差。丁丑，帝謂范延光曰：「如聞禁軍戍守，多不禀藩臣之命，緩急如何驅使？」延光曰：「承前禁軍出戍，便令逐處守臣管轄斷決，近似簡易。」帝曰：「速以宣命條舉之。」

十一月辛巳，以三司使、左武衛大將軍孟鵠爲許州節度使，以前許州節度使馮贇爲宣徽使，判三司，以宣徽北院使孟漢瓊判院事。壬午，史館奏：「宣宗已下四廟未有實録，請下兩浙、荆湖購募野史及除目報狀。」除目，原本作「際自」，今據五代會要改正。（影庫本粘籤）從之。案：五代會要載十一月四日史館奏：「當館昨爲大中以來，迄于天祐，四朝實録，尚未纂修，尋具奏聞，謹行購募。敕命雖頒于數月，圖書未貢于一編。蓋以北土州城，久罹兵火，遂成滅絶，難可訪求。切恐歲月漸深，耳目不接，長爲闕典，過在攸司。伏念江表列藩，湖南奥壤，至于閩、越，方屬勳賢。戈鋋自擾于中原，屏翰悉全于外府，固多奇士，富有羣書。其兩浙、福建、湖廣，伏乞詔旨，委各于本道采訪宣宗、懿宗、僖宗、昭宗以上四朝野史，及逐朝日曆、銀臺事宜、内外制詞、百司沿革簿籍，不限卷數，據有者抄録上進。若民間收得，或隱士撰成，即令各列姓名，請議爵賞。」（舊五代史考異）癸未，以左僕射致仕鄭珏卒廢朝。丁亥，以河陽節度使兼六軍諸衛副使石敬瑭爲河東節度使、兼大同彰國振武威塞等軍蕃漢馬步總管。時契丹帳族在雲州境上，與羣臣議擇威望大臣以制北方，故有是命。己丑〔三〇〕，樞密使趙延壽加同平章事。詔在京臣僚，不得進奉賀長至馬及諸物。甲午，日南至，帝御文明殿受朝賀。己亥，河中節度使李從璋加檢校太傅，以右散騎常侍楊凝式爲工部侍郎。庚子，以祕書監盧文紀爲工部尚書，以工部尚書崔居儉爲太常卿，以工部侍郎鄭韜光爲禮部侍郎。乙巳，雲州奏，契丹主在黑榆林南捺剌泊造攻城之具〔三〕。帝遣使賜契丹主銀器綵帛。

十二月戊申朔，供奉官丁延徽、倉官田繼勳並棄市，坐擅出倉粟數百斛故也。教坊伶官敬新磨受賄，爲人告，帝令御史臺徵還其錢而後撻之。癸丑，幸龍門，觀修伊水石堰，賜丁夫酒食。後數日，有司奏：「丁夫役限十五日已滿，工未畢，請更役五日。」帝曰：「不唯時寒，且不可失信於小民。」即止其役。甲寅，以太子賓客歸藹卒廢朝。戊午，以前宣徽使朱弘昭爲襄州節度使；康義誠爲河陽節度使，充侍衞親軍馬步軍都指揮使。壬戌，以吏部侍郎姚顗爲尚書左丞，以尚書左丞王權爲禮部尚書，以兵部侍郎藥縱之爲吏部侍郎，以翰林學士、中書舍人程遜爲户部侍郎，依前充職。戊辰，帝畋於近郊，射中奔鹿。

是冬無雪。永樂大典卷七千一百六十六。

校勘記

〔一〕靈武節度使康福率步騎七千往方渠討党項之叛者　「靈武節度使」，本卷下文作「前靈武節度使」。按通鑑卷二七七敍其事作「前朔方節度使」，本書卷四二唐明宗紀八「（長興二年十一月）以汝州防禦使張希崇爲靈州兩使留後」，則康福時已受代。句上疑脱「前」字。

〔二〕西面行營副都部署　「都」字原闕，據册府卷一二三、孫漢韶墓誌（拓片刊成都出土歷代墓銘券文圖録綜釋）補。

〔三〕罷任後周年方許擬議　「許」，原作「詳」，據彭校、册府卷六三三改。

〔四〕左驍衛上將軍　「上」，原作「大」，據本書卷四四唐明宗紀十、卷一三二李茂貞傳改。

〔五〕與康福入白魚谷追襲叛黨　「與」，原作「興」，據殿本、劉本、孔本校、彭校、册府卷三九八改。影庫本批校：「與康福入白魚谷，『與』訛『興』，應改。」「康福」，原作「康復」，據殿本、劉本、孔本、彭校、册府卷三九八、五代會要卷二九改。

〔六〕及十曜細行　「十曜」，五代會要卷一八作「十一曜」。

〔七〕一一並報史館　「一一」，原作「宜」，據殿本、孔本、五代會要卷一八改。

〔八〕阮順之　册府（宋本）卷一五〇作「苑順之」，明本作「范順之」。

〔九〕雄威　原作「雄武」，據通鑑卷二七八胡注引薛史、職官分紀卷三五引五代史、五代會要卷一二改。

〔一〇〕右羽林統軍　「右」，本書卷四四唐明宗紀十同，本書卷九五翟璋傳、册府卷八四五、卷八四七作「左」。

〔一一〕以前安州留後周知裕爲左神武統軍　「左」，本書卷六四周知裕傳、新五代史卷四五周知裕傳作「右」。

〔一二〕如檢校官同　「如」，原作「加」，據册府卷六一改。

〔一三〕準敕重定三京諸道州府地望次第者　「道」字原闕，據册府卷一四補。

〔一四〕合爲七府　「府」，原作「州」，據劉本、邵本校、册府卷一四、五代會要卷一九改。

〔一五〕則剌惕隱　原作「扎剌特哩衮」，注云：「舊作『則剌惕隱』，今改正。」按此係輯録舊五代史時所改，今恢復原文。

〔一六〕會冀州刺史楊檀罷郡至闕　「冀州」，原作「翼州」，據劉本、邵本校、本書卷九七楊光遠傳、册府卷九九四、通鑑卷二七七改。

〔一七〕則骨舍利　原作「哲爾格錫里」，注云：「舊作『則骨舍利』，今改正。」按此係輯録舊五代史時所改，今恢復原文。

〔一八〕詔贈皇后曹氏曾祖父母已下爲太傅太尉太師國夫人　「已下」二字原闕，據殿本補。

〔一九〕淑妃王氏曾祖父母已下爲太子太保太傅太師國夫人　「曾祖父母已下」，原作「曾祖父祖父母」，據殿本改。

〔二〇〕食邑三千户　「三」，原作「二」，據册府卷一七三改。按本書卷四〇唐明宗紀六、卷五一許王從益傳、册府卷一七三，五代二王後例食邑三千户。

〔二一〕武延翰　册府卷八一作「武廷翰」。本書卷四八唐末帝紀下、卷一一一周太祖紀二有武廷翰。

〔二二〕天下兵馬元帥　本書卷四二唐明宗紀八作「天下兵馬都元帥」。

〔二三〕通鑑作三月庚戌與九國志同　「同」，原作「異」，據孔本改。按九國志卷五原注作「三月庚戌」。

〔二四〕加守中書令　「中書令」，原作「尚書令」，據本書卷四四唐明宗紀十、通鑑卷二七八、吴越備史卷二、全唐文卷八五九吴越文穆王錢元瓘碑銘改。化度院陁羅尼經幢并記（拓片刊北京圖書館藏中國歷代石刻拓本匯編第三十六册）末題「長興四年癸巳三月二十六日……守中書令錢元瓘記」。按本書卷七九晉高祖紀五，元瓘至天福五年方加尚書令。

〔二五〕己亥　原作「乙亥」，據殿本改。影庫本粘籤：「乙亥，以長曆推之，當是己亥。」按是月辛巳朔，無乙亥，己亥爲十九日。

〔二六〕己卯　原作「乙卯」，據殿本、新五代史卷六唐本紀改。影庫本粘籤：「乙卯，以長曆推之，當作己卯。」按是月庚戌朔，乙卯爲初六，不當在乙亥後，己卯爲三十日。

〔二七〕奏福慶長公主以今年正月十二日薨　「十二日」，福慶長公主墓誌（拓片刊成都出土歷代墓銘券文圖録綜釋）作「十三日」。

〔二八〕己未　原作「乙未」，據殿本改。影庫本粘籤：「乙未，以長曆推之，當是己未。」按是月己酉朔，無乙未，己未爲十一日。

〔二九〕高從誨　原作「高重誨」，據本書卷一三三高季興傳、册府卷一六八、新五代史卷六九南平世家及本卷上文改。

〔三〇〕己丑　原作「乙丑」，據殿本改。影庫本粘籤：「乙丑，以長曆推之，當作己丑。」按是月己卯朔，無乙丑，己丑爲十一日。

〔三一〕契丹主在黑榆林南捺剌泊造攻城之具　「主」，原作「王」，據殿本、通鑑卷二七八胡注引薛史改。本卷下一處同。「造」，通鑑卷二七八胡注引薛史作「治」。「捺剌泊」三字原闕，據通鑑卷二七八胡注引薛史補，殿本作「納喇伯」。

舊五代史卷四十四

唐書二十

明宗紀第十

長興四年春正月戊寅朔，帝御明堂殿受朝賀，仗衞如式。是日，雪盈尺。戊子，秦王從榮加守尚書令、兼侍中，依前河南尹、判六軍諸衞事。庚寅，以端明殿學士、尚書兵部侍郎劉昫爲中書侍郎、平章事。案：歐陽史劉昫傳作三年，本紀仍從薛史作四年。（舊五代史考異）案：歐陽史劉昫傳作長興三年，拜中書侍郎兼刑部尚書、同中書門下平章事，與本紀繫年先後互異，見吳縝纂誤。（殿本）甲午，正衙命使册故福慶長公主孟氏爲晉國雍順長公主，遣太常卿崔居儉赴西川行册禮。突厥內附。庚子，以前河東節度使李從溫爲鄆州節度使。

二月癸丑〔一〕，帝於便殿問范延光內外見管馬數，案：錦繡萬花谷引薛史作范延慶，疑傳寫之誤。（舊五代史考異）對曰："三萬五千匹。"帝歎曰："太祖在太原，騎軍不過七千，先皇自始至終，馬纔及萬。今有鐵馬如是，而不能使九州混一，是吾養士練將之不至也。吾老矣，馬將奈何！」延光奏曰：「臣每思之，國家養馬太多，試計一騎士之費，可贍步軍五人，三萬五千騎抵十五萬步軍，既無所施，虛耗國力，臣恐日久難繼。」帝曰：「誠如卿言，肥騎士而瘠吾民，何益哉！」案五代會要：上問見管馬數，樞密使范延光奏：「天下常支草粟者近五萬匹。見今西北諸道蕃賣馬者往來如市，其郵傳之費、中估之直，日以四十五貫〔二〕，以臣計之，國力十耗其七，馬無所使，財賦漸消，朝廷甚非所利。」上善之。十月，敕沿邊藩鎮，或有蕃部賣馬，可擇其良壯給券，具數奏聞。（舊五代史考異）丁巳，以虔州節度使、檢校太尉、兼侍中馬希振爲洪州節度使；以鄂州節度使馬希廣爲檢校太尉、同平章事，充桂州節度使；以廬州節度使兼武安軍副使姚彥章爲檢校太尉、同平章事；以靜江節度副使馬希範爲鄂州節度使〔三〕。故潞州節度使、檢校太保康君立贈太傅。康君立，原本作「軍立」，今據歐陽史改正。（影庫本粘籤）己未，宋州節度使安元信加兼侍中。濮州進重修河堤圖，沿河地名，歷歷可數。帝覽之，愀然曰：「吾佐先朝定天下，於此堤塢間小大數百戰。」又指一丘曰：「此吾擐甲臺也。」時事如昨，奄忽一紀，令人悲歎耳！」癸亥，以西川節度使孟知祥爲劍南東西兩川節度使，封蜀王。三司奏：「當省有諸道鹽鐵轉運使衙職員都押衙、正押衙、同押衙、通引、衙前虞候、子弟，今欲列爲三司職名。」從之。庚午，以御史中丞崔衍爲兵部侍郎，以右諫議大夫龍敏爲御史中丞。

三月己卯，幸龍門。延州節度使安從進奏，夏州節度使李仁福卒，其子彝超自稱留後。甲申，鎮州奏，行軍司馬趙環〔四〕、節度判官陸浣、元從押衙高知柔等並棄市，坐受賂枉法殺人也。節度使李從敏罰一季俸。乙酉，以西川節度副使、知武泰軍節度兵馬留後趙季良爲檢校太保、黔南節度使，以西川諸軍馬步都指揮使、知武信軍節度兵馬留後李仁罕爲檢校太傅、遂州節度使，以西川左廂馬步都指揮使〔五〕、知保寧軍節度兵馬留後趙廷隱爲檢校太保、閬州節度使，以西川右廂馬步都指揮使、知寧江軍兵馬留後張知業爲檢校司徒〔六〕、夔州節度使，以西川衙内馬步都指揮使、知昭武軍兵馬留後李肇爲檢校太保、利州節度使，從孟知祥之請也。丙戌，賜宰相李愚絹百匹、錢十萬、鋪陳物一十三件。時愚病，帝令近臣翟光鄴宣問，所居寢室，蕭然四壁，病榻弊氈而已。光鄴具言其事，故有是賜。戊子，以延州節度使安從進爲夏州留後，以夏州左都押衙、四州防遏使李彝超爲延州留後，仍命邠州節度使藥彦稠、宫苑使安重益帥師援送從進赴鎮。以左衛上將軍盧文進爲潞州節度使，以右龍武統軍張温爲雲州節度使。庚寅，以鳳翔行軍司馬李彦琮爲鹽州防禦使。時范延光等奏，請因夏州之師制置鹽州，故有是命。癸巳，以右威衛上將軍安重霸爲同州節度使。己亥，以左龍武統軍符彦超爲安州節度使。詔除放京兆、秦、岐、邠、涇、延、慶、同、華、興元十州長興元年二年係欠夏秋税物，及營田莊宅務課利，以其曾輦運供軍糧料也。甲辰，故晉國夫人夏氏追册皇后，有司上謚曰昭懿，從之。

夏四月戊申，李彝超奏：「奉詔除延州留後，已受恩命訖，三軍百姓擁隔，未遂赴任。」帝遣閤門使蘇繼顔齎詔促彝超赴任。癸丑，以刑部侍郎劉贊爲祕書監、秦王傅。案通鑑作兵部侍郎，歐陽史從薛史（七）。五代會要：長興四年四月，以祕書監劉贊爲秦王傅，前忠武軍節度判官蘇瓚爲秦王友，前襄州觀察使魚崇遠爲秦王府記室參軍。時言事者請爲秦王置師傅，上顧問近臣，皆以秦王名勢隆盛，不敢置議，請自選擇，乃降是命。甲寅，前鄧州節度使梁漢顒以太子少師致仕，太子賓客裴皞以兵部尚書致仕。戊午，追册昭宗皇后何氏爲宣穆皇后，祔饗太廟，百僚進名奉慰，廢朝三日。己巳，以左散騎常侍任贊爲户部侍郎，以吏部侍郎藥縱之爲曹州刺史。癸酉，延州奏，蕃部劫掠餉運及攻城之具，守蘆關兵士退守金明鎮。

五月丙子朔，帝御文明殿受朝。戊寅，皇子鳳翔節度使從珂封潞王。新授户部侍郎任贊改刑部侍郎，贊訴以所授官是丁憂闕，故改焉。皇子從益封許王，鄆州節度使李從温封兗王，河中節度使李從璋封洋王，鎮州節度使李從敏封涇王。案：從温等皆明宗從子，故書其姓，薛史書法如此。（孔本）甲申，帝避暑於九曲池，既而登樓，風毒暴作，聖體不豫，翌日而愈。案北夢瑣言云：上聖體乖和，馮道對寢膳之間，動思調衛，因指御前果實曰：「如食桃不康，翼日見李而思戒可也。」初，上因御李，暴得風虛之疾，馮道不敢斥言，因奏事諷悟上意。（舊五代史考異）

丙戌，契丹遣使朝貢。丁酉，安從進奏，大軍已至夏州〔八〕，攻外城〔九〕，以其不受命也。庚子，以靈武留後張希崇爲本州節度使。辛丑，故夏州節度使、朔方郡王李仁福追封號王〔一〇〕。壬寅，以前晉州留後薄文爲本州節度使。

六月丙午朔，文武百僚、宰臣馮道等拜章，請於尊號内加「廣道法天」四字〔一一〕，凡拜三章，詔允之。詔宮西新園宜名永芳園，其間新殿宜名和慶殿。丙辰，秦王從榮加食邑至萬户，實封二千户。丁巳〔一二〕，以左驍衛上將軍李從昶爲右龍武統軍〔一三〕，以前邢州節度使高允韜爲右龍武統軍，以右驍衛上將軍羅周敬爲左羽林統軍，以右監門上將軍婁繼英爲金州刺史〔一四〕。戊午，宋王從厚加食邑至萬户，實封一千户。壬戌，以前涇州節度使李金全爲滄州節度使。癸亥，詔御史中丞龍敏等詳定大中統類。甲子，第十四女封壽安公主，第十五女封永樂公主。戊辰，以前利州節度使孫漢韶爲洋州節度使。壬申，寧遠軍節度使〔一五〕、容州管内觀察使、檢校太尉、兼侍中馬存加食邑實封。甲戌，帝復不豫。

秋七月丁丑，以著作佐郎尹拙爲左拾遺〔一六〕、直史館。案五代會要：尹拙爲左拾遺，王慎徽爲右拾遺，並直史館。薛史闕載王慎徽。（舊五代史考異）國朝舊制，皆以畿赤尉直史館，今用諫官自拙始，從監修李愚奏也。己卯，東岳三郎神贈威雄大將軍。初，帝不豫，前淄州刺史劉遂清薦泰山僧一人，劉遂清，原本作「隊請」，今從册府元龜改正。（影庫本粘籤）云善醫，及召見，乃庸僧耳。問方藥，僧曰：「不工醫，嘗於泰山中親覩嶽神，謂僧曰：『吾第三子威靈可愛，而未有爵秩，師爲我請之。』」宮中神其事，故有是命，識者嫉遂清之妖佞焉。詔應臺官出行，須令人訶引，使軍巡職掌等規避。壬午，詔安從進班師，時王師攻夏州無功故也。乙酉，以許州節度使孟鵠卒廢朝，贈太傅。詔賜在京諸軍將校優給有差，時帝疾未痊，軍士有流言故也。丁亥，兩浙節度使、檢校太傅〔一七〕、守中書令錢元瓘封吴王。

八月戊申，帝被衮冕，御明堂殿受册，徽號曰聖明神武廣道法天文德恭孝皇帝。禮畢，制大赦天下，常赦所不原者咸赦除之。己酉，賜侍衛諸軍優給有差，時月内再有頒給，自兹府藏無餘積矣。辛亥，以晉州節度使薄文卒廢朝。丁巳，以右龍武統軍李從昶爲許州節度使。戊午，以祕書監高輅卒廢朝。辛酉，以太子太師致仕符習卒廢朝，贈太師。辛未，秦王從榮以本官充天下兵馬大元帥，加食邑萬户、實封三千户；以右羽林統軍翟璋爲晉州節度使；以太子賓客馬縞爲户部侍郎。壬申，幸至德宫。

九月甲戌，以户部尚書李鏻爲兵部尚書〔一八〕，以前户部尚書韓彦惲爲户部尚書。丙子，幸至德宫。戊寅，樞密使范延光、趙延壽並加兼侍中，依前充使。中書奏：「元帥儀注，諸道節度使以下帶兵權者，階下具軍禮參見；其帶使相者，初見亦展一度公禮。天下軍務公事，元帥府行帖指揮，其判六軍諸衛事則公牒往來，其官屬軍職，委元帥府奏請。」

從之。癸未，以兵部侍郎盧詹爲吏部侍郎。丙戌，宰臣馮道加左僕射，李愚加吏部尚書，劉昫加刑部尚書。戊子，河陽節度使兼侍衞親軍都指揮使康義誠、山南西道節度使檢校太傅張虔釗並加同平章事。宣徽南院使、判三司馮贇依前檢校太傅、同中書門下二品〔一九〕，充三司使。贇亡父名章，故改平章事爲同二品。壬戌〔二〇〕，永寧公主石氏進封魏國公主，興平公主趙氏進封齊國公主。皇孫重光、重哲並授銀青光祿大夫、檢校工部尚書，秦王、宋王子也。前洋州節度使梁漢顒以太子少傅致仕〔二一〕。丁酉，以右龍武統軍高允韜爲滑州節度使，以韶州刺史、檢校司空王萬榮爲華州節度使，萬榮，王妃之父也。戊戌，以樞密使趙延壽爲汴州節度使；以襄州節度使朱弘昭爲檢校太尉、同平章事，充樞密使。時范延光、趙延壽相繼辭退樞密務，及朱弘昭有樞密之命，又面辭訴，帝叱之曰：「爾輩皆欲離朕左右，怕在眼前，素養爾輩，將何用也！」弘昭退謝，不復敢言。吏部侍郎張文寶卒。庚子，清海軍節度使錢元璹加檢校太傅、同平章事，中吳建武等軍節度使錢元璙加檢校太師、兼中書令。以前滑州節度使李贊華遥領虔州節度使。辛丑，詔天下兵馬大元帥、秦王從榮班宜在宰臣之上。案五代會要：秦王從榮加兼中書令，與宰臣分班左右定位，及爲天下兵馬元帥，敕曰：「秦王位隆將相，望重磐維，委任既崇，等威合異，班位宜在宰臣之上。」壬寅，以北面行營都指揮使、易州刺史楊檀爲振武軍節度使。

冬十月丙午，以前同州節度使趙在禮爲襄州節度使。丁未，以前滑州節度使張敬詢卒廢朝。以刑部侍郎任贊爲兵部侍郎，充元帥府判官。戊午，以前鳳州節度使孫岳爲三司使〔三〕。庚申，以樞密使范延光爲鎮州節度使，以三司使馮贇爲樞密使。辛酉，以前潞州節度使李承約爲左龍武統軍，以前威塞軍節度使王景戡爲右龍武統軍，以左驍衛上將軍安崇阮爲左神武統軍，以右監門上將軍高允貞爲右神武統軍。壬戌，以權知夏州事、檢校司空李彝超爲夏州節度使、檢校司徒。丙寅，詔在朝文武臣僚並與加恩，以受册尊號也。戊辰，以前安州節度使楊漢章爲兗州節度使，以前雲州節度使張敬達爲徐州節度使。庚午，以前兗州節度使張延朗爲秦州節度使。壬申，秦州節度使劉仲殷移鎮宋州。

十一月丙子，以前滄州節度使盧質爲右僕射。庚辰，改慎州懷化軍爲昭化軍，升洮州爲保順軍。辛巳，以保大軍節度使、檢校太尉鮑君福爲保順軍節度、洮鄯等州觀察等使，以彰義軍節度使、檢校太尉、同平章事杜建徽爲昭化軍節度、慎瑞司等州觀察使。乙酉，以前汴州節度使李從曮爲鄆州節度使，以鄆州節度使李從温爲定州節度使。丙戌，新授右僕射盧質奏：「臣忝除官，合赴省上事，若準舊例，左右僕射上事儀注所費極多，欲從權務簡，只取尚書、丞郎上事例，止集南省屬僚及兩省官送上，亦不敢輒援往例，有費官用，自量力排比；兼不敢自臣隳廢前規，他時任行舊制。」從之。戊子，帝不豫。案：歐陽史本紀作十月壬申，幸士和亭得疾[二三]。秦王從榮傳作十一月戊子，雪，明宗幸宮西士和亭得傷寒疾。紀、傳互異。五代春秋從薛史作戊子，帝不豫。（舊五代史考異）己丑，大漸，自廣壽殿移居雍和殿。是夜四鼓後，帝自御榻蹶然而興，顧謂知漏宮女曰：「今夜漏幾何[二四]？」對曰：「四更。」因奏曰：「官家省事否？」帝曰：「省。」因唾出肉片如肺者數片，便溺升餘。六宮皆至，慶躍而奏曰：「官家今日實還魂也。」已食粥一器[二五]，侍醫進湯膳。至曙，帝小康。壬辰，天下大元帥、守尚書令、兼侍中、秦王從榮領兵陣於天津橋，内出禁軍拒之。從榮敗，奔河南府，遇害。案：五代春秋作壬午，誅從榮，蓋傳寫之訛。歐陽史及通鑑俱從薛史作壬辰。（舊五代史考異）帝聞之悲駭，幾落御榻，氣絶而蘇者再，由是不豫有加。癸巳，馮道率百僚見帝於雍和殿，帝雨泣哽噎，曰：「吾家事若此，慚見卿等！」百僚皆泣下霑襟。甲午，賜宰臣、樞密使御衣玉帶，康義誠已下錦帛鞍馬有差。遣宣徽使孟漢瓊召宋王於鄴都。乙未，以三司使孫岳爲亂兵所害廢朝。案：孫岳被害，通鑑繫於壬辰，蓋與從榮之死同日。歐陽史作乙未，康義誠殺孫岳，是以廢朝之日爲專殺之日也。（舊五代史考異）丁酉，敕秦王府官屬，除諮議參軍高輦已處斬外，元帥府判官、兵部侍郎任贊配武州，祕書監兼秦王傅劉贊配嵐州，河南少尹劉陟配均州，並爲長流百姓，縱逢恩赦，不在放還。河南少尹李蕘配石州，河南府判官司徒詡配寧州，秦王友蘇瓚配萊州，記室參軍魚崇遠配慶州，河南府推官王説配隨州，並爲長流百姓。河南府推官尹諲，六軍巡官董裔、張九思，河南府巡官張沆、李瀚〔二六〕、江文蔚並勒歸田里。應長流人並除名。六軍判官、殿中監王居敏責授復州司馬，六軍推官郭晙責授坊州司户，並員外置，所在馳驛發遣。時宰相、樞密使共議任贊等已下罪，馮道等曰：「任贊前在班行，比與從榮無舊，除官未及月餘，便逢此禍。王居敏、司徒詡疾病請假，將近半年，近日之事，計不同謀。從榮所款昵者高輦、劉陟、王説三人，昨從榮稱兵指闕之際，沿路只與劉陟、高輦並轡耳語，至天津橋南，指日影謂諸判官曰：『明日如今，已誅王居敏矣。』則知其冗泛之徒，不可一例從坐。」朱弘昭意欲盡誅任贊已下，馮贇力爭之乃已。戊戌，帝崩於大内之雍和殿，壽六十七。

十二月癸卯朔，遷梓宫於二儀殿，宋王從厚自鄴都至。是日發哀，百僚縞素於位，中書侍郎、平章事劉昫宣遺制，宋王從厚於柩前即皇帝位，服紀以日易月，一如舊制云。明年四月，太常卿盧文紀上謚議曰聖智仁德欽孝皇帝，廟號明宗，宰臣馮道議請改「聖智仁德」四字，爲聖德和武欽孝皇帝。宰臣劉昫撰謚册文，宰臣李愚撰哀册文，是月二十七日葬于徽陵。永樂大典卷七千一百六十六。

五代史補：明宗之在位也，一日幸倉場觀納，時主者以車駕親臨，懼得罪，其較量甚輕〔二七〕。明宗因謂之曰：「且朕自省事以來，倉場給散，動經一二十年未畢，今輕量如此，其後銷折將何以償之？」對曰：「竭盡家産，不足則繼之以身命。」明宗愴然曰：「只聞百姓養一家，未聞一家養百姓。今後每石加二斗耗，以備鼠雀侵蠹，謂之鼠雀耗。」倉糧加耗，自此始也〔二八〕。五代史闕文：明宗出自邊地，老于戰陣，即位之歲，年已六旬，純厚仁慈，本乎天性。每夕宮中焚香仰天禱祝云：「某蕃人也，遇世亂爲衆推戴，事不獲已，願上天早生聖人，與百姓爲主。」故天成、長興間，比歲豐登，中原無事，言於五代，粗爲小康。

史臣曰：明宗戰伐之勳，雖高佐命，潛躍之事，本不經心。會王室之多艱，屬神器之自至，諒由天贊，匪出人謀。及應運以君臨，能力行於王化，政皆中道，時亦小康，近代已來，亦可宗也。儻使重誨得房杜之術，從榮有啓誦之賢，則宗祧未至於危亡，載祀或期於綿遠矣。惜乎！君親可輔，臣子非才，遽泯烝嘗，良可深歎矣。永樂大典卷七千一百六十六。

校勘記

〔一〕二月癸丑　句下原有「朔」字，據册府卷四八四刪。按是月丁未朔，癸丑爲初七。舊五代史考異卷二：「案上文正月爲戊寅朔，則二月不得爲癸丑朔，原文疑有舛誤。」

〔二〕中估之直日以四十五貫　五代會要卷一二作「市估之直日以四五十貫」。

〔三〕以靜江節度副使馬希範爲鄂州節度使　本書卷四三唐明宗紀九：「（長興三年九月）以鎮南

軍節度使、檢校太傅馬希範爲湖南節度使、檢校太尉、兼侍中」，則時任靜江節度副使者，非希範。又本書卷七七晉高祖紀三：「（天福三年二月）制武清軍節度使馬希萼改武平軍節度使」，按武清軍治鄂州，疑「馬希範」爲「馬希萼」之訛。

〔四〕趙瓌　本書卷一二三李從敏傳、册府卷五八作「趙環」。

〔五〕西川左廂馬步都指揮使　「都」字原闕，據册府卷一七八及本卷上下文補。

〔六〕張知業　册府卷一七八作「張知鄴」。

〔七〕通鑑作兵部侍郎歐陽史從薛史　以上十三字原闕，據舊五代史考異卷二補。

〔八〕夏州　原作「頁州」，據殿本、劉本、孔本、邵本、彭本改。

〔九〕攻外城　「外城」，孔本作「城次」。

〔一〇〕朔方郡王李仁福追封號王　本書卷三一唐莊宗紀五、五代會要卷一一均記同光二年四月封李仁福爲朔方王。按本書卷一三二李仁福傳、新五代史卷四〇李仁福傳亦云其封朔方王。

〔一一〕請於尊號內加廣道法天四字　「廣道」，原作「廣運」，據册府卷一七、五代會要卷一、通鑑卷二七八及本卷下文改。敦煌文書伯三八〇八長興四年中興殿應聖節講經文記上尊號事云「法天廣道稱尊後」。

〔一二〕丁巳　原作「丁未」，據殿本、劉本改。影庫本粘籤：「丁未，以長曆推之，當是丁巳。」按是月丙午朔，此事繫於丙辰、戊午間，當是丁巳。

〔三〕以左驍衛上將軍李從昶爲右龍武統軍　「左驍衛上將軍」，原作「右驍衛上將軍」，據本書卷四三唐明宗紀九、卷一三二李茂貞傳改。「右龍武統軍」，原作「左龍武統軍」，據本書卷一三二李茂貞傳及本卷下文改。

〔四〕以右監門上將軍婁繼英爲金州刺史　「右」，本書卷四二唐明宗紀八作「左」。

〔五〕寧遠軍節度使　「寧遠軍」，原作「永寧軍」，據本書卷三二唐莊宗紀六、卷四七唐末帝紀中改。按五代兩湖、嶺南無永寧軍號。新五代史卷六〇職方考：「容州曰寧遠……皆唐故號，更五代無所易。」

〔六〕著作佐郎　「佐」，原作「左」，據殿本、劉本、孔本、邵本校、册府卷五五四、五代會要卷一八改。

〔七〕檢校太傅　本書卷三九唐明宗紀五、卷四五唐閔帝紀作「檢校太師」。按化度院陁羅尼經幢并記（拓片刊北京圖書館藏中國歷代石刻拓本匯編第三十六册）末題「長興四年癸巳三月二十六日……檢校太師、守中書令錢元瓘記」。

〔八〕李鏻　原作「李璘」，據本書卷四三唐明宗紀九、卷四五唐閔帝紀、卷一〇八李鏻傳、新五代史卷五七李鏻傳改。

〔九〕同中書門下二品　原作「同平章事中書門下同二品」，據本書卷四五唐閔帝紀、五代會要卷一三、通鑑卷二七八改。

〔二〇〕壬戌　按是月甲戌朔，無壬戌。此事繫於戊子、丁酉間，疑是壬辰。

〔二一〕前洋州節度使梁漢顒以太子少傅致仕　本卷上文：「（四月甲寅）前鄧州節度使梁漢顒以太子少師致仕」，本書卷八八梁漢顒傳、册府卷九三六皆云：「長興四年夏，以眼疾授太子少師致仕。」按梁漢顒墓誌（拓片刊洛陽出土歷代墓誌輯繩）：「自庚寅本官守太子少師致仕。」

〔二二〕以前鳳州節度使孫岳爲三司使　「鳳州」，原作「鳳翔」，據本書卷四一唐明宗紀七、卷四二唐明宗紀八、卷六九孫岳傳改。通鑑卷二七八敍其事作「前武興節度使」，按武興軍治鳳州。

〔二三〕幸士和亭得疾　「士和亭」，原作「上和亭」，據新五代史卷六唐本紀改。本卷下一處同。

〔二四〕今夜漏幾何　殿本、新五代史卷一五唐明宗家人傳無「今」字。

〔二五〕已食粥一器　「已食」，殿本、孔本、新五代史卷一五唐明宗家人傳作「因進」。

〔二六〕李澣　原作「李潮」，據通鑑卷二七八改。按宋史卷二六二李澣傳：「秦王從榮召至幕中，從榮敗，勒歸田里。」

〔二七〕懼得罪其較量甚輕　原作「懼得其罪較量甚輕」，據五代史補卷二改。

〔二八〕倉糧加耗自此始也　原作「倉糧起自此也」，據五代史補卷二改。

舊五代史卷四十五　唐書二十一

閔帝紀

閔帝，諱從厚，小字菩薩奴，明宗第三子也。案：歐陽史作明宗第五子，吴縝嘗辨其誤。今考五代會要亦作第三子，與薛史同。母昭懿皇后夏氏，以天祐十一年歲在甲戌十一月二十八日庚申，生帝於晉陽舊第。帝髫齔好讀春秋，略通大義，貌類明宗，尤鍾愛。天成元年，授金紫光禄大夫、檢校司徒。二年四月，加檢校太保、同平章事、河南尹、判六軍諸衛事。十一月，加檢校太傅。三年三月，授汴州節度使。四年，移鎮河東。長興元年，改授鎮州節度使，尋封宋王。二年，加檢校太尉、兼侍中，移鎮鄴都。三年，加中書令。秦王從榮，帝同母兄也，以帝有德望，深所猜忌。帝在鄴宫，恒憂其禍，然善於承順，竟免閒隙。閒隙，原本作「聞釁」，今據文改正。（影庫本粘籤）

四年十一月二十日，秦王誅，翌日，明宗遣宣徽使孟漢瓊馳驛召帝。二十六日，明宗崩，二十九日，帝至自鄴。案歐陽史云：明宗崩，秘其喪六日。考長興四年十一月癸酉朔，二十日壬辰，誅從榮，二十六日戊戌，明宗崩，二十九日辛丑，閔帝已至自鄴矣，不得云秘喪六日也。（舊五代史考異）十二月癸卯朔，案：五代春秋作癸亥朔，蓋傳寫之訛，歐陽史、通鑑俱從薛史作癸卯。（舊五代史考異）發喪於西宮，帝於柩前即位。丁未，羣臣上表請聽政，表再上，詔允。己酉，中外將士給賜有差。庚戌，帝縗服見羣臣於廣壽門之東廡下，宰臣馮道進曰：「陛下久居哀毀，臣等咸願一覩聖顏。」朱弘昭前舉帽，羣臣再拜而退。御光政樓存問軍民。辛亥，賜司衣王氏死，坐秦王事也。癸丑，以前鎮州節度使、涇王從敏權知河南府事，尋以盧質代之。乙卯，賜司儀康氏死，事連王氏也。丙辰，以天雄軍節度判官唐汭爲左諫議大夫〔一〕，掌書記趙象爲起居郎，元從都押衙宋令詢爲磁州刺史。丁巳，以左僕射、平章事馮道爲山陵使，户部尚書韓彦惲爲副，中書舍人王延爲判官，禮部尚書王權爲禮儀使，兵部尚書李鏻爲鹵簿使，御史中丞龍敏爲儀仗使，右僕射、權知河南府盧質爲橋道頓遞使。庚申，以前相州刺史郝瓊爲右驍衞大將軍，充宣徽北院使；以光禄卿、充三司副使王玫爲三司使。癸亥，故檢校太尉、右衞上將軍、充三司使孫岳贈太尉、齊國公。孫岳，原本作「孜兵」，今據通鑑改正。（影庫本粘籤）丁卯，帝釋縗服，羣臣三上表，請復常膳，御正殿，從之。辛未，帝御中興殿，羣臣列位，馮道升階進酒，帝曰：「比於此物無愛，除賓友之會，不近罇罍，況在沉痛之中，安事飲啖！」命徹之。

應順元年春正月壬申朔，壬申，原本作「甲申」，據下文有乙亥、丁丑等日，「甲」字當係「壬」字之訛，今改正。（影庫本粘籤）帝御廣壽殿視朝，百僚詣閤門奉慰。時議者云，月首以常服臨〔二〕，不視朝可也。乙亥，契丹遣使朝貢。案遼史太宗紀：天顯九年閏月戊午，唐遣使來告哀，即日遣使祭弔。（舊五代史考異）丁丑，以太常卿崔居儉爲祕書監，以前蔡州刺史張繼祚爲左武衛上將軍，充山陵橋道頓遞副使。戊寅，御明堂殿，仗衛如儀，宮懸樂作，羣臣朝服就位，宣制大赦天下，改長興五年爲應順元年。時議者以梓宮在殯，宮懸樂作，非禮也，懸而不作可也。迴鶻可汗仁美遣使貢方物，故可汗仁裕進遺留馬〔三〕。是日，命中使三十五人以先帝鞍馬衣帶分賜藩位。

庚辰，宰臣馮道加司空，李愚加右僕射〔四〕，劉昫加吏部尚書，餘並如故。壬午，侍衛親軍馬步軍都指揮使、河陽節度使康義誠加檢校太尉、兼侍中、判六軍諸衛事。康義誠，原本作「節誠」，今據通鑑改正。（影庫本粘籤）甲申，以侍衛馬軍都指揮使、寧國軍節度使安彥威爲河中節度使，以侍衛步軍都指揮使、忠正軍節度使張從賓爲涇州節度使，並加檢校太傅。以捧聖左右廂都指揮使、欽州刺史朱洪實爲寧國軍節度使，加檢校太保，充侍衛馬軍都指揮使；以嚴衛左右廂都指揮使、巖州刺史皇甫遇爲忠正軍節度使〔五〕、檢校太保，充侍衛步軍都指揮使。戊子，樞密使、檢校太尉、同平章事朱弘昭，樞密使、檢校太尉、同中書門下二品馮贇，並加兼中書令。北京留守、河東節度使兼大同彰國振武威塞等軍蕃漢馬步總管石敬瑭加兼中書令，幽州節度使、檢校太尉、兼中書令趙德鈞加檢校太師、兼中書令。樞密使馮贇表堅讓中書令，制改兼侍中，封邠國公。庚寅，鳳翔節度使、潞王從珂加兼侍中，青州節度使、檢校太尉、兼中書令房知温加檢校太師。辛卯，以翰林學士承旨、尚書右丞李懌爲工部尚書，以祕書監盧文紀爲太常卿，充山陵禮儀使。壬辰，荆南節度使、檢校太尉、兼中書令高從誨封南平王，南平，原本作「面平」，今據十國春秋改正。（影庫本粘籤）湖南節度使、檢校太尉、兼中書令馬希範封楚王。甲午，兩浙節度使、檢校太師、守中書令、吴王錢元瓘進封吴越王；前洺州團練使皇甫立加檢校太保，充鄜州節度使；前彰義軍節度使康福加檢校太傅，充邠州節度使；劍南東西兩川節度使、檢校太尉、兼中書令、蜀王孟知祥加檢校太師。制下，知祥辭不受命。丙申，鎮州節度使、檢校太尉、兼侍中范延光，汴州節度使、檢校太尉、兼侍中趙延壽，並加檢校太師。戊戌，山南西道節度使、檢校太傅、同平章事張虔釗，襄州節度使趙在禮，並加檢校太尉。辛丑，以振武軍節度使、安北都護楊檀兼大同彰國振武威塞等軍都虞候，充北面馬軍都指揮使。

閏月壬寅朔，羣臣赴西宫臨。癸卯，御文明殿入閤。以前右僕射、權知河南府事盧質爲太子少傅兼河南尹。以左諫議大夫唐汭、膳部郎中知制誥陳乂並爲給事中，充樞密院直學士。案通鑑：汭以文學從帝，歷三鎮在幕府。及即位，將佐之有才者，朱、馮皆斥逐之。汭性迂踈，朱、馮恐帝含怒有時而發，乃引汭于密近，以其黨陳乂監之。（舊五代史考異）宣徽南院使、驃騎大將軍、左衞上將軍、知内侍省孟漢瓊加開府儀同三司，賜忠貞扶運保泰功臣。保泰，原本作「衞泰」，今據册府元龜改正。（影庫本粘籤）丙午，正衙命使册皇太后曹氏。戊申，以前雄武軍節度使劉仲殷爲右衞上將軍，邢州節度使趙鳳加爵邑。自是諸藩鎮文武臣僚皆次第加恩，帝嗣位覃恩澤也。以翰林學士、中書舍人崔棁爲工部侍郎〔六〕，依前充職。以給事中張鵬爲御史中丞，以御史中丞龍敏爲兵部侍郎，以太僕少卿竇維爲大理卿。甲寅，正衙命使册皇太妃王氏。集賢院上言：「準敕書修創凌煙閣〔七〕，尋奉詔問閣高下等級。謹按凌煙閣，都長安時在西内三清殿側，畫像皆北面，閣有中隔，隔内北面寫功高宰輔〔八〕，南面寫功高諸侯王，隔外面次第圖畫功臣題贊。自西京板蕩，四十餘年，舊日主掌官吏及畫像工人，並已淪喪，集賢院所管寫真官、畫真官人數不少，都洛後廢職。今將起閣，望先定佐命功臣人數，請下翰林院預令寫真本，及下將作監興功，次序間架修建。」乃詔集賢御書院復置寫真官、畫真官各一員，餘依所奏。丁巳，安州奏，此月七日夜，節度使符彦超爲部曲王希全所害，案：彥超被害，通鑑從薛史作閏月，五代春秋繫于正月，殊異。（舊五代史考異）廢朝一日。戊午，以前振武軍節度使、安北都護高行周爲彰武節度使。案遼史太宗紀云：天顯九年閏月戊午，唐遣使來告哀。即日遣使弔祭。此事薛史不載。（孔本）辛酉，以前鄆州使范政爲少府監〔九〕。丙寅，幸至德宫。車駕至興教門，有飛鳶自空而墜，殭於御前。是日，大風晦冥。

二月乙亥，以前鎮州節度使、涇王從敏爲宋州節度使。從敏，原本作「使敏」，今從歐陽史家人傳改正。（影庫本粘籤）己卯，以前徐州節度使、檢校太傅李敬周爲安州節度使。是日，宣授鳳翔節度使、潞王從珂爲權北京留守，以北京留守石敬瑭權知鎮州軍州事，以鎮州范延光權知鄴都留守事，以前河中節度使、洋王從璋權知鳳翔軍軍府事。庚寅，幸山陵工作所。是日，西京留守王思同奏，鳳翔節度使、潞王從珂拒命。丁酉，王思同加同平章事，充西面行營都部署，以前邠州節度使藥彥稠爲副部署。案歐陽史：辛卯，西京留守王思同爲西面行營都部署，靜難軍節度使藥彥稠爲副。薛史作丁酉，與歐陽史異。據通鑑則思同以辛卯充都部署，丁酉加同平章事也。蓋采薛史、歐陽史而兼用之。（舊五代史考異）以河中節度使安彥威爲西面兵馬都監，以前定州節度使李德珫爲權北京留守。山陵使奏：「伏覩御札，皇帝親奉靈駕至園陵。伏見累朝故事，人君無親送葬之儀，請車駕不行。」不從。乙未〔一〇〕，樞密使馮贇起復視事，時贇丁母憂也。己亥，以司農卿張鑄爲殿中監。庚子，殿直楚匡祚上言，案：

原本避宋諱作楚祚，今從通鑑增「匡」字。監取亳州團練使李重吉至宋州，繫於軍院。重吉，潞王之長子，及幽於宋州，帝猶以金帛賜之，及聞西師咸叛，方遣使殺之。

三月甲辰，以前太僕少卿魏仁鍔爲太僕卿。興元節度使張虔釗奏，會合討鳳翔。丙午，以右領衞上將軍武延翰爲郢州刺史〔二二〕。丁未，洋州孫漢韶奏，至興元與張虔釗同議進軍。己酉，以鎮州節度使范延光依前檢校太師、兼侍中、行興唐尹，充天雄軍節度使、北面水陸轉運制置使。以北京留守、河東節度使石敬瑭依前檢校太尉、兼中書令，其真定尹、充鎮州節度使、大同彰國振武威塞等軍蕃漢馬步總管如故。辛亥，以前定州節度使李德珫爲北京留守，充河東節度使。許王從益加檢校太保，前河中節度使、洋王從璋加檢校太傅。詔：「藩侯帶平章事以上薨，許立神道碑，差官撰文。未帶平章事及刺史，準令式合立碑者，其文任自製撰，不在奏聞。」乙卯，興元張虔釗奏，自鎮將兵赴鳳翔，收大散關。大散，原本作「大役」，今據通鑑改正。（影庫本粘籤）宗正寺奏：「準故事，諸陵有令、丞各一員，近例更委本縣令兼之。緣河南洛陽是京邑，兼令、丞不便。」詔特置陵臺令、丞各一員。己未，以前金吾大將軍李肅爲左衞上將軍，充山陵修奉上下宮都部署。

庚申，西面步軍都監王景從等自軍前至，奏：「今月十五日，大軍進攻鳳翔。十六日，嚴衞右廂都指揮使尹暉引軍東面入城，右羽林都指揮使楊思權引軍西面入城，思權，原本作「世權」，今從歐陽史改正。（影庫本粘籤）山南軍潰。」帝聞之，謂康義誠等曰：「朕幼年嗣位，委政大臣，兄弟之間，必無榛梗。諸公大計見告，朕獨難違，事至於此，何方轉禍？朕當與左右自往鳳翔，迎兄主社稷，朕自歸藩，於理爲便。」朱弘昭、馮贇不對，義誠曰：「西師驚潰，蓋由主將失策。今駕下兵甲尚多，臣請自往關西，振其兵威，扼其衝要。」義誠又累奏請行，帝召侍衛都將以下宣曰：「先皇帝棄萬國，朕於兄弟之中，無心爭立，一旦被召主喪，便委社稷，岐陽兄長，果致猜嫌。卿等頃從先朝千征萬戰，今日之事，寧不痛心！今據府庫，悉以頒賜，卿等勉之。」乃出銀絹錢厚賜於諸軍。是時方事山陵，復有此賜，府藏爲之一空，軍士猶負賞物揚言于路曰：「到鳳翔更請一分。」其驕誕無畏如是。辛酉，幸左藏庫，視給將士金帛。是日，誅馬軍都指揮使朱洪實，坐與康義誠忿爭故也。

癸亥，以康義誠爲鳳翔行營都招討使，餘如故；以王思同爲副招討使。以安從進爲順化軍節度使，充侍衛馬軍都指揮使。詔左右羽林軍四十指揮改爲嚴衛左右，龍武、神武軍改爲捧聖。甲子，陝州奏，潞王至潼關，害西面都部署王思同。案：歐陽史作思同奔歸于京師，死之。與薛史異。（舊五代史考異）乙亥〔一二〕，宣諭西面行營將士，俟平鳳翔日，人賞二百千，府庫不足，以宮闈服翫增給。詔侍衛馬軍都指揮使安從進京城巡檢。是日，從進已得潞王書檄，潛布腹心矣。丁卯，潞王至陝州。戊辰，帝急召孟漢瓊，不至；召朱弘昭，弘昭懼，投于井。安從進尋殺馮贇于其第〔一三〕。案通鑑考異云：張昭閔帝實録：「帝召弘昭，不至，俄聞自殺，乃令從進殺贇。」案從進傳贇首於陝，則贇死非閔帝之命明矣。（孔本）是夜，帝以百騎出玄武門，案契丹國志：愍帝領五十騎自隨，出奔衛州。與薛史異。案契丹國志：愍帝領五十騎自隨，出奔衛州。宋史李洪信傳又作少帝東奔，捧聖軍數百騎從行，與是書異。據下文王弘贇曰：「今以五十餘騎奔竄。」則作五十騎者是也。（殿本）謂控鶴指揮使慕容遷曰：「爾帥有馬控鶴從予〔一四〕。」控鶴從予，原本作「縱鶴空子」，今從通鑑改正。（影庫本粘籤）及駕出，即闔門不行。遷乃帝素親信者也，臨危如是，人皆惡之。

是月二十九日夜，帝至衛州東七八里，遇騎從自東來不避，左右叱之，乃曰：「鎮州節度使石敬瑭也。」案歐陽史愍帝紀：戊辰，如衛州。己巳，愍帝出居于衛州。通鑑考異引閔帝實録云：庚午朔四鼓，帝至衛州東七八里，遇敬瑭。蓋是月二十九日爲己巳，故次日即爲庚午朔。廢帝紀：（舊五代史考異）帝喜，敬瑭拜舞於路，帝下馬慟哭，諭以「潞王危社稷，康義誠以下叛我，無以自庇，長公主見教，逆爾於路，謀社稷大計」。敬瑭曰：「衛州王弘贇宿舊諳事，衛州，原本作「衡州」。今從通鑑改正。（影庫本粘籤）且就弘贇圖之。」敬瑭即馳騎而前，見弘贇曰：「主上播遷，至此危迫，吾戚屬也，何以圖全？」弘贇曰：「天子避寇，古亦有之，然於奔迫之中，亦有將相、國寶、法物，所以軍民瞻奉〔一五〕，不覺其亡也。今宰執近臣從乎？寶玉、法物從乎？」詢之無有。弘贇曰：「大樹將顛，非一繩所維。今以五十騎奔竄，無將相一人擁從，安能興復大計！所謂蛟龍失雲雨者也。今六軍將士總在潞邸矣，公縱以戚藩念舊，無奈之何！」案通鑑考異引南唐烈祖實録：弘贇曰：「今京國阽危，百官無主，必相率攜神器西向，公何不囚少帝西迎潞王，此萬全之計。」敬瑭然其言。（舊五代史考異）考薛史采五代實録，多爲晉帝諱言，當以南唐實録爲得其實。（孔本）遂與弘贇同謁於驛亭，宣坐謀之。敬瑭以弘贇所陳以聞，弓箭庫使沙守榮、奔洪進前謂敬瑭曰〔一六〕：「主上即明宗愛子，公即明宗愛壻，富貴既同受，休戚合共之。今謀於戚藩，欲期安復，翻索從臣、國寶，欲以此爲辭，爲賊算天子耶！」乃抽佩刀刺敬瑭，敬瑭親將陳暉扞之，陳暉，原本作「陳運」，今從歐陽史改正。（影庫本粘籤）守榮與暉單戰而死，洪進亦自刎。是日，敬瑭盡誅帝之從騎五十餘輩，獨留帝於驛，乃馳騎趨洛。

四月三日，潞王入洛。五日，即位。七日，廢帝爲鄂王。遣弘贇子殿直王巒之衛州，時弘贇已奉帝幸州廨。九日，巒至，帝遇鴆而崩〔一七〕，時年二十一。案契丹國志：王巒至衛州，進鴆于愍帝，愍帝不飲，巒縊殺之。與薛史異，歐陽史同薛史。是日辰時，白虹貫日。皇后孔氏在宮中，及王巒迴，即日與其四子並遇害〔一八〕。案遼史太宗紀云：九年夏四月，唐從珂殺其主自立，人皇王倍上書請討。又義宗列傳云：明宗養子從珂，弑其君自立。倍密報太宗曰：「從珂弑君，盍討之。」薛史及通鑑均不載。（孔本）晉高祖即位，謚曰閔，與秦王及末帝子重吉並葬於徽陵域中，封纔數尺，路人觀者悲之。永樂大典卷七千一百七十四。

史臣曰：閔帝爰自沖年，素有令問，及徵從代邸，入踐堯階，屬軒皇之弓劍初遺，吳王之几杖未賜，吳王，原本作「辰王」，今據前漢書改正。（影庫本粘籤）遽生猜間，遂至奔亡。蓋輔臣無安國之謀，非少主有不君之咎。以至越在草莽，失守宗祧，斯蓋天命之難諶，土德之將謝故也。永樂大典卷七千一百七十四。

校勘記

〔一〕以天雄軍節度判官唐汭爲左諫議大夫　「左」字原闕，據本書卷四七唐末帝紀中、册府卷一七二、通鑑卷二七八補。本卷下一處同。

〔二〕月首以常服臨　「常服」，原作「朝服」，據殿本、劉本改。影庫本批校：「朝服，原本係『常服』。」

〔三〕迴鶻可汗仁美遣使貢方物故可汗仁裕進遺留馬　本書卷三二唐莊宗紀六、卷一三八回鶻傳、册府卷九六七、五代會要卷二八皆記同光二年仁美卒；天成三年，唐明宗封仁裕爲順化可汗。疑「仁美」與「仁裕」誤倒。另本書下文卷四五唐閔帝紀、卷四七唐末帝紀中、卷七七晉高祖紀三、卷七八晉高祖紀四、卷七九晉高祖紀五皆記迴鶻可汗仁美遣使事，通鑑卷二八二胡注、錢大昕考異卷六一疑「仁美」係「仁裕」之訛，以下不一一出校。

〔四〕李愚加右僕射　「右」，劉本、本書卷六七李愚傳作「左」。

〔五〕忠正軍節度使　「忠正軍」，原作「中正軍」，據劉本及本卷上文改。本書卷四六唐末帝紀上作「壽州節度使」，按忠正軍治壽州。

〔六〕崔棁　原作「崔稅」，據殿本、劉本、邵本校、本書卷四七唐末帝紀中改。按本書卷九三、新五代史卷五五有崔棁傳。

〔七〕準赦書修創淩煙閣　「赦書」，册府卷一四同，殿本、五代會要卷一八作「敕書」。

〔八〕隔内北面寫功高宰輔　「北面」，原作「面北」，據彭校、册府卷一四、玉海卷一六三引五代會要乙正。影庫本粘籤：「『隔内面，原本作『内回』，今據五代會要改正。」

〔九〕鄆州使　「使」上殿本、劉本闕一字。

〔一〇〕丁酉……乙未　郭武雄證補：「陳垣二十史朔閏表，應順元年二月辛未朔。丁酉二十七日，乙未二十五日。紀日辰失序。」

〔一一〕武延翰　册府卷八一作「武廷翰」。本書卷四八唐末帝紀下、卷一一一周太祖紀二有武廷翰。

〔一二〕乙亥　按是月辛丑朔，無乙亥。此事繫於甲子、丁卯之間，疑爲乙丑。

〔一三〕安從進尋殺馮贇于其第　以上十字原闕，據殿本、劉本、孔本補。影庫本批校：「『投于井』下原本有『安從進尋殺馮贇于其第』十字，應增入。」

〔一四〕爾帥有馬控鶴從予　「帥」，原作「誠」，據通鑑卷二七九改。

〔一五〕所以軍民瞻奉　「民」，原作「長」，據册府卷七六三改。

〔一六〕奔洪進　原作「賁洪進」，據殿本、孔本、通曆卷一三、通鑑卷二七九、新五代史卷四八王弘贇傳改。影庫本批校：「『賁』原本係『奔』，誤改『賁』。」按通鑑胡注引史炤曰：「奔，姓也。古有賁姓，音奔，又音肥，後遂爲奔。」

〔一七〕帝遇鴆而崩　永樂大典卷六八五一引五代薛史王弘贇傳：「閔帝崩，殯於郡齋東閣，覆以黄帕。弘贇嗟嘆之，徐謂方大曰：『吾前於秦川，見魏王死渭南驛，殯於東閣，黄帕覆之，正如今日之事，吾未明其理也。』」按此則係舊五代史王弘贇傳佚文，清人未輯王弘贇傳，姑附於此。

〔一八〕是日辰時白虹貫日皇后孔氏在宫中及王繼迴即日與其四子並遇害　「是日辰時白虹貫日」與「在宫中及王繼迴即日」十七字原闕，據殿本、孔本補。影庫本批校：「『時年二十一』句下有『是日辰時白虹貫日』八字，『皇后孔氏』下有『在宫中及王繼迴即日』九字，應照原本增入。」

舊五代史卷四十六

唐書二十二

末帝紀上

末帝，諱從珂，本姓王氏，鎮州人也。母宣憲皇后魏氏，以光啓元年歲在乙巳正月二十三日〔一〕，生帝於平山。景福中，明宗爲武皇騎將，略地至平山，遇魏氏，擄之，帝時年十餘歲，明宗養爲己子。案通鑑考異引唐廢帝實録云：廢帝，諱從珂，明宗之元子也。母曰宣憲皇后魏氏，鎮州平山人。中和末，明宗徇地山東，留戍平山，得魏后。帝以光啓元年正月二十三日生於外舍，屬用兵不息，音問阻絶，帝甫十歲，方得歸宗。今考五代會要、歐陽史諸書，皆作養子，惟實録作元子，疑因太后令稱爲「皇長子」而傅會也。通鑑仍從薛史。小字二十三。帝幼謹重寡言，及壯，長七尺餘，方頤大顙〔二〕，材貌雄偉，以驍果稱，明宗甚愛之。帝初在太原〔三〕，嘗與石敬瑭因擊毬同入于趙襄子之廟，見其塑像，屹然起立，帝祕之，私心自負。及從明宗征討，以力戰知名，莊宗嘗曰：「阿三不惟與我同齒，敢戰亦相類。」莊宗與梁軍戰於胡柳陂，兩軍俱撓，帝衞莊宗奪土山，摧鋒撓陣〔四〕，其軍復振。時明宗先渡河，莊宗不悦，謂明宗曰：「公當爲吾死，渡河安往？」明宗待罪，莊宗以帝從戰有功，由是解愠。

天祐十八年，莊宗營於河上，議討鎮州。留守符存審在德勝砦未行，梁人謂莊宗已北，乃悉衆攻德勝，德勝，原本作「得勝」，今從通鑑改正。（影庫本粘籤）莊宗命明宗、存審爲兩翼以抗之，自以中軍前進。梁軍退却，帝以十數騎雜梁軍而退，至壘門大呼，斬首數級，斧其望櫓而還。莊宗大噱曰：「壯哉，阿三！」賜酒一器。

同光元年四月〔五〕，從明宗襲破鄆州。九月，莊宗敗梁將王彦章於中都，急趨汴州。明宗將前軍，帝率勁騎以從，晝夜兼行，率先下汴城。莊宗勞明宗曰：「復唐社稷，卿父子之功也。」

二年，以帝爲衞州刺史。時有王安節者，昭宗朝相杜讓能之宅吏也。杜讓能，原本作「杜誼能」，今從新唐書改正。（影庫本粘籤）安節少善賈，得相術於奇士，因事見帝於私邸，退謂人曰：「真北方天王相也，位當爲天子，終則我莫知也。」

三年，明宗奉詔北禦契丹，以家在太原，表帝爲北京内衙指揮使，莊宗不悦，以帝爲突騎都指揮使，遣戍石門。

四年，魏州軍亂，明宗赴洛，時帝在横水，率部下軍士由曲陽、盂縣趨常山〔六〕，與王建立會，倍道兼行，渡河而南，由是明宗軍聲大振。

天成初，以帝爲河中節度使。明年二月，加檢校太保、同平章事。十一月，加檢校太傅。

長興元年，加檢校太尉。先是，帝與樞密使安重誨在常山，因杯盤失意，帝以拳擊重誨腦，中其櫛，走而獲免。帝雖悔謝，然重誨終銜之。及帝鎮河中，重誨知其出入不時，因矯宣中旨，令牙將楊彥温遇出郭則閉門勿納。是歲四月五日，帝閲馬於黄龍莊，閲馬，原本作「問軍」，今從通鑑改正。（影庫本粘籤）彥温閉城拒帝，帝聞難遽還，遣問其故，彥温曰：「但請相公入朝，此城不可入也。」帝止虞鄉以聞，明宗詔帝歸闕，遣藥彥稠將兵討彥温，令生致之，面要鞫問。十一月收城〔七〕，彥温已死，明宗以彥稠不能生致彥温，甚怒之。後數日，安重誨以帝失守，諷宰相論奏行法，明宗不悦。重誨又自論奏，明宗曰：「朕爲小將校時，家徒衣食不足，賴此兒荷石炭〔八〕、收馬糞存養，以至身達〔九〕，今貴爲天子，而不能庇一兒！卿欲行朝典，朕未曉其義，卿等可速退，從他私第閑坐。」遂詔歸清化里第，清化里，原本脱「清」字，今從通鑑注所引薛史增入。（影庫本粘籤）不預朝請。帝尚懼重誨多方危陷，但日諷佛書陰禱而已。

二年，安重誨得罪，帝即授左衛大將軍。未幾，復檢校太傅、同平章事、行京兆尹，充西京留守。三年，進位太尉，移鳳翔節度使。四年五月，封潞王。

閔帝即位，加兼侍中。既而帝子重吉出刺亳州，女尼入宮，帝方憂不測。應順元年二月，移帝鎮太原，是時不降制書，唯以宣授而已。帝聞之，召賓佐將吏以謀之，皆曰：「主上年幼，未親庶事，軍國大政悉委朱弘昭等，王必無保全之理。」判官馬裔孫曰：「君命召，不俟駕行焉。諸君凶言，非令圖也。」是夜，帝令李專美草檄求援諸道，李專美，原本作「專養」，今從薛史李專美傳改正。（影庫本粘籤）欲誅君側之罪。朝廷命王思同率師來討。三月十五日，外兵大集，案通鑑考異：是年三月辛丑朔，是十五日爲乙卯也。九國志李彥琦傳：潞王守岐下，諸道將急攻其壘，彥琦時在圍中，罄家財以給軍用。（舊五代史考異）十六日，大將督衆攻城，帝登城垂泣，諭於外曰：「我年未二十從先帝征伐，出生入死，金瘡滿身，樹立社稷〔一〇〕，軍士從我登陣者多矣。今朝廷信任賊臣，殘害骨肉，且我有何罪！」因慟哭，聞者哀之。時羽林都指揮使楊思權謂衆曰：「大相公，吾主也。」遂引軍自西門入，嚴衞都指揮使尹暉亦引軍自東門而入，外軍悉潰。十七日，率居民家財以賞軍士。是日，帝整衆而東。二十日，次長安，副留守劉遂雍以城降，率京兆居民家財犒軍。二十三日，次靈口，案：通鑑唐紀作零口，考册府元龜亦作靈口，今仍其舊。（舊五代史考異）誅王思同。二十四日，次華州，收藥彥稠繫獄。二十五日，次閿鄉，王仲皋父子迎謁，命誅之。二十六日，次靈寶，河中節度使安彦威來降，待罪，宥之，遣歸鎮。陝州節度使康思立奉迎。二十七日，次陝州，案：歐陽史作己巳，次陝州，薛史閔帝紀作丁卯，通鑑從薛史。（舊五代史考異）下令告諭京城。二十八日，康義誠軍前兵士相繼來降，義誠詣軍門請罪，帝宥之。駕下諸軍畢至，誅宣徽南院使孟漢瓊於路左。是夜，閔帝與帳下親騎百餘出玄武門而去。

夏四月壬申，帝至蔣橋，文武百官立班奉迎，案通鑑：四月庚午朔，太后令內諸司至乾壕迎潞王。考異引廢帝實録作三月三十日。（舊五代史考異）教旨以未拜梓宮，未可相見，俟會於至德宮，時六軍勳臣及節將內職已累表勸進。是日，帝入謁太后、太妃，至西宮，伏梓宮慟哭，宰相與百僚班見致拜，帝答拜。馮道等上牋勸進，馮道，原本作「焉道」，考契丹國志云：百官班見，潞王答拜，馮道等上牋勸進。知「焉」字係「馮」字之訛，今改正。（影庫本粘籤）帝立謂羣臣曰：「予之此行，事非獲已，當俟主上歸闕，園陵禮終，退守藩服。諸公言遽及此，信無謂也。」衛州刺史王弘贄奏，閔帝以前月二十九日至州。癸酉，皇太后下令降閔帝爲鄂王。案通鑑引閔帝實録：七日〔一一〕，廢帝爲鄂王。廢帝實録作癸酉，薛、歐陽二史從廢帝實録。（舊五代史考異）又太后令曰：「先皇帝誕膺天睠，光紹帝圖，明誠動於三靈，德澤被於四海，方期偃革，遽歎遺弓。自少主之承祧，爲奸臣之擅命，離間骨肉，猜忌磐維，既輒易於藩垣，復驟興於兵甲。遂致輕離社稷，大撓軍民，萬世鴻基，將墜於地。皇長子潞王從珂，位居冢嗣，德茂沖年，乃武乃文，惟忠惟孝。前朝廓清多難，有戰伐之大功；纘紹丕圖，有夾輔之盛業。今以宗祧乏祀，園寢有期，須委親賢，俾居監撫，免萬機之壅滯，慰兆庶之推崇。可起今月四日知軍國事，權以書詔印施行。」是日，監國在至德宮，至德宮，原本作「直德」，今從通鑑改正。（影庫本粘籤）宰臣馮道等率百官班於宮門待罪，帝出於庭曰：「相公諸人何罪，請復位。」乃退。甲戌，太后令曰：「先皇帝櫛風沐雨，平定華夷，嗣洪業於艱難，致蒼生於富庶。鄂王嗣位，奸臣弄權，作福作威，不誠不信，離間骨肉，猜忌磐維。鄂王輕捨宗祧，不克負荷，洪基大寶，危若綴旒，須立長君，以紹丕搆。皇長子潞王從珂，日躋孝敬，天縱聰明，有神武之英姿，有寬仁之偉畧〔一二〕。先朝經綸草昧，廓靜寰區，辛勤有百戰之勞，忠貞贊一統之運，臣誠子道，冠古超今。而又克己化民，推心撫士，率土之謳歌有屬，上蒼之睠命攸臨。一日萬機，不可以暫曠；九州四海，不可以無歸。況因山有期，同軌斯至，永言嗣守，屬任元良，宜即皇帝位。」

乙亥，監國赴西宮，柩前告奠即位。攝中書令李愚宣册書曰：

維應順元年歲次甲午四月庚午朔六日乙亥，文武百僚特進、守司空、兼門下侍郎、同中書門下平章事、充太微宮使、太微，原本作「大徵」，今從新唐書改正。（影庫本粘籤）弘文館大學士、上柱國、始平郡公、食邑二千五百户臣馮道等九千五百九十三人上言：「帝王興運，天地同符，河出圖而洛出書，雲從龍而風從虎。莫不恢張八表，覆育兆民，立大定之基，保無疆之祚。人謠再洽，天命顯歸，須登宸極之尊，以奉祖宗之祀。伏惟皇帝陛下，天資仁智，神助機權，奉莊宗於多難之時，從先帝於四征之際，凡當決勝，無不成功。洎正皇綱，每嚴師律，爲國家之志大，守臣子之道全。自泣遺弓，常悲易月，欲期同軌，親赴因山。而自鄂王承祧，奸臣擅命，致神祇之乏饗，激朝野以歸心。使屈者伸，令否者泰，人情大順，天象至明，聚東井以呈祥，拱北辰而應運〔一三〕。由是文武百辟，岳牧羣賢，至於比屋之倫，盡祝當陽之位。今則承太后慈旨，守先朝遠圖，撫四海九州，享千齡萬祀。臣等不勝大願，謹上寶册，稟太后令，奉皇帝踐祚。臣等誠慶誠忭，謹言。」

帝就殿之東楹受羣臣稱賀。

先是，帝在鳳翔日，有瞽者張濛自言知術數，張濛，原本作「張澂」，考歐陽史及册府元龜並作「濛」，今改正。（影庫本粘籤）事太白山神，其神祠即元魏時崔浩廟也。時之否泰，人之休咎，濛告於神，即傳吉凶之言，帝親校房暠酷信之。一日，濛至府，聞帝語聲，駭然曰：「非人臣也。」暠詢其事，即傳神語曰：「三珠併一珠，驢馬没人驅，歲月甲庚午，中興戊己土。」暠請解釋，曰：「神言，予不知也。」長興四年五月，府廨諸門無故自動，人頗駭異。遣暠問濛，濛曰〔一四〕：「衙署小異勿怪，不出三日，當有恩命。」是夜報至，封潞王。及帝移鎮河東，甚懼，問濛，濛曰：「王保無患。」王思同兵至，又詰之，濛曰：「王有天下，不能獨力，朝廷兵來迎王也。王若疑臣，臣唯一子，請王致之麾下，以質臣心。」帝乃以濛攝館驛巡官。至是，帝受册，册曰「維應順元年歲次甲午四月庚午朔」，帝回視房暠曰：「張濛神言甲庚午，不亦異乎！」帝令暠共術士解三珠一珠事，言：「三珠，三帝也；驢馬没人驅，失位也。」帝即位之後，以濛爲將作少監同正，仍賜金紫以酬之。帝初封潞王，言事者云：「潞字一足已入洛矣。」案：原本作「一足已入潞矣」，今據册府元龜改正。又帝在鳳翔日，有何叟者，年踰七十，暴卒，見陰官凭几告叟曰：「爲我言於潞王，來年三月當爲天子，二十三年。」叟既蘇，懼不敢言。逾月復卒，陰官見而叱之曰：「安得違吾旨，不達其事，再放汝還。」退見廊廡下簿書，以問主者，曰：「朝代將易，此即昇降人爵之籍也。」及蘇，詣帝親校劉延朗告之。帝召而問之，叟曰：「請質之，此言無徵，戮之可也。」後人云：「二十三，蓋帝之小字也。」案：太平廣記引王氏見聞録作馬步判官何某，即位後，擢爲天興縣令。（孔本）又石壕人胡杲通善天文，帝召問之，曰：「王貴不可言，若舉動，宜以乙未年。」及舉兵，又問之，杲通曰：「今歲蔀首，王者不宜建功立事，若俟來歲入朝，則福祚永遠矣。」其後皆驗。夫如是，則大寶之位，必有冥數，可輕道哉！

丙子，詔河南府率京城居民之財以助賞軍。丁丑，又詔預借居民五箇月房課，不問士庶，一概施行。帝素輕財好施，自岐下爲諸軍推戴，告軍士曰：「候入洛，人賞百千。」至是，以府藏空匱，於是有配率之令，京城庶士自絶者相繼。己卯，衞州奏，此月九日鄂王薨。庚辰，以宰臣劉昫判三司。案：夢溪筆談載應順元年案檢一通，乃除宰相劉昫兼判三司堂檢，前有擬狀云：「具官劉昫，右經國才高，正君志切，方屬體元之運，實資謀始之規。宜注宸衷，委司判計，漸期富庶，永贊聖明。臣等商量，望授依前中書侍郎兼吏部尚書、同中書門下平章事，充集賢殿大學士、兼判三司，散官、勳封如故，未審可否？如蒙允許，望付翰林降制處分，謹録奏聞。」其後有制書曰：「宰臣劉昫，右可兼判三司公事，宜令中書門下依此施行。付中書門下，准此。四月十日。」用御前新鑄之印。押檢二人，乃馮道、李愚也。案此條可考見五代時案檢之式，今附録於此。（孔本）辛巳，邢州奏，磁州刺史宋令詢自經而卒。令詢，鄂王在藩時都押牙也，故至於是。甲申，案：下文有癸未，疑當作壬午。（舊五代史考異）帝以鄂王薨，行服於内園，羣臣奉慰。癸未，太后、太妃出宫中衣服器用以助賞軍。

乙酉，帝服衮冕御明堂殿，文武百僚朝服就位，宣制改應順元年爲清泰元年，大赦天下，常赦不原者咸赦除之。丁亥，以宣徽北院使郝瓊爲宣徽南院使，權判樞密院；以前三司使王玫爲宣徽北院使。以隨駕牙將宋審虔爲皇城使，劉延朗爲莊宅使。鳳翔節度判官韓昭裔爲左諫議大夫，充端明殿學士；觀察判官馬裔孫爲翰林學士；掌書記李專美爲樞密院直學士。戊子，侍衛親軍都指揮使康義誠伏誅。案五代春秋：乙酉，誅康義誠、朱弘昭、馮贇。然弘昭投井死，贇爲安從進所殺，俱在三月，未嘗與義誠同日伏誅也。歐陽史作戊子，殺康義誠及藥彥稠。通鑑作己丑，殺彥稠。（舊五代史考異）是日，詔曰：樞密使朱弘昭馮贇、宣徽南院使孟漢瓊、西京留守王思同、前邠州節度使藥彥稠，共相朋煽，妄舉干戈，互興離間之謀，幾構傾亡之禍，宜行顯戮，以快羣情，仍削奪官爵云。

庚寅，鳳翔奏，西川孟知祥僭稱大蜀，年號明德。有司上言：「皇帝以五月朔日御明堂殿受朝，三日夏至，祀皇地祇，前二日奏告獻祖室，不坐。比正旦冬至，是日有祀事，則次日受朝。今祀在五鼓前，質明行禮畢，御殿在始旦後〔一五〕，請比例行之。」詔曰：「日出御殿，與祀事無妨〔一六〕，宜依常年例。」史館奏：「凡書詔及處分公事，臣下奏議，望令近臣録付當館。」詔端明殿學士韓昭裔、樞密直學士李專美録送。辛卯，以左諫議大夫盧損爲右散騎常侍。壬辰，詔賜禁軍及鳳翔城下歸明將校錢帛各有差。案通鑑云：禁軍在鳳翔歸命者，自楊思權、尹暉等各賜二馬一駝、錢七十緡，下至軍人錢二十緡，其在京者各十緡。（舊五代史考異）初，帝離岐下，諸軍皆望以不次之賞，及從至京師，不滿所望，相與謡曰：「去却生菩薩，扶起一條鐵。」其無厭如此。案：通鑑作除去菩薩，扶立生鐵。胡三省注云：閔帝小字菩薩。

丙申，葬明宗皇帝於徽陵。丁酉，奉神主於太廟。戊戌，山陵使、司空、兼門下侍郎、平章事馮道上表納政，不允。

五月庚子朔，御文明殿受朝賀。乙巳，以左龍武指揮使安審琦爲左右捧聖都指揮使，以右千牛上將軍符彥饒爲左右嚴衛都指揮使。丙午，以端明殿學士韓昭胤爲樞密使，以莊宅使劉延朗爲樞密副使。以權知樞密事房暠爲宣徽北院使。以成德軍節度使、大同彰國振武威塞等軍蕃漢馬步都部署、檢校太尉、兼中書令、駙馬都尉石敬瑭爲北京留守、河東節度使，加檢校太師、兼中書令，都部署如故。汴州節度使、檢校太師、兼侍中、駙馬都尉趙延壽進封魯國公。

戊申，中書門下奏，太常禮院狀，明宗以此月二十日祔廟，宰臣攝太尉行事。緣馮道在假，李愚十八日私忌，在致齋內，劉昫又奏判三司免祀事，案五代會要：清泰元年五月，宰臣劉昫奏：「中書以近敕祠祭行事官致齋內，唯祀事得行，其餘悉斷。又宰臣行事致齋內，不押班，不赴內殿起居，不知印。臣緣判三司公事，其祀事、國忌行香，伏乞特免。」從之。（舊五代史考異）詔禮官參酌。有司上言：「李愚私忌在致齋內。諸私忌日，遇大朝會，入閤宣召，皆赴朝參。今祔廟事大，忌日屬私，請比大朝會宣召例。」案：五代會要載此奏，下有「差李愚從事」五字，薛史刪去。從之。以陝府節度使康思立爲邢州節度使，以同州節度使安重霸爲西京留守，以羽林右第一軍都指揮使、春州刺史楊思權爲邠州節度使。己酉，左監門衛將軍孔知鄴、右驍衛將軍華光裔並勒停見任。時差知鄴應州告廟，稱疾辭命，改差光裔，復稱馬墜傷足，故俱罷之。

庚戌，以司空、兼門下侍郎、平章事馮道爲檢校太尉、同平章事，充同州節度使；以天雄軍節度使范延光爲樞密使，封齊國公；鄆州節度使李從曮爲鳳翔節度使。辛亥，以嚴衛都指揮使尹暉爲齊州防禦使。甲寅，以侍衛馬軍都指揮使〔一七〕、順化軍節度使安從進爲河陽節度使，典軍如故。太常卿盧文紀奏：「明宗一室，酌獻舞曲，請名雍熙之舞。」從之。丁巳，以皇子銀青光禄大夫、檢校工部尚書重美爲檢校司徒、守左衛上將軍。自是，諸道節度使、刺史、文武臣僚，相繼加檢校官，或階爵封邑，以帝登位覃慶也。戊午，以隴州防禦使相里金爲陝州節度使。陝州，原本作「隰州」，今從通鑑及歐陽史改正。（影庫本粘籤）初，帝以檄書告藩鄰，唯金遣判官薛文遇往來計事，故以節鎮奬之。宣徽北院使、檢校工部尚書房暠加檢校司空、行左威衛大將軍，使如故。以樞密使、左諫議大夫韓昭裔爲刑部尚書，使如故。

己未，太白晝見。以樞密副使劉延朗爲左領軍大將軍，職如故。庚申，左僕射、門下侍郎、平章事、監修國史李愚加特進，充太微宮使〔一八〕、弘文館大學士，餘如故。中書侍郎兼吏部尚書、同平章事、集賢院大學士、判三司劉昫加門下侍郎兼吏部尚書、平章事、監修國史、判三司。癸亥，秦州奏，西川孟知祥出軍迫陷成州。以宣徽南院使、右驍衛大將軍郝瓊爲左驍衛上將軍，職如故。以前義州刺史張承祐爲武勝軍留後。戊辰，以前右龍武統軍王景戡爲右驍衛上將軍。

六月庚午朔，改侍衛捧聖軍爲彰聖，改嚴衛軍爲寧衛。壬申，封吴岳成德公爲靈應王，禮秩同五岳。帝初起，遣使祭岳以求祐，及登祚，故有是報。案五代會要載中書門下奏：天寶十載正月，封吴山爲成德公〔一九〕，與沂山、會稽、醫巫閭同封。至德二載十二月，改吴山爲岳，祠享官屬一同五岳。今國家以祈禱靈應〔二〇〕，宜示殊禮，臣等商量，請加封爲靈應王。從之。（舊五代史考異）幽州節度使趙德鈞進封北平王，青州節度使房知溫進封東平王。癸酉，以前鄜州節度使索自通爲右龍武統軍。甲戌，皇子左衛上將軍重美加檢校太保、同平章事，充鎮州節度使、兼河南尹、判六軍諸衛事。丁丑，詔天下見禁罪人，委所在長吏躬親慮問，疾速疏決。庚辰，幸至德宮，因幸房知溫、安元信、范延光、索自通、李從敏第。壬午，以檢校太子太傅致仕王建立爲檢校太尉〔二一〕、兼侍中、鄆州節度使，以前宋州節度使安元信爲檢校太尉、兼侍中、潞州節度使。

癸未，三司使劉昫奏：「天下户民，自天成二年括定秋夏田税，迨今八年。近者相次有百姓詣闕訴田不均，累行蠲放，漸失税額，望差朝臣一概檢視。」不報。甲申，帝爲故皇子亳州刺史重吉、皇長女尼惠明大師幼澄舉哀行服，羣臣詣閤門奉慰。帝起兵之始，重吉、幼澄俱爲閔帝所害。乙酉，以户部侍郎韓彦惲爲絳州刺史，以左武衛上將軍李肅爲單州刺史。丙戌，襄州節度使趙在禮加同平章事。甲午，以武勝軍留後張承祐爲華州節度使〔三〕；以皇城使宋審虔爲壽州節度使，充侍衛步軍都指揮使；以右衛上將軍劉仲殷爲宋州節度使；以侍衛步軍都指揮使、壽州節度使皇甫遇爲鄧州節度使。以前華州節度使華温琪爲太子太傅致仕〔三〕。丁酉，左神武統軍周知裕卒，贈太傅。

是月，京師大旱，熱甚，暍死者百餘人。

秋七月庚子，太子少保致仕崔沂卒。癸卯，鳳翔進僞蜀孟知祥來書，稱「大蜀皇帝獻書于大唐皇帝」，且言「見迫羣情，以今年四月十二日即皇帝位」云，帝不答。以前武州刺史鄭琮爲右衛上將軍。甲辰，幸龍門佛寺禱雨。乙巳，皇子故亳州團練使重吉贈太尉，仍於宋州置廟。丁未，鳳翔節度使李從曮封西平王。是日，宰臣李愚、劉昫因論公事，於政事堂相詬，辭甚鄙惡，帝令樞密副使劉延朗宣諭曰：「卿等輔弼之臣，不宜如是，今後不得更然。」辛亥，以太常卿盧文紀爲中書侍郎、平章事。是日，中書門下三上章請立中宮，從之。丁巳，制立沛國夫人劉氏爲皇后。庚申，太子少傅陳皐卒。乙丑，史官張昭遠以所撰莊宗朝列傳三十卷上之。

八月庚午，詔蠲放長興四年十二月以前天下所欠殘税。辛未，以前尚書左丞姚顗爲中書侍郎、平章事。詔應曾受御署官逐攝同一任正官，依期限赴選。案徐無黨五代史注云：御署官，疑是廢帝初舉兵時所置之官，以其非吏部正授，故須有旨方得選。荆南奏，僞蜀孟知祥卒，其子昶嗣僞位。壬申，以尚書禮部侍郎鄭韜光爲刑部侍郎，以前工部侍郎楊凝式爲禮部侍郎。甲戌，以前金州防禦使婁繼英爲右神武統軍，以右神武統軍高允貞爲左神武統軍。乙亥，以翰林學士承旨、工部尚書、知制誥李懌爲太常卿，以翰林學士、户部侍郎、知制誥程遜爲學士承旨。甲申，以兵部侍郎龍敏爲吏部侍郎，以祕書監崔居儉爲工部尚書。乙酉，以右武衛上將軍張繼祚爲右衛上將軍〔二四〕；以右驍衛上將軍王景戡爲左衛上將軍〔二五〕；以右領衛上將軍劉衛爲左武衛上將軍；以右千牛上將軍王陟爲右領軍上將軍。以司農卿兼通事舍人、判四方館事王景崇爲鴻臚卿，依前通事舍人、判四方館。丁亥，右龍武統軍索自通卒。辛卯，禮部尚書致仕李光憲卒。甲午，以太子少傅盧質爲太子少師。乙未，以前邢州節度使趙鳳爲太子太保。詔：「文武百官差使，宜令依倫次，中書置簿，不得重疊。若當使者自緣有事，或不欲行者，注簿便當一使。自長興三年正月後已曾奉使者，便爲簿首；已後差者，次第注之。」有司上言：「皇后受册，内外命婦上牋無答教。」從之。丙申，御文明殿册皇后，命使攝太尉、宰臣盧文紀，使副攝司徒、右諫議大夫盧損詣皇后宫，行禮畢，恩賜有差。

九月己亥，以久雨，分命朝臣禜都城門〔二六〕，告宗廟社稷。辛丑，夜有星如五斗器，西南流，尾迹長數丈，屈曲如龍形。又衆星亂流，不可勝數。京師大雨雹，如彈丸。曹州刺史藥縱之卒。甲辰，以霖霪甚，詔都下諸獄委御史臺憲録問，諸州縣差判官令録親自録問，晝時疏理。「晝時」二字原本疑有舛誤，考五代會要亦作「晝」，今姑仍其舊。（影庫本粘籤）壬子，中書門下舉行長興三年敕，常年薦送舉人，州郡行鄉飲酒之時，帖太常草定儀注奏聞。甲寅，以前潞州節度使、檢校太尉、同平章事盧文進爲安州節度使。己未，雲州奏，契丹寇境。案遼史太宗紀：李從珂弑其主自立，人皇王倍自唐上書請討。八月，自將南伐，九月乙卯，次雲州。自太宗之伐唐，人皇王召之也。（舊五代史考異）

冬十月辛未，有雉金色，止於中書政事堂。中書門下奏：「請以正月二十三日皇帝誕慶日爲千春節。」從之。戊寅，宰臣李愚、劉昫罷相，以愚守左僕射，昫守右僕射。契丹寇雲、應州，詔河東節度使石敬瑭率兵屯代州。戊子，宰臣姚顗奏：「吏部三銓，近年併爲一司，望令依舊分銓。」從之。辛卯，以左衛上將軍李宏元卒廢朝，贈司徒。癸巳，以禮部郎中、知制誥吕琦守本官，充樞密院直學士。

十一月辛丑，以刑部侍郎鄭韜光爲尚書右丞，以光禄少卿烏昭遠爲少府監。秦州節度使張延朗奏，率師伐蜀。中書門下奏：「二十六日明宗忌，陛下初遇忌辰，不同常歲，請於忌辰前後各一日不坐朝。」從之。御史臺奏：「前任節度使、刺史、行軍副使，雖每日於便殿起居，每遇五日起居，亦合綴班。」從之。丙午，以前興州刺史馮暉配同州衙前安置。暉爲興州刺史，屯乾渠，蜀人來侵，暉自屯所奔歸鳳翔，故有是責。丁未，詔振武、新州、河東西北邊經契丹蹂踐處，放免三年兩税差配，時契丹初退故也。癸丑，以前華州節度使王萬榮爲左驍衛上將軍致仕。甲寅，以振武節度使楊光遠充大同彰國振武威塞等軍兵馬都虞候，以前右金吾大將軍穆延暉爲右武衛上將軍。壬戌，以禮部侍郎楊凝式爲户部侍郎。甲子，以中書舍人盧導爲禮部侍郎。

十二月丁卯朔，詔修奉本朝諸帝陵寢。己巳，以北面馬軍都指揮使、易州刺史安叔千爲安北都護、振武節度使，以齊州防禦使尹暉爲彰國軍節度使。庚午，詔葬庶人從榮。有司上言：「依貞觀中庶人承乾，以公禮葬。」從之。乙亥，以秦州節度使張延朗爲中書侍郎、同平章事、判三司，案五代會要：二年三月，宰臣張延朗奏：「臣判三司公事，每日内殿祇候，其合綴前班押班，伏乞特免。」從之。（舊五代史考異）以中書侍郎、平章事盧文紀爲門下侍郎、平章事、監修國史，以中書侍郎、平章事姚顗兼集賢殿大學士。以前邠州節度使康福爲秦州節度使。丙戌，夜有白氣，東西亘天。庚寅，幸龍門祈雪，自九月至是無雨雪故也。永樂大典卷七千一百七十四〔一七〕。

校勘記

〔一〕以光啓元年歲在乙巳正月二十三日　「乙巳」，原作「己巳」，按光啓元年爲乙巳年，據改。

〔二〕方頤大顱　「顱」，原作「體」，據册府卷四四改。

〔三〕帝初在太原　「帝初」二字原闕，據永樂大典卷一八二二三引五代薛史後唐末帝紀、册府卷二一補。

〔四〕摧鋒撓陣　「鋒」字原闕，據邵本校補。「撓」，原作「驍」，據邵本改。

〔五〕同光元年四月　本書卷一〇梁末帝紀下、卷二九唐莊宗紀三、新五代史卷三梁本紀、通鑑卷二七二繫其事於閏四月。

〔六〕率部下軍士由曲陽盂縣趨常山　據通鑑卷二七三，末帝同光三年三月謫戍石門鎮，胡注：「其地即唐之横水栅。」顧祖禹讀史方輿紀要卷四四謂地在雲州北，則由横水栅南下，逕盂縣出娘子關往常山，陽曲爲必經之地，而曲陽在河北定州，疑「曲陽」爲「陽曲」之訛。「盂縣」，原作「孟縣」，據劉本、新五代史卷七唐本紀、通鑑卷二七四改。

〔七〕十一月收城　本書卷四一唐明宗紀七：「（長興元年四月壬寅）遣西京留守索自通、侍衛步軍都指揮使藥彥稠等攻之。……癸丑，索自通、藥彥稠等奏，收復河中，斬楊彥温，傳首來獻。」自壬寅發兵到癸丑收城，共計十一日。疑「月」爲「日」之訛。

〔八〕賴此兒荷石炭　「石炭」，原作「石灰」，據彭校、册府卷四七改。

〔九〕以至身達　「身達」二字原闕，據册府卷四七補。

〔一〇〕樹立社稷　原作「樹立得社稷」，據彭校、册府卷一一改。

〔一一〕七日　原作「七月」，據殿本考證、通鑑卷二七九考異引閔帝實録改。

〔一二〕有寬仁之偉畧　「畧」，册府卷一一作「量」。

〔一三〕拱北辰而應運　「北辰」，原作「北宸」，據殿本改。

〔一四〕濛曰　「濛」字原闕，據殿本、通曆卷一三補。

〔一五〕御殿在始旦後　「始」字原闕，據册府卷一〇八、卷五九四、五代會要卷五補。

〔一六〕與祀事無妨　「與」，原作「舉」，據册府卷一〇八、卷五九四、五代會要卷五改。

〔一七〕侍衛馬軍都指揮使　「使」字原闕，據邵本、本書卷四五唐閔帝紀、卷四七唐末帝紀中補。

〔一八〕充太微宮使　「太微宮」，原作「太徽宮」，據殿本、劉本、邵本校改。影庫本批校：「太徽，應作『太微』。」

〔一九〕封吴山爲成德公　「吴山」，原作「吴岳」，據殿本、五代會要卷一一改。「爲」字原闕，據殿本、五代會要卷一一補。

〔一〇〕今國家以祈禱靈應　「以」，原作「欲」，據殿本、五代會要卷一一改。

〔一一〕以檢校太子太傅致仕王建立爲檢校太尉　「太子太傅」，册府卷一七二同，本書卷四一唐明宗紀七、卷四二唐明宗紀八、通鑑卷二七七作「太傅」。册府卷四一長興二年九月有「太傅致仕王建立」。

〔一二〕張承祐　原作「張承遷」，據殿本、劉本及本卷上文改。

〔一三〕以前華州節度使華温琪爲太子太傅致仕　「太子太傅」，本書卷七六晉高祖紀二、卷九〇華温琪傳、册府卷三八七、卷八八三作「太子少保」。

〔一四〕以右武衛上將軍張繼祚爲右衛上將軍　「右武衛上將軍」，本書卷四五唐閔帝紀作「左武衛上將軍」。「右衛上將軍」，清泰三年二月張季澄墓誌（拓片刊洛陽新獲墓誌）：「檢校太保、右驍衛上將軍繼祚，即公之仲父也。」

〔一五〕左衛上將軍　「左」，殿本、劉本、本書卷四七唐末帝紀中作「右」。

〔一六〕分命朝臣禜都城門　「禜」，原作「營」，據劉本、邵本校、册府卷一四五、五代會要卷一一改。

〔一七〕永樂大典卷七千一百七十四　「七千一百七十四」，原作「一千七百七十四」，檢永樂大典目録，卷一七七四爲「書」字韻，與本則内容不符。陳垣舊五代史輯本引書卷數多誤例謂應作卷七一七四「唐」字韻「廢帝潞王二」，本書後二卷唐末帝紀皆記出自卷七一七四，據改。

舊五代史卷四十七　唐書二十三

末帝紀中

清泰二年春正月丙申朔，帝御明堂殿受朝賀，仗衞如式。乙巳，中書門下奏：「遇千春節，凡刑獄公事奏覆，候次月施行。今後請重繫者即候次月，輕繫者即節前奏覆決遣。」從之。戊申，宗正寺奏：「北京、應州、曹州諸陵，望差本州府長官朝拜。案五代會要載宗正寺原奏云：北京永興、長寧、建極三陵，應州遂、衍、奕三陵，准曹州温陵例，下本州府官朝拜。是曹州先以府官朝拜，北京、應州後從其例也。薛史删併原文，似未分晰。雍、坤、和、徽四陵，差太常、宗正卿朝拜。」從之。己酉，北京奏，光禄卿致仕周玄豹卒。庚申，鄴都進天王甲。帝在藩時，有相士言帝如毗沙天王，帝知之，竊喜。及即位，選軍士之魁偉者，被以天王甲，俾居宿衞〔一〕，因詔諸道造此甲而進之。三司奏，添徵蠶鹽錢及增麴價。先是麴斤八十文，增至一百五十文。乙丑，雲州節度使張温移鎮晉州，以西京留守安重霸爲雲州節度使。

二月庚午，定州節度使、兗王從温移鎮兗州〔二〕，振武軍節度使楊檀移鎮定州、兼北面行營馬步都虞候。甲戌，以安州節度使李周爲京兆尹，充西京留守；以樞密使、天雄軍節度使范延光爲檢校太師、兼中書令，充汴州節度使；皇子鎮州節度使、兼河南尹、判六軍諸衞事、左右街坊使重美加檢校太尉、同平章事，充天雄軍節度使，餘如故。辛巳，以右諫議大夫盧損爲御史中丞，以御史中丞張鵬爲刑部侍郎。壬午，寧遠軍節度使馬存加兼侍中，鎮南軍節度使馬希振加兼中書令，詔順義軍節度使姚彥章加兼侍中〔三〕。己丑，宰臣盧文紀等上皇妣魯國太夫人尊謚曰宣憲皇太后，請擇日册命。從之。

三月戊戌，故太子太保趙鳳贈太傅。辛丑，以前汴州節度使趙延壽爲許州節度使兼樞密使。以夏州行軍司馬李彝殷爲本州節度使，本州，原本闕「本」字，今從歐陽史增入。（影庫本粘籤）兄彝超卒故也。癸卯，以靜海軍節度使、檢校太師〔四〕、兼中書令、安南都護錢元球爲留守太保〔五〕，餘如故。丙午，以給事中趙光輔爲右散騎常侍。戊申，皇妹魏國公主石氏封晉國長公主〔六〕，齊國公主趙氏封燕國長公主。己酉，有司上言：「宣憲皇太后未及山陵〔七〕，權於舊陵所建廟。」從之。辛亥，功德使奏：「每年誕節，諸州府奏薦僧道〔八〕，其僧尼欲立講論科、講經科、表白科、文章應制科、持念科、禪科、聲贊科，道士欲立經法科、講論科、文章應制科、應制，原本脱「制」字，今據册府元龜增入。（影庫本粘籤）表白科、聲贊科、焚修科，以試其能否。」從之。丙辰，以右龍武統軍李德琉爲涇州節度使。庚申，以鎮州節度使、知軍府事董温琪爲鎮州節度使〔九〕、檢校太保。壬戌，以左右彰聖都指揮使、富州刺史安審琦領楚州順化軍節度使，軍職如故。審琦受閔帝命西征，至鳳翔而降，故有是命。

是月，太常丞史在德上疏言事，其略曰：「朝廷任人，率多濫進。稱武士者，不閑計策，雖被堅執鋭，戰則棄甲，窮則背軍。稱文士者，鮮有藝能，多無士行，問策謀則杜口，作文字則倩人。所謂虚設具員，枉耗國力。案：通鑑注引薛史作「枉費」，考册府元龜亦作「枉耗」，今仍其舊。（舊五代史考異）逢陛下惟新之運，是文明革弊之秋。臣請應内外所管軍人，凡勝衣甲者，請宣下本部大將一一考試武藝短長〔一〇〕、權謀深淺。居下位有將才者便拔爲大將，居上位無將略者移之下軍。其東班臣僚，請内出策題，請内出策題，原本脱「請」字，今從通鑑注所引薛史增入。（影庫本粘籤）下中書，令宰臣面試。如下位有大才者便拔居大位，處大位無大才者即移之下僚。」其疏大約如此。盧文紀等見其奏不悦，班行亦多憤悱，故諫官劉濤、楊昭儉等上疏，請出在德疏，辨可否宣行，中書覆奏亦駁其錯誤。帝召學士馬裔孫謂曰：「史在德語太凶，其實難容。朕初臨天下，須開言路，若朝士以言獲罪，誰敢言者。爾代朕作詔，勿加在德之罪。」詔曰：

左補闕劉濤等奏，太常丞史在德所上章疏，中書門下駁奏，未奉宣諭，乞特施行，分明黜陟。

朕常覽貞觀故事，見太宗之治理，以貞觀昇平之運，太宗明聖之君，野無遺賢，朝無闕政，盡善盡美，無得而名。而陝縣丞皇甫德參輒上封章，恣行訕謗，人臣無禮，罪不容誅，賴文貞之彌縫，恕德參之狂瞽。魏徵奏太宗曰：「陛下思聞得失，只可恣其所陳，若所言不中，亦何損於國家。」朕每思之，誠要言也。遂得下情上達，德盛業隆，太宗之道彌光，文貞之節斯著。朕惟寡昧，獲奉宗祧，業業兢兢，懼不克荷，思欲率循古道，簡拔時材。懷忠抱直之人，虛心渴見；便佞詭隨之說，杜耳惡聞。史在德近所獻陳，誠無避忌，中書以文字紕繆，比類僭差，改易人名，觸犯廟諱，請歸憲法，以示戒懲。蓋以中書既委參詳，合盡事理，朕纘承前緒，誘勸將來。多言數窮，雖聖祖之所戒；千慮一得，冀愚者之可從。因覽文貞之言，遂寬在德之罪，已令停寢，不遣宣行。

劉濤等官列諫垣〔一〕，宜陳讜議，請定短長之理，以行黜陟之文。昔魏徵則請賞德參，今濤等請黜在德，事同言異，何相遠哉！將議允俞，恐虧開納。方朝廷粗理，俊乂畢臻，留一在德不足爲多，去一在德未足爲少，苟可懲勸，朕何愛焉〔二〕！但緣情在傾輸，傾輸，原本作「頃輸」，據通鑑作「傾輸」。胡三省注云：謂傾其胸臆而輸忠于上也。今改正。（影庫本粘籤）理難黜責，濤等敷奏，朕亦優容，宜體含弘，勉思竭盡，凡百在位〔三〕，悉聽朕言。

夏四月辛巳，宰臣判三司張延朗奏：「州縣官徵科條格，其令録在任徵科，依限了絶，一年加階，兩年與試銜，三年皆及限了絶，與服色。攝任者一年内了絶，仍攝〔四〕，二年三年内皆及限，與真命。其主簿同縣令條。本判官一年加階，二年改試銜，三年轉官。本曹官省限内了絶，與試銜轉官〔五〕。諸節級三年内並了絶者，與賞錢三十貫。其責罰依天成四年五月五日敕施行。」從之。癸未，御史中丞盧損等進清泰元年以前十一年制敕堪悠久施行者三百九十四道，編爲三十卷。其不中選者，各令所司封閉，不得行用。詔其新編敕如可施行，付御史臺頒行。以宰相盧文紀兼太微宮使、弘文館大學士，姚顗加門下侍郎、監修國史，張延朗兼集賢殿大學士。張延朗，原本作「正朗」，今據薛史列傳改正。（影庫本粘籤）以樞密使韓昭裔爲中書侍郎兼兵部尚書、平章事，充樞密使。乙酉，以前武勝軍節度使張萬進爲鄜州節度使。辛卯，案歐陽史作夏五月辛卯，通鑑從薛史作四月。（舊五代史考異）以宣徽南院使劉延皓爲刑部尚書，充樞密使；以司天監耿瑗爲太府卿；以僞蜀右衛上將軍胡杲通爲司天監；以宣徽北院使房暠爲左衛上將軍，充宣徽南院使；以樞密副使劉延朗爲左領軍上將軍，充宣徽北院使兼樞密副使。

五月丙申，新州、振武奏，契丹寇境。乙巳，詔：「天下見禁囚徒，自五月十二日以前，除十惡五逆、放火燒舍、持仗殺人、官典犯贓、僞行印信、合造毒藥并見欠省錢外，罪無輕重，一切釋放。」庚戌，詔不得貢奉寶裝龍鳳雕鏤刺作組織之物。庚戌，庚戌，與上文複見，疑是衍文，或有舛誤。今無別本可考，姑仍其舊，附識于此。（影庫本粘籤）中書奏：「準天成三年正月敕〔一六〕，凡廟諱但迴避正文，其偏旁文字不在減少點畫。今定州節度使楊檀、檀州、金壇等名，酌情制宜，並請改之。其表章文案偏旁字闕點畫，凡臣僚名涉偏旁，亦請改名。」詔曰：「偏旁文字，音韻懸殊，止避正呼，不宜全改。楊檀宜賜名光遠〔一七〕，餘依舊。」甲寅，以户部侍郎楊凝式爲祕書監，以尚書禮部侍郎盧導爲尚書右丞，以尚書右丞鄭韜光爲尚書左丞。丙辰，以端明殿學士李專美爲兵部侍郎〔一八〕，以端明殿學士李崧爲户部侍郎，以翰林學士馬裔孫爲禮部侍郎，以禮部郎中、充樞密院直學士呂琦爲給事中，並充職如故。太子少保致仕任圜贈尚書右僕射。以順化軍節度使兼彰聖都指揮使、北面行營排陣使安審琦爲邢州節度使。邢州，原本作「鄧州」，今從歐陽史改正。（影庫本粘籤）庚申，以兵部尚書李鏻爲太常卿，以禮部尚書王權爲户部尚書，以太常卿李懌爲禮部尚書。癸亥，以六軍諸衛判官、給事中張允爲右散騎常侍〔一九〕。

六月甲子朔，新州上言，契丹入寇。乙丑，有司上言，宣憲皇太后陵請以「順」爲名〔一〇〕，從之。振武奏，契丹二萬騎在黑榆林。丁卯，以太子少保致仕朱漢賓卒廢朝。壬申，命史官修撰明宗實録。契丹寇應州。以新州節度使楊漢賓爲同州節度使，以前晉州節度使翟璋爲新州節度使。庚辰，北面招討使趙德鈞奏，行營馬步軍都虞候、定州節度使楊光遠，行營排陣使、邢州節度使安審琦帥本軍至易州，見進軍追襲契丹次。河東節度使石敬瑭奏，邊軍乏芻糧，其安重榮巡邊兵士欲移振武就糧。從之。尋又奏，懷、孟租稅，懷、孟，原本作「瓌孟」，今從册府元龜改正。（影庫本粘籤）請指揮於忻、代州輸納。朝廷以邊儲不給，詔河東户民積粟處，量事抄借，仍於鎮州支絹五萬匹，送河東充博糴之直〔一一〕。是月，北面轉運副使劉福配鎮州百姓車子一千五百乘，運糧至代州。時水旱民飢，河北諸州困於飛輓，逃潰者甚衆，軍前使者繼至，督促糧運，由是生靈咨怨。辛巳，詔諸州府署醫博士〔一二〕。丙戌，以前許州節度使李從昶爲右龍武統軍，以前彰國軍節度使沙彦珣爲右神武統軍。

秋七月丙申，石敬瑭奏，斬挾馬都指揮使李暉等三十六人，以謀亂故也。時敬瑭以兵屯忻州，一日，軍士喧譟，遽呼萬歲，乃斬暉等以止之。案契丹國志：契丹屢攻北邊，時石敬瑭將大兵屯忻州，潞王遣使賜軍士夏衣，傳詔撫諭，軍士呼萬歲者數四。敬瑭懼，幕僚段希堯請誅其倡者，敬瑭命劉知遠斬三十六人以殉。潞王聞，益疑之。（舊五代史考異）御史中丞盧損奏：「準天成二年七月敕，每月首、十五日入閤，罷五日起居。臣以爲中旬排仗，有勞聖躬，請只以月首入閤，五日起居依舊。又準天成三年五月、長興二年七月敕，許諸州節度使帶使相歲薦僚屬五人，餘薦三人，防禦、團練使薦二人，今乞行釐革。又長興二年八月敕，州縣佐官差充馬步判官，仍同一任，乞行止絶，依舊銜前選補。」詔曰：「今後藩臣帶使相許薦三人，餘薦二人，直屬京防禦、團練使薦一人，餘並從之。」丁酉，迴紇可汗仁美遣使貢方物。西京弓弩指揮使任漢權奏，六月二十一日與川軍戰於金州之漢陰，王師不利，其部下兵士除傷痍外，已至鳳翔。先是，盩厔鎮將劉贇引軍入川界，爲蜀將全師郁所敗，金州都監崔處訥重傷，諸州屯兵潰散。金州防禦使馬全節收合州兵，金州，原本作「全州」，今從歐陽史改正。（影庫本粘籤）固守獲全。以樞密使劉延皓爲天雄軍節度使。甲辰，以右神武統軍沙彥珣權知雲州。乙巳，以徐州節度使張敬達充北面行營副總管。時契丹入邊，石敬瑭屢請益兵，朝廷軍士多在北鄙，俄聞忻州諸軍呼譟，帝不悦，乃命敬達爲北軍之副，以減敬瑭之權也。丁巳，宰臣盧文紀等上疏，其略曰：

臣近蒙召對，面奉天旨：「凡軍國庶事，利害可否，卿等合盡言者。」臣等謬處台衡，奉行制敕，但緣事理，互有區分，軍戎不在於職司，錢穀非關於局分，苟陳異見，即類侵官。況才不濟時，識非經遠，因五日起居之例，於兩班旅見之時，略獲對敭，兼承顧問。衛士周環於階陛，庶臣羅列於殿庭，四面聚觀，十手所指，臣等苟欲各伸愚短，此時安敢敷陳。韓非昔懼於説難，孟子亦憂於言責。臣竊奉本朝故事〔三三〕，肅宗初平寇難，再復寰瀛，頗經涉於艱難，尤勤勞於委任。每正衙奏事，則泛咨訪於羣臣；及便殿詢謀，則獨對敭於四輔。自上元元年後，於長安東内置延英殿，宰臣如有奏議，聖旨或有特宜，或有特宜，原本作「或特有宜」，今據册府元龜改正。（影庫本粘籤）皆於前一日上聞。對御之時，祗奉冕旒，旁無侍衛。獻可替否，得曲盡於討論；捨短從長，故無虞於漏洩。君臣之際，情理坦然。伏望聖慈，俯循故事，或有事關軍國，謀繫否臧，未果決於聖懷，要詢訪於臣輩，則請依延英故事，前一日傳宣。或臣等有所聽聞，切關利害，難形文字，須面敷敭，臣等亦依故事，前一日請開延英。當君臣奏議之時，祗請機要臣僚侍立左右。兼乞稍霽威嚴，恕臣荒拙，雖乏鷹鸇之効，庶盡葵藿之心。

詔曰：「卿等濟代英才，鎮時碩德，或締搆於興王之日，或經綸於纘聖之時，鹽梅之任俱崇，藥石之言並切，請復延英之制，以伸議政之規。而况列聖遺芳，皇朝盛事，載詳徵引，良切歎嘉。恭惟五日起居，先皇垂範，俟百僚之俱退，召四輔以獨昇，接以温顔，詢其理道，計此時作事之意，亦昔日延英之流。延英，原本脱「英」字，今從册府元龜增入。（影庫本粘籤）朕叨獲嗣承，切思遵守，將成其美，不爽兼行。其五日起居，仍令仍舊，尋常公事，亦可便舉奏聞。或事屬機宜，理當祕密，量事緊慢，不限隔日，及當日便可於閤門祗候，具牓子奏聞。請面敷敭，即當盡屏侍臣，端居便殿，佇聞高議，以慰虛懷。朕或要見卿時，亦令當時宣召[二四]，但能務致理之實，何必拘延英之名。有事足可以討論，有言足可以陳述，陳述，原本作「陳迹」，今據册府元龜改正。（影庫本粘籤）宜以沃心爲務，勿以逆耳爲虞。勉罄謀猷，以裨寡昧。」帝性仁恕，聽納不倦，嘗因朝會謂盧文紀等曰：「朕在藩時，人説唐代爲人主端拱而天下治，蓋以外恃將校，内倚謀臣，故端拱而事辦。朕荷先朝鴻業，卿等先朝舊臣，每一相見，除承奉外，略無社稷大計一言相救，坐視朕之寡昧，其如宗社何！」文紀等引咎致謝，因奏延英故事，故有是詔。

八月庚午，滑州節度使高允韜卒。壬申，以右衛上將軍王景戡爲左衛上將軍，以右神武統軍婁繼英爲右衛上將軍。己卯，以西上閤門使、行少府少監兼通事舍人蘇繼顔爲司農卿，職如故。辛巳，以權知雲州、右神武統軍沙彦珣爲雲州節度使。鄴都殺人賊陳延嗣并母妹妻等並棄市。延嗣父子相承，與其妹妻於諸州郡誘人殺之，而奪其財，前後被殺者數百人，至是事泄而誅之。癸未，以前潞州行軍司馬陳玄爲將作監，以玄善醫，故有是命。丁亥，以洺州團練使李彦舜爲義武軍節度使[二五]、檢校太傅。太原奏，達靼部族於靈丘安置。己丑，以太子少保致仕戴思遠卒廢朝。庚寅，以前兗州節度使楊漢章爲左神武統軍，以前邢州節度使康思立爲右神武統軍。潞州奏，前雲州節度使安重霸卒。

九月己亥，以河陽節度使、侍衞馬軍都指揮使安從進爲襄州節度使，以襄州節度使趙在禮爲宋州節度使。癸卯，以忠正軍節度使、侍衞步軍都指揮使宋審虔爲河陽節度使，案：原本脱「虔」字，今據通鑑增入。（舊五代史考異）典軍如故。己酉，禮部貢院奏：「進士請夜試，童子依舊表薦，重置明算、道舉。舉人落第後，別取文解。五科試紙，不用中書印，用本司印。」並從之。以宣徽南院使房暠爲刑部尚書，充樞密使；案：歐陽史作刑部尚書房暠爲樞密使。據薛史，暠由宣徽南院使遷授，非先爲刑部尚書也。（舊五代史考異）以宣徽北院使、充樞密副使劉延朗爲宣徽南院使，充樞密副使。丙辰，以左僕射李愚卒廢朝。

冬十月丁卯，幸崇道宫、甘泉亭。己巳，以左衞上將軍李頃爲左領軍上將軍。北面行營總管石敬瑭奏自代州歸鎭。庚午，以晉州節度使張温卒廢朝。甲戌，幸趙延壽、張延朗第。丁丑，以端明殿學士、兵部侍郎李專美爲祕書監，充宣徽北院使。庚寅，以左諫議大夫唐汭爲左散騎常侍。

十一月庚子，以左驍衞上將軍郝瓊爲左金吾上將軍，以光禄卿王玫爲太子賓客。甲辰〔二六〕，以徐州節度使張敬達爲晉州節度使，依前充大同振武威塞彰國等軍兵馬副總管。丁未，以祕書少監丁濟爲太子詹事。乙卯，以前金州防禦使馬全節爲滄州留後。案通鑑：

劉延朗欲除全節絳州刺史〔二七〕，羣議沸騰。帝聞之，以爲橫海留後。（舊五代史考異）渤海國遣使朝貢。案：歐陽史渤海遣使者來繫於九月之後，據薛史則事在十一月，非九月也。（舊五代史考異）案：歐陽史作九月乙卯，渤海遣使者來。五代會要作十二月，渤海遣使列周道等入朝貢方物〔二八〕。俱與是書作十一月異。（殿本）

十二月戊辰，禁用鉛錢。壬申〔二九〕，以中書侍郎兼兵部尚書、充樞密使韓昭裔爲檢校司空、同平章事，充河中節度使。甲戌，以宗正少卿李延祚爲將作監致仕。丁丑，故武安軍節度使〔三〇〕、累贈太傅劉建峯贈太尉，劉建峯，原本作「逮崇」，今從新唐書改正。（影庫本粘籤）從湖南之請也。戊寅，太常奏：「來年正月一日上辛，祀昊天上帝於圜丘，依禮大祠不朝。」詔曰：「祀事在質明前，儀仗在日出後，事不相妨，宜依常年受朝。」壬午，以翰林學士承旨、户部侍郎程遜爲兵部侍郎〔三一〕，翰林學士、工部侍郎崔梲爲户部侍郎，案：原本訛「崔稽」，今據歐陽史改正。（舊五代史考異）翰林學士、中書舍人和凝爲工部侍郎，並依前充職。乙酉，以前祕書監楊凝式爲兵部侍郎。己丑，以前同州節度使馮道爲司空，以尚書右僕射劉昫爲左僕射，以太子少師盧質爲右僕射〔三二〕，以兵部侍郎馬縞兼國子祭酒。永樂大典卷七千一百七十四。

校勘記

〔一〕俾居宿衛　「衛」，原作「位」，據殿本、劉本、彭本、册府卷四四改。

〔二〕兗王從温移鎮兗州　上一「兗」字原闕，據劉本、本書卷四八唐末帝紀下補。

〔三〕詔順義軍節度使姚彦章加兼侍中　「順義軍」，本書卷四二唐明宗紀八、卷七八晉高祖紀四作「昭順軍」。「姚彦章」，原作「姚彦璋」，據殿本、本書卷四二唐明宗紀八、卷七八晉高祖紀四、新五代史卷六六楚世家、通鑑卷二六〇改。

〔四〕檢校太師　吴越備史卷二作「檢校太保」。

〔五〕安南都護錢元球爲留守太保　「錢元球」，原作「錢元銶」，據殿本、本書卷三三唐莊宗紀七、卷三七唐明宗紀三改。「留守太保」，吴越備史卷二作「守太師」。

〔六〕皇妹魏國公主石氏封晉國長公主　「魏國公主」，原作「魏國夫人」，據本書卷四四唐明宗紀十、五代會要卷二改。

〔七〕宣憲皇太后未及山陵　「皇太后」，原作「皇后」，據本卷上文二月己丑、下文六月乙丑改。

〔八〕諸州府奏薦僧道　「諸州府」，五代會要卷一二、册府卷六一作「諸道州府」。

〔九〕以鎮州節度使知軍府事董温琪爲鎮州節度使　按此句疑有舛誤，前一「鎮州節度使」或爲「鎮州節度副使」之訛。

〔一〇〕請宣下本部大將一一考試武藝短長　「本部」，通鑑卷二七九胡注引薛史作「本軍」，册府卷

四一、卷九一八作「本都」。

〔一一〕劉濤　原作「劉清」，據殿本、邵本、彭本、册府卷四一及本卷上下文改。

〔一二〕朕何愛焉　「愛」，原作「憂」，據册府卷四一改。

〔一三〕凡百在位　「位」，原作「下」，據册府卷四一改。

〔一四〕仍攝　原作「及攝」，據册府卷六三三、卷六三六改。

〔一五〕與試銜轉官　「轉官」二字原闕，據册府卷六三三、卷六三六補。

〔一六〕準天成三年正月敕　「天成三年正月」六字原闕，據通鑑卷二七九胡注引薛史補。按本書卷三九唐明宗紀五繫其事於天成三年正月。

〔一七〕楊檀宜賜名光遠　「宜」字原闕，據通鑑卷二七九胡注引薛史、册府卷三補。

〔一八〕李專美　原作「李導美」，據殿本、劉本、邵本校改。按本書卷九三有李專美傳。

〔一九〕以六軍諸衞判官給事中張允爲右散騎常侍　「右」，本書卷一〇八張允傳、新五代史卷五七張允傳作「左」。

〔二〇〕宣憲皇太后陵請以順爲名　「順」下原有「從」字，據册府卷三一刪。

〔二一〕送河東充博籴之直　「籴」，原作「采」，據册府卷四八四、通鑑卷二七九改。

〔二二〕詔諸州府署醫博士　「署」，疑當作「置」，册府卷五五三載和凝清泰二年上言「請依本朝，州置醫博士」。

〔二三〕臣竊奉本朝故事　「故事」，原作「政事」，據殿本、册府卷三一四改。

〔二四〕亦令當時宣召　「當時」，册府卷三一四作「常侍」。

〔二五〕以洺州團練使李彦舜爲義武軍節度使　本書卷七六晉高祖紀二、通鑑卷二八八記李彦舜爲「前義成軍節度使」。按本卷上文，是時楊光遠爲定州義武軍節度使，朱玉龍方鎮表以爲「義武」當是「義成」之誤。

〔二六〕甲辰　以上二字原闕，據邵本補。按是月壬辰朔，甲辰爲十三日。

〔二七〕劉延朗欲除全節絳州刺史　「除」，原作「誅」，據殿本、劉本、通鑑卷二七九改。

〔二八〕列周道　原作「列周卿」，據五代會要卷三〇改。

〔二九〕壬申　原作「壬辰」，據殿本、劉本改。影庫本粘籤：「壬辰，以前後干支推之，當作壬申。」按是月壬戌朔，無壬辰，壬申爲十一日。

〔三〇〕武安軍節度使　「武安軍」下原有「州」字，據册府卷一七九、新唐書卷一九〇劉建鋒傳删。

〔三一〕程遜　原作「程遂」，據本書卷四三唐明宗紀九、卷四六唐末帝紀上、卷七六晉高祖紀二改。按本書卷九六有程遜傳。

〔三二〕以太子少師盧質爲右僕射　「右」，原作「左」，據殿本、邵本校、本書卷九三盧質傳改。

舊五代史卷四十八

唐書二十四

末帝紀下

清泰三年春正月辛卯朔，帝御文明殿受朝賀，仗衛如式。乙未，百濟遣使獻方物。戊戌，幸龍門佛寺祈雪。癸卯，以給事中、充樞密院直學士呂琦爲端明殿學士，以六軍諸衛判官、尚書工部郎中薛文遇爲樞密院直學士。乙巳，以上元夜京城張燈，帝微行，置酒於趙延壽之第。丁未，皇子河南尹、判六軍諸衛事重美封雍王。雍王，原本作「壅王」，今從歐陽史改正。（影庫本粘籤）己未，以前司農卿王彥鎔爲太僕卿。

二月戊辰，吐渾寧朔奉化兩府留後李可久加檢校司徒〔一〕。可久本姓白氏，前朝賜姓。庚午，監修國史姚顗，史官張昭遠、李詳〔二〕、吴承範等修撰明宗實録三十卷上之。案五代會要：同修撰官中書舍人張昭遠、李詳，直館左拾遺吴承範，右拾遺楊昭儉等各頒賚有差。（舊五代史考異）以大理卿竇維爲光禄卿，以前許州節度判官張登爲大理卿〔三〕。丁丑，以太常卿李鏻爲兵部尚書，以兵部尚書梁文矩爲太常卿。庚辰，以前鄜州節度使皇甫立爲潞州節度使。辛巳，以前均州刺史仇暉爲左威衞上將軍，保順軍節度使鮑君福加檢校太尉、保順，原本作「任順」；君福，原本作「居福」。今俱從十國春秋改正。（影庫本粘籤）同平章事。丁亥，以昭義節度使安元信卒廢朝。

三月庚子〔四〕，中書門下奏：「準閤門分析内外官辭見謝規例：諸州判官、軍將進奉到闕，舊例門見門辭，今後只令朝見，依舊門辭。新除諸道判官、書記以下無例中謝，並放謝放辭，得替到京無例見，今後兩使判官許中謝，赴任即門辭，其書記以下並依舊例。朝臣文五品、武四品以上舊例中謝，其以下無例對謝，今請依天成四年正月敕，凡升朝官並許中謝。諸道都押衙、馬步都指揮、虞候、鎮將、諸色場院，無例謝辭，並進牓子放謝放辭，得替到闕，無例入見。在京鹽麴税官、兩軍巡即許中謝〔五〕。新除令録並中謝，次日門辭，兼有口敕誡勵。文武兩班所差弔祭使及告廟祠祭，只正衙辭，不赴内殿。諸道進奏官到闕，見，得假，進牓子，放門辭〔六〕。」從之。辛丑，權知福建節度使王昶奏，節度使王延鈞以去年十月十四日卒。是時，延鈞父子雖僭竊於閩嶺，猶稱藩於朝廷，故有是奏。甲辰，以右神武統軍楊漢章爲彰武軍節度使。丙午，以翰林學士、禮部侍郎馬裔孫爲中書侍郎、同平章事。丁巳，以端明殿學士吕琦爲御史中丞。案通鑑：吕琦與李崧建和親契丹之策，爲薛文遇所沮，改爲御史中丞，蓋疎之也。（舊五代史考異）戊午，御史中丞盧損責授右贊善大夫，知雜侍御史韋棁責授太僕寺丞〔七〕，侍御史魏遜責授太府寺主簿，侍御史王岳責授司農寺主簿。初，延州保安鎮將白文審聞兵興岐下，專殺郡人趙思謙等十餘人，已伏其罪，復下臺追繫推鞫，未竟。會去年五月十二日德音，除十惡五逆、放火殺人外並放。盧損輕易即破械釋文審，帝大怒，收文審誅之。臺司稱奉德音釋放，不得追領祗證。中書詰云，德音言「不在追窮枝蔓」，無「不得追領祗證」六字，擅改敕語。大理斷以失出罪人論，故有是命。是月，有蛇鼠鬬於師子門外，鼠生而蛇死。

夏四月己未朔，以左衞上將軍王景戡爲左神武統軍，以右領軍上將軍李頃爲華清宮使〔八〕。領軍，原本作「衡軍」，今從薛史列傳改正。（影庫本粘籤）戊辰，以太子詹事盧演爲工部尚書致仕。辛未，以中書舍人、史館修撰張昭遠爲禮部侍郎，以前滄州節度使李金全爲右領軍上將軍。是月，有熊入京城搏人。

五月辛卯，以河東節度使、兼大同彰國振武威塞等軍蕃漢馬步總管、檢校太師、兼中書令、駙馬都尉石敬瑭爲鄆州節度使，進封趙國公。案：歐陽史廢帝紀于五月以前即書石敬瑭反，與晉本紀自相矛盾。據薛史，五月辛卯始移敬瑭于鄆州，戊戌始聞拒命也。五代春秋、通鑑俱與薛史同。（舊五代史考異）以河陽節度使、充侍衞馬步軍都指揮使宋審虔爲河東節度使〔九〕。

甲午，以前晉州節度使、大同彰國振武威塞等軍蕃漢副總管張敬達充西北面蕃漢馬步都部署，落副總管。乙未，詔：「諸州兩使判官、畿赤令有闕，取省郎、遺、補、丞、博、少列、宮僚，選擇擢任。」案：以上疑有脱誤。以忠正軍節度使、侍衛步軍都指揮使張彥琪爲河陽節度使，充侍衛馬軍都指揮使；以彰聖都指揮使、饒州刺史符彥饒爲忠正軍節度使，充侍衛步軍都指揮使。丙申，以雍王重美與汴州節度使范延光結婚，詔兗王從温主之。丁酉，以國子祭酒馬縞卒廢朝。

戊戌，昭義奏，昭義，原本作「達義」，今從通鑑增入。（影庫本粘籤）河東節度使石敬瑭叛。案：通鑑作昭義節度使皇甫立奏，石敬瑭叛。（舊五代史考異）以鴻臚卿兼通事舍人、判四方館王景崇爲衛尉卿，充引進使。壬寅，削奪石敬瑭官爵，便令張敬達進軍攻討。乙卯，以晉州節度使張敬達爲太原四面兵馬都部署，尋改爲招討使；案通鑑：乙巳，以張敬達兼太原四面排陣使。丙午，以爲太原四面都部署。丁未，又知太原行府事，不言其爲招討使。歐陽史又作都招討使，與薛史微異。（舊五代史考異）以河陽節度使、侍衛馬軍都指揮使張彥琪爲太原四面馬步軍都指揮使；以邢州節度使安審琦爲太原四面馬軍都指揮使；以陝州節度使相里金爲太原四面步軍都指揮使；以右監門上將軍武廷翰爲壕寨使。丙辰〔一〇〕，以定州節度使楊光遠爲太原四面兵馬副部署、兼馬步都虞候，尋改爲太原四面副招討使，都虞候如故。以前彰武軍節度使高行周爲太原四面招撫兼排陣使。初，帝疑河東有異志，與近臣語及其事，帝曰：「石郎與朕近親，在不疑之地，流言毀譽，朕心自明，萬一失歡，如何和解？」左右皆不對。翌日，欲移石敬瑭於鄆州，房暠等堅言不可，司天監趙延乂亦言星辰失度，尤宜安靜，由是稍緩其事。會薛文遇獨宿於禁中，帝召之，諭以太原之事。文遇奏曰：「臣聞作舍於道，三年不成，國家利害，斷自宸旨。以臣料之，石敬瑭除亦叛，不除亦叛，不如先事圖之。」帝喜曰：「聞卿此言，豁吾憤氣。」先是，有人言國家明年合得一賢佐主謀，平定天下，帝意亦疑賢佐者屬在文遇，即令手書除目，子夜下學士院草制。翌日，宣制之際，兩班失色。居六七日，敬瑭上章云：「明宗社稷，陛下纂承，未契輿情，宜推令辟。許王先朝血緒，養德皇闈，儻循當璧之言，免負鬩牆之議。」帝覽奏不悦，手攘抵地，召馬裔孫草詔報曰：「父有社稷，傳之於子；君有禍難，倚之於親。卿於鄂王，故非疏遠。往歲衞州之事，天下皆知；今朝許王之言，人誰肯信！英賢立事，安肯如斯」云。

戊申，張敬達奏，西北面先鋒都指揮使安審信率雄義左第二指揮二百二十七騎，并部下共五百騎，剽劫百井，叛入太原。又奏，大軍已至太原城下。詔安審信及雄義兵士妻男並處斬，家産没官。先是，雄義都在代州屯戍[一一]，其指揮使安元信謀殺代州刺史張朗，事洩，戍兵自潰，奔安審信軍，審信與之入太原。太常奏，於河南府東權立宣憲太后寢宮，宣憲，原本作「令憲」，今據五代會要改正。（影庫本粘籤）從之。己酉，振武節度使安叔千奏，西北界巡檢使安重榮驅掠戍兵五百騎叛入太原。以新授河東節度使宋審虔爲宣州節度使，充侍衛馬軍都指揮使。壬子，鄴都屯駐捧聖都虞候張令昭逐節度使劉延皓，據城叛。翌日，令昭召副使邊仁嗣已下逼令奏請節旄。

六月辛酉，天雄軍節度使劉延皓削奪官爵，勒歸私第。癸亥，以天雄軍守禦、右捧聖第二軍都虞候張令昭爲檢校司空、行右千牛將軍，權知天雄軍府事。丙寅，御敷政殿，遣工部尚書崔居儉奉宣憲皇太后寶册於寢宮。時陵園在河東，適會兵興，故權於京城修奉寢宮上謚焉。己巳，以西上閤門副使、少府監兼通事舍人劉頎爲鴻臚卿，職如故。庚午，詔曰：「時雨稍愆，頗傷農稼，分命朝臣祈禱。」辛未，工部尚書致仕許寂卒。以權知魏府事、右千牛將軍張令昭爲齊州防禦使，以捧聖右第三指揮使邢立爲德州刺史〔三〕，以捧聖第五指揮使康福進爲鄭州刺史。案：康福進，疑當作康福，據册府元龜引薛史亦作康福進，今姑存其舊。（舊五代史考異）甲戌，以汴州節度使范延光爲天雄軍四面招討使、知行府事。丙子，以西京留守李周爲天雄軍四面副招討使兼兵馬都監。詔河東將佐節度判官趙瑩以下十四人並籍没家産。

秋七月戊子，范延光奏，領軍至鄴都攻城。己丑，誅右衛上將軍石重英、皇城副使石重裔，皆敬瑭之子也。案：重英，通鑑作重殷，又通鑑考異引廢帝實録作姪男尚食使重乂、供奉官重英。並與薛史不同。（舊五代史考異）時重英等匿於民家井中，獲而誅之，并族所匿之家。奚首領達剌干遣通事介老奏，奚王李素姑謀叛入契丹，已處斬訖，達剌干權知本部落事。辛卯，沂州奏，誅都指揮使石敬德，并族其家，敬瑭之弟也。乙未，以前彰武軍節度使高行周爲潞州節度使，充太原四面招撫排陣使；招撫排陣，原本脱「招」字，今據通鑑增入。（影庫本粘籤）以潞州節度使皇甫立爲華州節度使。丁酉，雲州節度使沙彦珣奏，此月二日夜，步軍指揮使桑遷作亂，以兵圍子城，彦珣突圍出城，就西山據雷公口。三日，招集兵士入城誅亂軍，軍城如故。辛丑，以將作監丞、介國公宇文頡爲汝州襄城令。乙巳，以衛尉卿聶延祚爲太子賓客。戊申，范延光奏，此月二十一日收復鄴都，羣臣稱賀。己酉，以禮部侍郎張昭遠爲御史中丞；以御史中丞呂琦爲禮部侍郎，充端明殿學士。庚戌，中書奏：「劉延皓賓佐等，帥臣既已削奪，其行軍司馬李延筠、副使邊仁嗣以下，望命放歸田里。」望命，原本作「望名」，今從册府元龜改正。（影庫本粘籤）奏入，帝大怒，詔大理曰：「帥臣失守，已行削奪，其僚佐合當何罪？」既而竟依中書所奏。壬子，詔范延光誅張令昭部下五指揮及忠鋭、忠肅兩指揮。繼范延光奏，追兵遣襲張令昭部下敗兵至邢州沙河，斬首三百級，并獻張令昭、邢立、李貴等首級。又奏，獲張令昭同惡捧聖指揮使米全以下諸指揮使都頭凡十三人，并磔於府門。癸丑，左衛上將軍仇暉卒〔三〕。洺州奏擒獲魏府作亂捧聖指揮使馬彦柔以下五十八人。邢、磁州相次擒獲亂兵，並送京師。彰聖指揮使張萬迪以部下五百騎叛入太原，詔誅家屬於懷州本營。

八月戊午，契丹遣使梅里入朝〔四〕。己未，以汴州節度使范延光爲天雄軍節度使、守太傅、兼中書令，以西京留守李周爲汴州節度使、檢校太尉、同平章事。癸亥，應州奏，契丹三千騎迫城。詔端明殿學士吕琦往河東忻、代諸屯戍所犒軍。以左龍武大將軍袁義爲右監門上將軍，以振武軍節度使安叔千充代北兵馬都部署。己巳，雲州沙彦珣奏，供奉官李讓勳送夏衣到州，縱酒凌轢軍都行，劫殺兵馬都監張思愍、都指揮使党行進，其李讓勳已處斬訖。張敬達奏，造五龍橋攻太原城次。戊寅，以鎮州節度使董温琪充東北面副招討使。己卯，洺州獻野繭二十斤。辛巳，張敬達奏，賊城内出騎軍三十隊、步卒三千人衝長連城，高行周襲殺入壕，溺死者大半，擒賊將安小喜以下百餘人，甲馬一百八十匹。

九月甲辰，張敬達奏，此月十五日，與契丹戰於太原城下，案：張敬達與契丹戰于太原，薛史晉紀作辛丑，蓋辛丑日戰，越四日甲辰乃奏到也。通鑑亦作辛丑，遼史作庚午，與薛史異。歐陽史作甲辰，戰于太原，殊誤。（舊五代史考異）王師敗績。時契丹主自率部族來援太原〔五〕，高行周、符彦卿率左右廂騎軍出鬭，蕃軍引退。巳時後，蕃軍復成列，張敬達、楊光遠、安審琦等陣於賊城西北，倚山横陣，諸將奮擊，蕃軍屢却。至晡，我騎軍將移陣，蕃軍如山而進，王師大敗，投兵仗相藉而死者山積。是夕，收合餘衆，保於晉祠南晉安寨，晉祠，原本作「普祠」，今從遼史改正。（影庫本粘籤）蕃軍塹而圍之，自是音聞阻絶。朝廷大恐。案遼史太宗紀云：己亥，次太原。庚子，遣使諭敬瑭曰：「朕興師遠來，當即與卿破賊。」會唐將高行周、符彦卿以兵來拒，遂勒兵陣於太原，及戰，佯爲之却。唐將張敬達、楊光遠又陣于西，未成列，以兵薄之，而行周、彦卿爲伏兵所斷，首尾不相救。敬達、光遠大敗，棄仗如山，斬首數萬，敬達走保晉安寨。與薛史大略相同。高模翰傳云：九月，徵兵出太原，模翰與敬達軍接戰，敗之，太原圍解。翌日復戰，又敗之，張敬達鼠竄晉安寨。通鑑及契丹國志皆不言翌日復戰。遼史紀、傳互異，疑傳文誤也。（孔本）是日，遣侍衛步軍都指揮使符彦饒率兵屯河陽〔一六〕，詔范延光率兵由青山路趨榆次，案：遼史避太宗諱作范延廣。（舊五代史考異）詔幽州趙德鈞由飛狐路出敵軍後，耀州防禦使潘環合防戍軍出慈、隰以援張敬達〔一七〕。以前絳州刺史韓彦惲爲太子賓客。契丹主移帳於柳林。乙巳，詔取二十二日幸北面軍前。戊申，帝發京師，路經徽陵，帝親行謁奠。夕次河陽，召羣臣議進取，盧文紀勸帝駐河橋。庚戌，樞密使趙延壽先赴潞州。辛亥，幸懷州。召吏部侍郎龍敏訪以機事，敏勸帝立東丹王贊華爲契丹主，以兵援送入蕃，則契丹主有後顧之患，不能久駐漢地矣。帝深以爲然，竟不行其謀。案遼史義宗傳云：倍雖在異國，常思其親，問安之使不絶。

後明宗養子從珂弒其君自立，倍密報太宗曰：「從珂弒君，盍討之！」是東丹王實啓兵端，唐君臣或知其陰謀，故龍敏之說不行。（舊五代史考異）帝自是酣飲悲歌，形神慘沮。臣下勸其親征，則曰：「卿輩勿説石郎，使我心膽墮地。」其怯懦也如此。

冬十月丁巳夜，彗星出虛危，長尺餘。壬戌，詔天下括馬，又詔民十户出兵一人，器甲自備。案契丹國志云：唐發民爲兵，每七户出征夫一人，自備鎧仗，謂之「義軍」，凡得馬二千餘匹，征夫五千人，民間大擾。與薛史互有詳略，今附録于此。戊辰，代州刺史張朗超授檢校太保，以其屢殺敵衆，故以是命奬之〔一八〕。癸酉，幽州趙德鈞以本軍二千騎與鎮州董温琪由吴兒谷趨潞州〔一九〕。

十一月戊子，以趙德鈞爲諸道行營都統，以趙延壽爲河東道南面行營招討使，以劉延朗副之。庚寅，以范延光爲河東道東南面行營招討使，以李周副之。帝以吕琦嘗佐幽州幕，乃命齎都統官告以賜德鈞，兼犒軍士。琦至，從容宣帝委任之意，德鈞曰：「既以兵相委，焉敢惜死！」德鈞志在併范延光軍，奏請與延光會合。帝以詔諭延光，延光不從。丁酉，延州上言，節度使楊漢章爲部衆所殺。以前坊州刺史劉景巖爲延州留後〔二〇〕。庚子，趙德鈞奏，大軍至團柏谷，前鋒殺蕃軍五百騎。范延光奏，軍至榆次，蕃軍退入河東川界。潘環奏，隰州逐退蕃軍。壬寅，趙德鈞奏，軍出谷口，蕃軍漸退，契丹主見駐柳林砦。案遼史：初圍晉安，分遣精兵守其要害，以絶援兵之路。而李從珂遣趙延壽以兵二萬屯團柏谷，范延廣以兵二萬屯遼州，幽州趙德鈞以所部兵萬餘由上黨趨延壽軍，合勢進擊。知此有備，皆逗遛不進。通鑑云：契丹主雖軍柳林，其輜重老弱皆在虎北口，每日暝輒結束〔二〕，以備倉卒遁逃。所叙契丹軍勢，彼此互異。（孔本）時德鈞累奏乞授延壽鎮州節制，帝怒曰：「德鈞父子堅要鎮州，苟能逐退蕃戎，要代予位，亦甘心矣。若翫寇要君，但恐犬兔俱斃。」德鈞聞之不悦。

閏月丙辰，日南至，羣臣稱賀於行宫，帝曰：「晉安寨内將士，應思家國矣。」因泣下久之。丁巳，以岢嵐軍爲勝州。辛酉，以右龍武統軍李從昶爲左龍武統軍，以前邠州節度使楊思權爲右龍武統軍。壬戌，丹州刺史康承詢停任，配流鄧州。時承詢奉詔率義軍赴延州，義軍亂，承詢奔鄜州，故有是責。甲子，太原行營副招討使楊光遠殺招討使張敬達於晉安寨，以兵降契丹。案：歐陽史、通鑑俱作閏十一月甲子，五代春秋作十一月，誤。（舊五代史考異）時契丹圍寨，自十一月以後芻糧乏絶，軍士毁居屋茅、淘馬糞、削松柹以供秣飼，松柹，原本作「松胏」，今據歐陽史改正。（影庫本粘籤）馬尾鬣相食俱盡。楊光遠謂敬達曰：「少時人馬俱盡，不如奮命血戰，十得三四，猶勝坐受其弊。」敬達曰：「更少待之。」一日，光遠伺敬達無備，遂殺之，與諸將同降契丹。時馬猶有五千匹，戎王並以漢軍與石敬瑭，其馬及甲仗即齎驅出塞。案遼史云：所降軍士及馬五千匹以賜晉帝。與薛史異。通鑑從薛史。（舊五代史考異）丁卯，戎王立石敬瑭爲大晉皇帝，約爲父子之國，改元爲天福。案：歐陽史作十一月丁酉，契丹立晉。通鑑考異引廢帝實録作閏月丁卯，薛史蓋據實録也。通鑑從歐陽史。（舊五代史考異）案：契丹立晉，是書晉高祖紀作十一月丁酉，此紀作閏月丁卯，前後互異。據通鑑考異引廢帝實録亦作閏月丁卯，蓋契丹立晉在十一月丁酉，唐人至閏十一月丁卯始奏聞也。實録誤以奏聞之日爲立晉之日，是書唐紀亦仍其誤。（殿本）戎王與晉高祖南行，趙德鈞父子與諸將自團柏谷南奔，王師爲蕃騎所蹙，投戈棄甲，自相騰踐，擠於巖谷者不可勝紀。案通鑑：丁卯，至團柏，與唐兵戰，趙德鈞、趙延壽先遁，符彥饒、張彥琦、劉延朗、劉在明繼之。蓋繫日以薛史爲據。遼史作庚申，聞德鈞等援兵將遁，詔夜發兵追擊。與薛史異。（孔本）己巳，帝聞晉安寨爲敵所陷，詔移幸河陽，時議以魏府軍尚全，戎王必憚山東，未敢南下，車駕可幸鄴城。帝以李崧與范延光相善，召入謀之。薛文遇不知而繼至，帝變色，崧躡文遇足，乃出。帝曰：「我見此物肉顫，適擬抽刀刺之。」崧曰：「文遇小人，致誤大事，刺之益醜。」益醜，原本作「益魏」，今從通鑑改正。（影庫本粘籤）崧因請帝歸京。壬申，車駕至河陽。甲戌，晉高祖與戎王至潞州，戎王遣蕃將大相温率五千騎送晉高祖南行〔一三〕。丁丑，車駕至自河陽。時左右勸帝固守河陽。居數日，符彥饒、張彥琪至，奏帝不可城守。是日晚，至東上門，小黃門嗚鞘於路，索然無聲。己卯，帝遣馬軍都指揮使宋審虔率千餘騎至白馬坡，案胡三省注通鑑云：白司馬阪在洛陽北，史遺「司」字。（孔本）言踏陣地，時諸將謂審虔曰：「何地不堪交戰，誰人肯立於此？」審虔乃請帝還宮。庚辰，晉高祖至河陽。辛巳辰時，帝舉族與皇太后曹氏自燔於玄武樓。晉高祖入洛，得帝燼骨於火中，來年三月，詔葬於徽陵之封中。帝在位共二年，年五十三〔三〕。永樂大典卷七千一百七十四。五代史闕文：晉高祖引契丹圍晉安寨，降楊光遠。清泰帝至自覃懷，京師父老迎帝於上東門外，帝垂泣不止。父老奏曰：「臣等伏聞前唐時中國有難，帝王多幸蜀以圖進取。陛下何不且入西川？」帝曰：「本朝兩川節度使皆用文臣，所以玄宗、僖宗避寇幸蜀。今孟氏已稱尊矣，吾何歸乎！」因慟哭入內，舉族自焚。

史臣曰：末帝負神武之才，有人君之量。由尋戈而踐阼，慚德應深；及當宁以居尊，政經未失。屬天命不祐，人謀匪臧，坐俟焚如，良可悲矣！稽夫衽金甲於河壖之際，斧眺樓於梁壘之時，出沒如神，何其勇也！及乎駐革輅於覃懷之日，絕羽書於汾晉之辰，涕淚霑襟，何其怯也！是知時之來也，雕虎可以生風；運之去也，應龍不免爲醢。則項籍悲歌於帳下，信不虛矣。永樂大典卷七千一百七十四。

校勘記

〔一〕吐渾寧朔奉化兩府留後李可久加檢校司徒　「奉化」二字原闕，據册府卷九七六、五代會要卷二八補。

〔二〕李詳　原作「李祥」，據册府卷五五四、卷五五七改。本卷下一處同。

〔三〕以前許州節度判官張登爲大理卿　本書卷七八晉高祖紀四、册府卷五五九、卷六〇七有「大理卿張澄」，疑即其人。

〔四〕三月庚子　「月」，原作「日」，據殿本、邵本校、册府卷一〇八、五代會要卷六改。

〔五〕兩軍巡即許中謝　「兩軍巡」，原作「兩官巡」，據册府卷一〇八改。五代會要卷六作「兩軍巡使」。

〔六〕放門辭　「放」字原闕，據册府卷一〇八、五代會要卷六補。

〔七〕韋棁　原作「韋稅」，據册府卷五二一（宋本）、卷五二二改。

〔八〕以右領軍上將軍李頃爲華清宮使　「右」，本書卷四七唐末帝紀中作「左」。

〔九〕侍衞馬步軍都指揮使　「馬步軍」，通鑑卷二八〇作「馬軍」。

〔一〇〕丙辰　通鑑卷二八〇作「丙午」。按是月己丑朔，丙午爲十八日，丙辰爲二十八日，下文戊申爲二十日，丙辰不當在戊申前。

〔一一〕代州　原作「伏州」，據劉本、邵本校、通鑑卷二八〇改。按本書卷九〇安元信傳：「清泰三年，遷雄義都指揮使，受詔屯於代州，太守張朗遇之甚厚。」本卷下一處同。

〔三〕以捧聖右第三指揮使邢立爲德州刺史　「三」，册府卷一七九作「二」。「邢立」，册府卷一七九作「幵立」。本卷下一處同。

〔三〕左衞上將軍仇暉卒　「左衞上將軍」，本卷上文作「左威衞上將軍」。

〔四〕梅里　原作「美稜」，注云：「舊作『梅里』，今改正。」按此係輯録舊五代史時所改，今恢復原文。

〔五〕時契丹主自率部族來援太原　「主」，原作「王」，據殿本、劉本、册府卷四四三、卷九八七、通鑑卷二八〇改。本卷下一處同。

〔六〕遣侍衞步軍都指揮使符彦饒率兵屯河陽　「遣」下原有「使」字，據殿本、册府卷九八七、通鑑卷二八〇删。

〔七〕耀州防禦使潘環合防戍軍出慈隰以援張敬達　「耀州」，原作「輝州」，據册府卷九八七、通鑑卷二八〇改。按本書卷九四潘環傳：「清泰中，移耀州。」「慈」，原作「磁」，據册府（宋本）卷九八七、通鑑卷二八〇改。按本書卷一五〇郡縣志，慈州、隰州屬河東道，磁州屬河北道。此役在河東道。

〔八〕戊辰代州刺史張朗超授檢校太保以其屢殺敵衆故以是命獎之　以上二十六字原闕，據殿本、劉本補。

〔一九〕幽州趙德鈞以本軍二千騎與鎮州董温琪由吴兒谷趨潞州　「二千」，殿本、劉本、本書卷九八趙德鈞傳、通鑑卷二八〇作「三千」。

〔二〇〕劉景巖　原作「劉景嚴」，據本書卷七六晉高祖紀二、册府卷一七九、通鑑卷二八〇、新五代史卷四七劉景巖傳改。

〔二一〕每日暝輒結束　「輒」字原闕，據通鑑卷二八〇補。

〔二二〕大相温　原作「大詳衮」，注云：「舊作『相温』，今改正。」殿本考證：「舊作『大相温』，今改正。」按此係輯録舊五代史時所改，今恢復原文。

〔二三〕年五十三　殿本、五代會要卷一作「年五十二」。